José Luis Ceceña Gámez

DEL FIN DEL MILAGRO AL FIN DEL MILENIO:

MEDIO SIGLO DE ECONOMÍA Y POLÍTICA EN MÉXICO

HOMENAJE A JOSÉ LUIS CECEÑA GÁMEZ

CARLOS JAVIER MAYA AMBÍA
(Coordinador)

PLAZA Y VALDES
P Y V
EDITORES

Diseño de portada: Plaza y Valdés, S.A. de C.V.

Ilustración de portada: "La cerbatana de la luz dispara, encaja su dardo, el veneno, el mal irremediable de la aurora... Cátulo en el destierro", óleo sobre tela, Kijano, 1999.

Primera edición: marzo del 2000

DEL FIN DEL MILAGRO AL FIN DEL MILENIO:
MEDIO SIGLO DE ECONOMÍA Y POLÍTICA EN MÉXICO
Homenaje a José Luis Ceceña Gámez

Editado en México por Editorial Plaza y Valdés, S.A. de C.V.
Manuel Ma. Contreras Núm. 73, Col. San Rafael,
C.P. 06470, México, D.F. Tel. 57 05 00 30

ISBN: 968-856-759-0

HECHO EN MÉXICO

ÍNDICE

INTRODUCCIÓN

Carlos Javier Maya Ambía

Tiempos de asombro y de perplejidad parecen ser los que están cerrando el siglo XX. Muchas cosas hemos visto y vivido en este lapso, pero pocas de ellas nos hemos explicado a fondo y a conciencia. En particular las experiencias de nuestro país desde los años en los que predominaba la idea del "milagro mexicano", hasta estos últimos, en los que padecemos crisis sobre crisis e intentamos salidas generalmente equivocadas, son y han sido motivo de reflexión de minuciosos estudiosos de nuestra realidad económica, política y social. Entre ellos sin duda destaca un hombre caracterizado por su juicio sereno, su palabra mesurada, su optimismo, sin menoscabo de su profundidad o de la fuerza de su convicción, ni en detrimento de su espíritu crítico y realista. Este hombre ha dedicado su vida a comprender, a explicar y también a ayudar a otros a seguir caminos menos escabrosos, pero no menos comprometidos. Su compromiso y su mensaje, es y ha sido para con los que nada tienen, como esos niños pobres de un pequeño poblado en el norte de Sinaloa, llamado Chinobampo; como el niño que él mismo fue y cuya sonrisa tranquila y mirada inquisitiva siguen viviendo en el maestro, en el intelectual, en el pensador que durante décadas ha enseñado no sólo Economía, sino integridad y honestidad. Por eso, por esa vida ejemplar, y para rendir homenaje a su trayectoria y a su obra, se han reunido amigos y colegas, exalumnos y compañeros de José Luis Ceceña Gámez, para dejar testimonio escrito de su amistad y reconocimiento; haciéndolo de la mejor manera que al maestro pudiera honrar: pensando, analizando crítica y creativamente, algunos de los grandes temas que desde los inicios de su carrera intelectual lo preocuparon. La economía mexicana, los grupos financieros, el papel de las ciencias sociales, el funcionamiento de la moneda, las crisis cambiarias, la economía mundial y también cuestiones eminentemente políticas, como el papel del estado en la economía, el nacionalismo y el papel de la izquierda en el escenario mexicano.

El presente volumen se divide en tres partes. La primera incluye cuatro contribuciones y pretende proporcionar un esbozo de la vida del maestro José Luis Ceceña Gámez. Se inicia con las palabras del homenajeado, producto de una entrevista en la que hace un recuento de su vida y de sus preocupaciones centrales como científico social y como ciudadano. El segundo trabajo recoge las opiniones de una de las personas más cercanas al licenciado Ceceña, su propia hija, sobre el que para ella ha sido, padre, amigo y maestro. El texto de Marco Antonio Berrelleza recrea el Culiacán de los años en los que José Luis Ceceña era estudiante de El Colegio Civil Rosales, pintando con amenos detalles el entorno de los primeros pasos de un joven bondadoso e inteligente, sediento de conocimientos, proveniente de un pequeño pueblo norteño. Se cierra esta parte con un retrato, trazado por Humberto Muñoz García, del maestro e investigador universitario en el que se convirtió el niño de Chinobampo, dejando su fructífera huella particularmente en la Universidad Nacional Autónoma de México. La segunda parte del volumen comprende una serie de ensayos relativos a los temas económicos y sociales que desde siempre constituyeron objetos privilegiados de la atención del estudioso crítico y propositivo que ha sido en su larga trayectoria José Luis Ceceña. Se inicia esta parte con un trabajo de Pablo González Casanova en el que llama la atención sobre la necesidad de abordar el fenómeno de la explotación del hombre como tema central del quehacer científico. José Ayala presenta un texto en el que analiza en su perspectiva histórica la evolución del sector público de la economía mexicana. Sector que en el pensamiento de José Luis Ceceña siempre fue considerado como clave para resolver los grandes problemas del subdesarrollo y la explotación del pueblo trabajador de México. Juan Castaingts testimonia su reconocimiento al homenajeado con un ensayo sobre uno de los temas con los que más frecuentemente asociamos la figura del maestro Ceceña: las cuestiones monetarias. Castaingts aborda en particular el problema de la estructura de la doble moneda, derivado de la coexistencia de una moneda local débil y de un dólar fuerte. Alejandro Valle se hace presente con un estudio del Tratado de Libre Comercio, entendido como un paso más en la integración económica capitalista de Norteamérica. Fenómeno que sin duda nos trae a la memoria otra de las preocupaciones torales del autor de **México en la órbita imperial** y de **El imperio del Dólar**. Francisco Carrada Bravo aborda el tema de la crisis de Asia y la política cambiaria en México en un ensayo que recoge inquietudes sembradas por su profesor de Teoría Monetaria en la entonces Escuela Nacional de Economía. Los ensayos de Jorge Basave y de Raúl Conde continúan la tradición heredada del licenciado Ceceña, al abordar el fenómeno de la presencia del capital extranjero en la economía mexicana. En este mismo tenor, con el propósito de resaltar algunos aspectos relevantes del imperialismo, hoy llamado globalización, se incluye el texto de Carlos Maya Ambía. Se cierra esta segunda parte del libro con un análisis coyuntural de la economía mexicana en 1999, así como de las estrategias electorales, debido a Alejandro Álvarez Bejar.

En la tercera parte del volumen se recogen cuatro ensayos que buscan profundizar en algunos temas de naturaleza política, de gran trascendencia en la vida del homenajeado. Carlos Maciel nos entrega una historia del Movimiento de Liberación Nacional, organización de la que fue miembro José Luis Ceceña. En tanto que Arturo Santamaría hace un seguimiento de la izquierda mexicana, sus posiciones, dilemas y propuestas, a lo largo de cuatro décadas. Cristina Ramos retoma los planteamientos políticos del maestro, para reflexionar sobre la política imperial de Estados Unidos y reivindicar frente a ella el rumbo democrático de México. Finalmente, Enrique Semo ataca uno de los mayores pesos muertos que agobian al sistema político mexicano: el clientelismo, fenómeno que no puede dejar de ser una de las preocupaciones centrales de cualquier estudioso de la vida política nacional.

Los ensayos aquí reunidos pretenden recoger el estandarte levantado con orgullo por uno de los intelectuales de mayor valía que ha tenido nuestro México y al hacerlo los autores desean expresarle su agradecimiento por sus enseñanzas, su reconocimiento por su ejemplo y su admiración por su inquebrantable dignidad.

PRIMERA PARTE
JOSÉ LUIS CECEÑA GÁMEZ: EL HOMBRE Y SU COMPROMISO

JOSÉ LUIS CECEÑA EN SU PROPIA VOZ

"Aunque nací en Mazatlán, mi infancia la viví en Chinobampo pequeño pueblo cerca de El Fuerte, al que no llegaba ni el tren.

En 1925, a los 10 años de edad, salí de Chinobampo junto con mi hermano Emiliano (12 años) para ir a Culiacán, con una beca, a estudiar 5° y 6° grados en un internado al que llamábamos "de los azulitos", por el color del uniforme. En 1929 regresé a Chinobampo como maestro de la escuela primaria de ahí, pero ya no me quedé mucho tiempo, porque en 1932 obtuve una beca de 50 pesos mensuales para ir a estudiar nuevamente a Culiacán la educación secundaria y los primeros años de normal.

Cuando estuve en "los azulitos" salíamos los fines de semana a pasear por Culiacán. Nos dejaban entrar "de gorra", como decimos, a la matiné de los domingos, al box y al beisbol. Antes de eso yo no conocía el cine y realmente me impresionó mucho, al punto de que, entre las primeras películas que vi —una de los entonces famosos westerns— cuando uno de los protagonistas apunta con su pistola de frente al público, yo me escondí detrás del asiento para que no me fuera a disparar. Es curioso pero desde aquella época me gustan el beisbol y el box.

Y es que efectivamente cuando salí de Chinobampo el mundo se abrió para mí y empecé a hacer descubrimientos fantásticos. Aunque nací en Mazatlán no recordaba nada de allá porque me llevaron a Chinobampo cuando tenía como 3 o 4 años. Cuando salgo para ir al internado en Culiacán, ya en El Fuerte (que fue el primer punto en nuestro recorrido) me pareció estar en otro mundo: las casas pintadas, los burros repartidores de agua (porque no había agua entubada), cargados con lo que llamaban una bota que tenía un cuerno en la punta y que servía para despachar el agua... y algunas otras cosas de ese tipo. Salir de los pueblos simplemente y conocer algunas ciudades fue importante.

Para mí el primer jalón importantísimo de mi vida, fue en mi niñez: ir al internado, ir a Culiacán. Por eso siempre he apoyado las becas para estudiantes, porque permiten tener una visión más amplia del mundo e impulsan a seguir adelante en la búsqueda de conocimientos. A pesar de que el paso por el internado no fue fácil: durante los primeros meses casi no comíamos, y por las condiciones de insalubridad, nos llenamos de piojo blanco; fue una oportunidad.

Cuando regresé a Chinobampo y al año me dieron la plaza de maestro de escuela, siempre tuve inquietud de volver a Culiacán para continuar estudiando. Resulta que el Colegio Civil Rosales estaba en un lado de la plaza de armas de Culiacán y en el otro lado estaba el internado. Así es que yo veía a los estudiantes del Rosales y me propuse seguir mis estudios ahí. Para eso, sin embargo, fue preciso vencer todos los obstáculos, que no eran pocos.

Pero una vez probadas las posibilidades que ofrecía Culiacán yo no descansé hasta conseguir una beca para regresar. Hablé con un diputado que visitó Chinobampo para pedirle ayuda y a los pocos meses me puso un telegrama, en el mes de octubre, indicando que tenía que presentarme tal día en tal lugar.

Esto abrió una segunda etapa de formación en mi vida. La tercera fue cuando de Culiacán me vine en grupo, con algunos compañeros, a estudiar normal a México; y la cuarta cuando fui a Estados Unidos. Desde el momento en que vine a la Ciudad de México y durante un largo periodo yo ya no volví a Sinaloa. Ahora tengo más de 60 años viviendo en la Ciudad de México.

Hablando de la estancia en Estados Unidos en 1945. Resulta que el maestro Silva [Herzog] organizó un grupo de recién egresados de la Escuela de Economía para que fuera a prepararse en aspectos de economía y de administración pública. Esta oportunidad fue de extremada importancia y beneficio para nosotros, porque a los pocos meses terminó la Guerra y nos tocó ver el funcionamiento de la economía de guerra, durante unos meses, y después ver de cerca el proceso de conversión a una economía de paz. Ese grupo lo integramos, Pedro Bosch, Ernestina Vidal, Alfredo Navarrete, Leopoldo Monzón y yo.

Estuvimos allá dos años, en una oficina del Departamento de Estado, en calidad de becarios del gobierno mexicano, pagados por la secretaría de Hacienda. Allá lo que nos daban eran facilidades. Nuestras actividades eran dobles: de estudios en la American University y de observación y práctica en oficinas del gobierno, sobre todo en el Bureau of the Budget, es decir el encargado del Presupuesto.

Bueno, durante este periodo entré en contacto con los trabajos de economistas muy progresistas, como es el caso de Paul Sweezy, quien había participado en la realización de estudios importantes sobre la concentración económica en la economía de Estados Unidos, estudios que fueron auspiciados por el presidente Roosevelt, como consecuencia al parecer, de la gran depresión, porque se culpaba de ella a los monopolios.

Comenzaron a publicarse las monografías que serían unas 40 o 42, pero ahí lo importante es que una de las consecuencias de la crisis fue que la opinión pública, grandes sectores de la sociedad norteamericana, consideraron que los grandes monopolios tenían mucha responsabilidad en la crisis. Entonces se hicieron estudios de veras muy interesantes (yo tengo todavía algunos de ellos), y esto lo señalo con cierta amplitud porque fue una de las mayores motivaciones que tuve para estudiar el monopolio al regresar a México.

Yo me recibí en 1962, precisamente mi tesis versó sobre el proceso de monopolización de la economía mexicana y aproveché mucho de las enseñanzas de Sweezy. Y no sólo eso sino que Sweezy formó parte de mi jurado, es decir que mi jurado estuvo integrado por el Maestro Silva; Gilberto Loyo, que fue Secretario de Economía en el gobierno de Ruiz Cortínez (1952-1958); Lombardo Toledano; Paul Sweezy y el Maestro Eduardo Botas.

Al estudiar los monopolios de la economía mexicana, por supuesto, tuve que ver el caso de la inversión extranjera, porque los grandes monopolios en México, desde antes de la Revolución, eran principalmente compañías extranjeras: en la minería, en el petróleo... entonces, ahí está la razón de haberme dedicado a estudiar la inversión extranjera.

Hay que señalar también que esta motivación, este interés de estudiar la inversión extranjera en los monopolios de México estaba bastante generalizado, al grado de que destacados dirigentes mexicanos de la mediana empresa tenían posiciones muy contrarias a la inversión extranjera, porque venía a cerrarles el paso en su propio desarrollo, entre ellos puede citarse a José Lavin, por ejemplo, que era un destacado miembro de la Canacintra, y ahí en la Canacintra se organizó un grupo del cual yo formé parte, y colateralmente también el licenciado Jesús Reyes Heroles, para estudiar las inversiones extranjeras en distintas áreas.

Yo trabajé en la Secretaría de Economía entre 1952 y 1958 y fue durante ese periodo que se realizaron los estudios de

Canacintra. Se hicieron varias monografías: una sobre minería, otra sobre teléfonos y comunicaciones, otra sobre la industria de jabones y detergentes, de aceite y oleaginosas y algunas otras.

Pero antes de que esto ocurriera, al terminar los estudios de Economía en 1939-1943 o 44, siendo director de la Escuela de Economía el Maestro Loyo, se crearon diez plazas de ayudantes de profesor que se sometieron a concurso en distintas áreas y yo resulté ganador en Teoría Monetaria. Con eso, a partir de 1944 me incorporé a la planta de profesores. En un primer momento fui ayudante de Josué Sáenz, con un sueldo de cuarenta o cincuenta pesos.

En esa época participé en los Cursos de Invierno que organizaba la Escuela de Economía y que eran muy renombrados. Participaban muy destacados intelectuales de México y también del extranjero. Vinieron por ejemplo Haberler, Schumpeter, Joan Robinson, Hansen; y la dirección de la Escuela en varias ocasiones nos comisionó al licenciado Raúl Salinas Lozano y a mí para atenderlos. Esto último no tiene importancia, pero sí que vinieron personajes como los señalados.

Yo participé en dos o tres ocasiones y de todas las ponencias presentadas se editaron algunos volúmenes.

En 1956 tuve la oportunidad de ir a China con un grupo invitado por la Sociedad de Amigos del Extranjero, o algo así, fuimos seis colegas. A raíz de eso yo di una conferencia que tiene el interés y a su vez la alegría de reflejar la economía de la sociedad china en 1956-1957, antes del Gran salto hacia adelante y antes de los conflictos chino-soviéticos, que entre paréntesis, pueden considerarse como la primera manifestación de debilidad del socialismo como sistema mundial.

En 1961 me incorporé como investigador de tiempo completo al Instituto. Fui llevado ahí por Emilio Mújica, que era en ese momento, Director de la Escuela de Economía, a la que pertenecía el Instituto. Conmigo entraron también cinco investigadores más: Alonso Aguilar, Félix Espejel, Ramón Ramírez, el ingeniero Manuel Meza Andraca y la licenciada Gloria González Salazar.

Después de eso lo relevante es la lucha interna de las causas progresistas dentro de la Escuela y de la Universidad. Fue una época de lucha, de mucha agitación.

Cuando en mi cuarto intento me nombraron Director en 1972, la Escuela estaba manejada o dirigida por un Consejo General, que había entrado en conflicto con el licenciado Lobato que era el anterior Director. Había problemas y todo, pero lo más importante era la movilidad, la Universidad vivía un periodo de mucha agitación, consecuencia del 68.

En la Escuela de Economía se formó el Consejo General y se habló de co-gobierno, en tanto que en Arquitectura se adoptaron posiciones más radicales, porque se luchaba por un autogobierno. Un autogobierno de estudiantes y profesores y con un Director más bien gerente al que se le daban instrucciones del qué hacer y, hay que decirlo, se cayó en un periodo realmente casi caótico, de asambleísmo. En Arquitectura hubo momentos en los que todos los días se hacían asambleas y todos los días se llamaba a cuentas al gerente.

En la Escuela de Economía cuando a mí me nombraron Director, había una corriente de las más radicales del Consejo General que consideraba que yo no era Director sino que era el Coordinador y como tal me trataban. Pero, quizá lo que hay que relatar de mis seis años —porque me reeligieron a los cuatro años— es que en ese tiempo se avanzó en la depuración de la vida académica de la Escuela de Economía. Por ejemplo, cuando yo tomé la Dirección había 57 grupos especiales, formados fuera de la jurisdicción del Consejo Técnico y del Director, con profesores a veces notoriamente impreparados, que realizaban clases en forma completamente irregular y también exámenes finales sin control de la Escuela. Sólo al final de estos exámenes llevaban a la Dirección los resultados, para que fuera autorizado en ese momento el profesor y fueran autorizadas también las calificaciones. De esta forma tan irregular funcionaban 57 grupos y hubo necesidad, pues, de suprimirlos.

Lo que puede destacarse también es que cuando fui Director se convierte a la Escuela en Facultad. Cuando tomé posesión, que fue en febrero de 1972, ya existía la maestría en el presupuesto, pero no funcionaba, y a los dos meses logramos echarla a andar. Esto fue posible, en buena medida, por la colaboración de gente como Enrique Semo y varios profesores latinoamericanos y mexicanos. Una vez que tuvimos la maestría fue posible organizar el doctorado, para lo cual se prepararon los programas y el plan de estudios, que era el requisito indispensable que fijaba la Legislación Universitaria.

Otro punto importante, fue el cambio de plan de estudios, en el que hubo participación muy amplia de profesores y estudiantes. Este nuevo plan de estudios tuvo avances como poner énfasis en los seminarios; pero también tuvo puntos débiles, fallas, como reducir, de dos semestres a uno la enseñanza de materias tan importantes como Moneda y Banca, como Finanzas, Comercio Internacional. Con el tiempo se vieron estas ventajas y desventajas y en fecha reciente se ha cambiado nuevamente el plan de estudios, aunque desconozco el contenido de esa reforma.

Otro punto es el de haber creado **Economía Informa**, como órgano que recoge los fenómenos de la coyuntura y que venía a complementar **Investigación Económica**, que tiene otro carácter.

Conjuntamente, se profesionalizó la planta de profesores, la que resultó muy beneficiada con los maestros que salían de la maestría y después continuaban con el doctorado, además de los que eran becados en el extranjero, principalmente en tres países: Francia, Inglaterra y Estados Unidos, y también algunos en España.

De mi labor como articulista están los editoriales que escribí durante siete años en el periódico Excélsior pero, sobre todo, los artículos de la revista semanal *Siempre!*

Y es que en el semanario *Siempre!* eran artículos más extensos y con un contenido distinto, contenido más de investigación y los de Excelsior eran más de opinión. Y creo que algunos colegas me lo han señalado: que yo era pionero en ese tipo de artículos. En esa época casi nadie hablaba, ni escribía sobre esos temas. Más allá de los artículos sobre las grandes empresas y los monopolios, que todavía hoy no son una temática común en los periódicos y revistas de gran circulación, la inflación, el tipo de cambio, el dólar y todos los asuntos monetarios que antes casi nadie abordaba se han convertido en moneda corriente. Sin embargo, en la época en que escribía en *Siempre!*, entre 1965 y 1973, eso era novedad y suscitaba gran interés.

En verdad la intervención extranjera se ha recrudecido, deslizándose a través de la industria y el comercio, donde se alojaba principalmente en la época en que hice los estudios que aparecen en mis libros, hacia todos los demás sectores de la economía nacional, incluidos los sectores estratégicos.

Con la política neoliberal, en que se elimina completamente la protección relativa a la industria nacional, ya no hubo ningún control a la invasión de los monopolios extranjeros. Ferrocarriles, bancos, telecomunicaciones, energía, petróleo y recursos naturales, que anteriormente estaban reservados sea para la iniciativa privada nacional o directamente para el Estado, actualmente se encuentran a merced de las grandes transnacionales, lesionando así la capacidad soberana de la Nación.

A esto hay que agregar que la capacidad exportadora del país se debe en un 50 por ciento aproximadamente a la industria maquiladora, la indefensión de nuestra economía queda en evidencia.

Sectores fundamentales de la economía nacional en los que se sustentaba la autodeterminación e independencia del pueblo de México están pasando a manos extranjeras. El desarrollo de México es un desarrollo cojo y supeditado y, si en los años sesenta y setenta había razones para preocuparse por esta invasión, en el momento actual la preocupación se convierte en alarma. Está en juego la soberanía y la autodeterminación de nuestro país".

El relato biográfico que se presenta es producto de una entrevista realizada por Ana Esther Ceceña con el Maestro José Luis Ceceña. Omitimos la parte encuestadora para resaltar el recuento personal del entrevistado y respetamos los temas y las ausencias que él mismo marcó al ir recordando los momentos importantes de su vida.

JOSÉ LUIS CECEÑA ... CAMINANTE

Ana Esther Ceceña

Porque el hombre que sabe mirarse el corazón no ve la fuerza del león, ve la fuerza de su corazón y entonces lo mira al león y el león mira que lo mira el hombre y el león mira, en el mirarlo del hombre, que es sólo un león y el león se mira que lo miran y tiene miedo y se corre.

Relatos del Viejo Antonio

Siempre pienso en los personajes de Macondo cuando reconstruyo las historias de la infancia de mi padre, iniciada en un pueblo recóndito al que no llegaba entonces —ni ahora— el tren, en el que las noticias eran esporádicas y fragmentadas y por ello, daban lugar a representaciones muy abstractas de una realidad que se armaba de pedazos sueltos, difíciles de conectar, y dejaba muchos espacios expuestos a interpretaciones ficticias y al desarrollo de la imaginación.

Como muchos revolucionarios, el Coronel Emiliano Ceceña, mi abuelo, contrajo paludismo en campaña y falleció cuando mi padre tenía sólo cuatro años. Desde entonces, la difícil subsistencia de la familia lo obligó a trabajar con una familia de chinos hasta que, a los diez años de edad, se alejó de Chinobampo para ingresar en un internado en Culiacán, habilitado por el nuevo gobierno para acoger a los huérfanos de la revolución, pero que no lograba desprenderse de su pasado porfirista, de correccional para menores. El penoso paso por el internado lo llevó de regreso a Chinobampo en cuanto obtuvo el certificado de educación primaria, para convertirse allí en profesor de los chicos del pueblo durante los siguientes tres años. Esta sería su última estancia en ese Macondo sinaloense, de donde se dirige a Culiacán para graduarse como profesor normalista, ya en pleno cardenismo, y de ahí a la Ciudad de México a buscar nuevos horizontes.

Todo el país estaba en construcción con los proyectos impulsados por Cárdenas y en especial, para el magisterio nacional y para los jóvenes que se formaban como maestros en ese momento. El proyecto de educación socialista propició un ambiente de servicio a la nación y de compromiso colectivo con las causas populares, entre las que la educación ocupaba un lugar destacado.

En este ambiente se forja su calidad moral y su afán de superación, que le llevaron más adelante a realizar estudios universitarios en la Escuela Nacional de Economía con sede en la calle de Cuba 92, en el corazón de la Ciudad de México. Profesor en una escuela en Cuajimalpa por las mañanas, estudiante de Economía por las tardes, copartícipe de la suerte de buena parte de la población de México, muchas veces tuvo que realizar el traslado a pie, con muy escaso alimento en la jornada y regresar por la noche a estudiar —alumbrándose con luz de velas— para el día siguiente.

Su imagen se reconstruye, para mí, a través de múltiples vivencias y de episodios relatados por él o por amigos, compañeros, alumnos y familiares. No es una biografía, sino un camino compartido, en el que aprendí a valorar su enorme generosidad y su amor a la patria y a sus aspiraciones de autodeterminación y de justicia.

Estos principios y una sólida convicción en la grandeza del pueblo mexicano, son los que lo llevan a renunciar, ya como economista, a un flamante puesto de experto internacional de la Organización de las Naciones Unidas cuando descubre y denuncia la intromisión del gobierno de Estados Unidos en las naciones latinoamericanas a través de los programas de ayuda al desarrollo. Su certeza acerca de un futuro mejor para América Latina se negaba, en los hechos, con las prácticas imperialistas del país que había emergido de la guerra como la mayor potencia del mundo. Era el tiempo del gran despegue norteamericano que requirió la estimulación de mercados crecientes y la apropiación de recursos y mano de obra barata en el que consideraba su continente. América para los americanos estaba lejos de ser una metáfora; era más bien la formalización del principio estratégico que rige las relaciones de Estados Unidos con el resto de América hasta nuestros días, contraparte del sueño bolivariano que constituye el proyecto derrotado.

La defensa de los intereses, potencialidades y soberanía de las naciones latinoamericanas frente al ímpetu imperialista de Estados Unidos que implicó este acto público de rebeldía, contrariamente a lo que se consideraría razonable, provocó la inconformidad de los círculos gubernamentales en México. La época cardenista de dignificación nacional había cedido paso a la contrarrevolución alemanista. El desarrollo alcanzado por la economía mexicana durante los tiempos de guerra, la expectativa de una industrialización que para muchos significaba la posibilidad de modificar la posición de México en la división internacional del trabajo y tener internamente niveles más altos de lo que entonces se consideraba como bienestar, se enfrentaron al proyecto norteamericano de expansión de sus redes de inversión y al del gobierno mexicano que, en ese momento, sustentaba sus perspectivas en la captación de recursos productivos del exterior. Con una visión del desarrollo que en algún momento se ha considerado moderna, los gobernantes de la época privilegiaban la recepción de inversiones extranjeras, aunque fuera dentro de un esquema de saqueo y/o competencia desigual con las incipientes bases de una alternativa propia.

El paradigma norteamericano era en ese momento el objetivo a alcanzar para el gobierno mexicano y el auténtico representante de la modernidad deseable.

Fue todo un atrevimiento, pero fue también una de sus primeras batallas éticas contra lo que le parecía contrario a los intereses de las naciones débiles y una usurpación de su capacidad soberana.

La devaluación del peso en 1954 lo convirtió en uno de los personajes del debate público sobre la marcha de la economía y las políticas gubernamentales. Su oposición a esta medida, por considerar que colocaba en una posición vulnerable a la economía mexicana y que la hacía perder capacidad de autodeterminar su destino. Excelente conferenciante, debatía sus puntos de vista en todos los foros con pasión y elocuencia y con gran conocimiento de causa. Su auténtica vocación de maestro lo llevaba a ser un importante formador de opinión a través de sus presentaciones públicas, de sus libros, artículos y entrevistas.

Sus artículos semanales en la revista *Siempre!* fueron sin duda una de sus contribuciones de mayor impacto. Desde 1965 hasta 1973, cada semana proporcionaba un análisis pormenorizado de la competencia mundial entre capitales estadunidenses, europeos y japoneses, de alguna gran transnacional que tenía inversiones en México, de sus impactos sobre la industria nacional, sobre los salarios y políticas de contratación y sobre las políticas y disposiciones del Estado.

Podría decirse que fue uno de los primeros economistas que puso atención en los impactos ecológicos de la sustitución de productos nobles, que realizó masivamente la industria química. Es decir, la entrada de las grandes empresas extranjeras, mayoritariamente norteamericanas, al territorio y mercado mexicanos, con ese halo de progreso y modernidad que justifica muy a menudo su comportamiento, no sólo lesionaba las posibilidades de desarrollo independiente y exigía una acción gubernamental reguladora, sino que también contribuía a causar un daño al ambiente cuando, por ejemplo, introducía detergentes en lugar del tradicional pan de jabón. Las substancias tóxicas que empezaron a invadir ríos y aire en los lugares de asentamiento de las filiales de Kimberly Clark, Colgate-Palmolive o Dupont, no únicamente truncaron las perspectivas de una buena parte de la incipiente burguesía nacional, sino que son el origen local más importante de la altísima incidencia de enfermedades degenerativas y del conjunto de problemas ecológicos que han llegado a crear el estado de emergencia en que se debaten en el presente amplias regiones de México.

Sus estudios sobre el capital transnacional y sobre las redes o grandes grupos de poder económico constituyeron una de sus pasiones y de sus contribuciones más importantes. Durante largos años fue reconstruyendo teóricamente el entramado y los hilos conductores de un tejido de relaciones e intereses que combinaban propiedad y actividad económica con gestión política, produciendo una estructura jerárquica y fuertemente monopolizada de relaciones de poder. Cuatro grandes grupos de norteamericanos, con ramificaciones hacia Latinoamérica y otras partes del mundo, manejaban y decidían los destinos económicos del conjunto.

Morgan Guaranty, First National City Bank, Dupont Chemical Bank y Chase Rockefeller controlaban no sólo la economía norteamericana del momento (fines de la década de los cincuenta) sino también la mexicana, con el beneplácito del gobierno y de sus funcionarios.

Con un cuidadoso seguimiento de las relaciones personales y económicas entre los miembros de estos cuatro grupos y sus contrapartes mexicanas, quedaron en evidencia las líneas de interés que abrían las puertas del país para beneficio de grupos de poder, fundamentalmente formados por extranjeros.

Esta fue la investigación que presentó como tesis de licenciatura ante un auditorio lleno a reventar en el que se encontraban buena parte de los más destacados intelectuales de la época y un jurado conformado por Paul Sweezy, Jesús Silva Herzog, Vicente Lombardo Toledano, Gilberto Loyo y Eduardo Botas. "La tesis central de este ensayo —se dice en el prefacio— consiste en sostener que para alcanzar un alto ritmo de desarrollo socioeconómico, que signifique el mejoramiento efectivo de las condiciones de vida del pueblo y el fortalecimiento de la soberanía nacional, es requisito indispensable luchar contra el dominio del capital monopolista y apartarnos de su filosofía, orientándonos por rumbos democráticos auténticos, en que el principio rector sea el logro pleno de las aspiraciones populares de mejoramiento y autodeterminación".

México era un país en construcción. El futuro estaba por escribirse y ese proceso debía responder a las necesidades y aspiraciones del pueblo de México. La insistencia y lucha por democratizar la política y la economía fueron, consecuentemente, una de sus actividades cotidianas. La creación de espacios democráticos en todos los ámbitos colectivos, además de constituir el mejor medio para la confluencia y construcción de voluntades reales es la manera idónea de garantizar que las decisiones se toman y se ejecutan a satisfacción del conjunto.

Esta convicción democrática representó durante algún tiempo un obstáculo para que pudiera ser nombrado Director de la Escuela de Economía, como lo solicitaba la comunidad académica, pero fue también razón de su nombramiento en 1973 bajo el rectorado de Pablo González Casanova, en un momento crucial de la vida de la Escuela.

Con el antecedente de un Director expulsado y de una autoorganización que mantuvo las actividades académicas en funcionamiento y la Escuela limpia y en condiciones adecuadas durante seis meses, la llegada de un nuevo Director era asunto muy complicado. En cierto sentido la Escuela se encontraba en uno de sus mejores momentos: con un gran entusiasmo del estudiantado y con la incorporación de un grupo de profesores jóvenes con nuevas ideas pedagógicas y portadores de algunas nuevas teorías, se introdujeron lecturas de las vanguardias teóricas francesa, inglesa y norteamericana, abriendo nuevos horizontes a los estudios de economía. En un ejercicio de madurez política y de gestión democrática, la comunidad había modificado las dinámicas de trabajo y las condiciones para la llegada de un nuevo Director, quien, a su entender, debía responder a sus propios intereses académicos y no a los de la Junta de Gobierno. Debía ser un Director para la Escuela y no para la Rectoría, se decía en ese momento, y la comunidad se pronunció, unánimemente, por José Luis Ceceña, profesor conocido por su tradición democrática y que contaba con autoridad académica y con el reconocimiento del propio Rector.

La efervescencia académica que caracterizó su paso por la Escuela fue la base de formación de una sólida planta de profesores-investigadores que se mantiene hasta el momento. La planta de profesores se profesionalizó y los estudios adquirieron un carácter científico, que si bien dejaba espacio a los análisis de coyuntura y a los requerimientos inmediatos que planteaba la realidad, supo mantener estable un núcleo básico de conocimientos y un ámbito de reflexión general de largo plazo.

Los setenta fueron años difíciles para América Latina. Las dictaduras militares asolaban la vida y el pensamiento de brasileños, argentinos, chilenos y algunos otros habitantes del sur del continente. La Escuela constituyó para ellos un lugar de refugio, donde pudieran continuar con sus análisis sobre la realidad latinoamericana y su incorporación permitió un enriquecimiento sin precedente de los debates académicos, de las temáticas de estudio, de la variedad de enfoques conocidos, adoptados o criticados, pero, además, fortaleció las prácticas democráticas en los niveles de gestión.

La Escuela de Economía se convirtió en uno de los más importantes centros de desarrollo del pensamiento latinoamericano y esto mismo constituyó el marco de referencia de su conversión en Facultad, con la creación del primer doctorado en economía del país en 1976. Ruy Mauro Marini, Theotonio Dos Santos, Pedro Paz, Gilberto Argüello y muchos otros conformaron la planta docente de la División de Estudios de Posgrado de Economía por la que pasaron Christian Palloix, Susanne de Brunhoff y muchos destacados personajes de la academia provenientes de todo el mundo.

Yo creo que ese fue uno de los momentos y de los periodos más intensos y gratificantes de la vida de mi padre. La Escuela-Facultad de Economía tenía un profundo significado para él y poderla servir representaba uno de sus mayores logros.

Durante los seis años que tuvo a su cargo la dirección no sólo se creó la División de Estudios de Posgrado, sino que se realizó la primera revisión integral del plan de estudios de la licenciatura, con el concurso de profesores y estudiantes, en un ejercicio sumamente serio y responsable. El plan de estudios del Foro de 74 trascendió los límites de la Facultad y se convirtió en referencia de los estudios de economía en las diferentes universidades de México y Latinoamérica y fue el origen de muchos de los actuales investigadores, que se formaron tanto entre los miembros del profesorado de aquel entonces, como entre los estudiantes.

El impulso académico que imprimió José Luis Ceceña a las actividades de la Facultad continuó, un poco más tarde, en el Instituto de Investigaciones Económicas ya que, de 1980 a 1986, fungió como su director.

La participación de los economistas de la Facultad y del Instituto, en su momento, en la discusión de los grandes problemas nacionales, se vio favorecida con la creación de dos revistas, cuyo objetivo primordial fue difundir en la sociedad los análisis de coyuntura, o las consideraciones sobre la misma, que se generaban en esos centros del conocimiento. A su paso por la Facultad fundó la revista Economía Informa, y a su paso por el Instituto fundó Momento Económico, las dos circulando hasta el presente. Asimismo, con el propósito de brindar un mejor servicio a la sociedad a la que se debe la Universidad, se creó un seminario de discusión y análisis, también vigente hasta nuestros días, sobre economía mexicana, en el que se debaten los problemas y alternativas que los investigadores del Instituto, junto con algunos invitados distinguidos, consideran de mayor relevancia.

Cuando se piensa en lo que es o debe ser la ética del universitario creo que mi padre es uno de los mejores ejemplos. La capacidad para plantear los problemas de manera bien argumentada, pero sabiendo que las sociedades y los conocimientos se construyen a partir del esfuerzo colectivo, lo llevó siempre a respetar y trabajar con las diferencias, a admitir los errores propios y aceptar las aportaciones y logros de amigos y enemigos, con honestidad intelectual y un afán inquebrantable de justicia.

Hay tantos episodios de su vida que cabría aquí relatar para rendir homenaje a su generosidad, a su inteligencia y a su calidad humana, pero no es a mí a quien le toca hacerlo. Yo sólo puedo decir que ha sido un padre maravilloso, un amigo y un compañero que siempre tiene una palabra de aliento para ayudar a convertir los fracasos en fortalezas, que nunca ha perdido la esperanza ni su confianza en la humanidad. Vivir y actuar con dignidad y honestidad, sin complacencias consigo mismo, pensando y respetando a los demás, sin arrogancias, con convicción y luchando siempre por un futuro mejor, más justo y democrático; ésas son sus enseñanzas, ésa es la fuerza moral que nos ha transmitido a lo largo de nuestras vidas... Padre, amigo y maestro.

Eso es para mí José Luis Ceceña.

La tesis presentada bajo el título *El capital monopolista y la economía mexicana,* fue publicada por Cuadernos Americanos en 1963. El malestar que provoca en las altas esferas de la política mexicana impide que vuelva a editarse a pesar de haberse agotado rápidamente la primera edición. La reedición se hace treinta años después a cargo del Instituto de Investigaciones Económicas de la Universidad Nacional Autónoma de México.

JOSÉ LUIS CECEÑA EN EL COLEGIO CIVIL ROSALES

Marco Antonio Berrelleza Fonseca

En los años de 1931 a 1935, Culiacán era la segunda ciudad del estado de Sinaloa, después de Mazatlán, que ocupaba el primer lugar en población y actividades comerciales por su calidad de puerto internacional. La capital sinaloense, a lo sumo contaba con 20 mil habitantes.

Era una ciudad muy pequeña. Por el sur, llegaba hasta las vías del Ferrocarril conocido como El Tacuarinero, sobre cuyas huellas años más tarde se construyó el boulevard Gabriel Leyva Solano; por el norte, hasta la calle Rafael Buelna; por el poniente, hasta la avenida Nicolás Bravo; y hacia el oriente, hasta la avenida Aquiles Serdán.

Las calles no estaban pavimentadas ni empedradas, había dos o tres vehículos automotrices que, por supuesto, pertenecían a las familias que poseían los recursos necesarios para adquirirlos. Los medios de transporte, eran los caballos y los burros; y los más sofisticados, las arañas y carruajes. El agua se vendía en barricas, por las calles.

Las tiendas principales eran la de Benigno Zazueta, en la que se vendían las mejores telas lisas y bordadas, encajes y zapatos; la de Antonio Vizcaíno, la más elegante; la de Antonio Malacón, en la esquina de Juan Carrasco y Ángel Flores; la de Adrián Franco; la de Teodoro Piczán, de gran popularidad entre el pueblo; y *Farjí El Barato*, en la calle Miguel Hidalgo, entre Carrasco y Rubí, negociación que desapareció hace pocos años, al ser vendida por su propietario, Jacobo Farjí. Sobre la calle Ángel Flores, entre Obregón y Carrasco, se encontraban unos pochos que, llegados de Estados Unidos, se dedicaron a la fabricación de zapatos a la medida.

Entre los centros principales de diversión familiar estaba el Teatro Apolo, construcción arquitectónica hermosísima que fuera construida por el ingeniero Luis F. Molina, e inaugurado por el gobernador Francisco Cañedo el 16 de septiembre de 1894. Venido a menos, el teatro se convirtió en foro político, en cine y arena de box. Eran los tiempos de los sábados de la "cacharpa"; el martes familiar era la función más barata de la semana, a la que acudía casi todo el pueblo de Culiacán y sus alrededores. Cuando se exhibía una película atractiva en cualquier otro día de la semana, los jóvenes de escasos recursos entraban a galería, exponiéndose las damitas, a contactos no solicitados por parte de los pelafustanes. El teatro Apolo fue brutalmente demolido en 1948, cometiéndose así un crimen de lesa cultura.

Dos o tres veces al año llegaban a Culiacán diferentes circos con payasos, acróbatas, bailarinas y animales raros, los que instalaban sus carpas en un pequeño parque que se localizaba en donde hoy se encuentra el Centro Escolar Álvaro Obregón, enfrente de la Plazuela Rosales. Como siempre ha sucedido a través de la historia de los pequeños pueblos, el circo era la máxima atracción para niños, jóvenes y adultos. En esos días, Culiacán se volcaba para disfrutar del "más grande espectáculo del mundo", que generalmente se instalaba en los terrenos del Parque Juárez del Colegio Civil Rosales. Todavía se escuchan en el *campus* los fantasmas de los circos Ponce Hermanos, Suárez Hermanos, Royal y Beas Modelo, y las voces de las actrices y actores de la compañía carpera de Josefina Noriega.

Un lugar de recreación y paseo dominical lo constituía el Paseo Chapultepec, un verdadero bosque (situado en la hoy Colonia Gabriel Leyva), en el que había juegos para niños y las muchachas paseaban con sus novios, mientras sus padres se recostaban debajo de los árboles, pero siempre manteniendo la mirada sobre sus hijas casaderas. Los guamúchiles del parque eran un atractivo para los pericos que, en parvadas, llegaban del rumbo de la sierra. Al retornar los paseantes a sus hogares, por las tardes, muchos de ellos llevaban más de algún perico, verde como la bandera nacional.

Los salones de baile eran centros populares muy concurridos. Los principales eran la Alberca Emma y La Mutualista. A ellos acudían los jóvenes con su pareja en busca de diversión, y otros en busca de novia. Las orquestas que amenizaban los grandes bailes de salón eran la Royal, la Estrella y el conjunto de los hermanos Álvarez.

Para los seguidores del dios Baco, estaba la cantina *El Tambor*, cerca del mercado Garmendia, en Hidalgo y Rubí.

Era un Culiacán ausente de violencia.

Como no había ventiladores, la gente dormía en catres en las banquetas de sus casas, sin temor a ser asaltadas o asesinadas. Las familias que dormían en el interior de su casa, lo hacían con las puertas abiertas. La policía, o "cuicos", como se les llamaba en los años treinta, casi no tenían trabajo, si acaso llevar a su casa a los borrachines que encontraban en las calles.

Durante la llamada temporada de aguas, el río Tamazula era un verdadero espectáculo. Como aún no controlaba sus aguas ninguna presa, el río se convertía en un salvaje que invadía la ciudad hasta la calle Rosales. La avenida Aquiles Serdán era conocida como "La barranca", porque se transformaba en un bravío arroyo producto de las aguas que bajaban de las lomas del sur; la calle era un verdadero peligro para quienes se aventuraban a cruzarla, ya que el agua llegaba arriba de la cintura y corría a gran velocidad.

Las familias más prominentes de Culiacán eran las de Manuel Clouthier —la primera que en estos años instaló en su residencia un ventilador de techo—, Manuel Zazueta, Daniel Cárdenas, Manuel Cárdenas y las familias Acosta y Ojeda, que controlaban las actividades agrícolas —muy rudimentariamente todavía por ser de temporal—, ganadera y de abarrotes.

El mercado Garmendia era el centro comercial principal y lugar de reunión de la población.

El Hotel Rosales era el más moderno, y el que preferían los viajeros que venían a la ciudad en plan de negocios o de paseo.

Es el Culiacán de Pedro Infante, el muchacho alegre del cine nacional, que con su guitarra en la mano, caminaba por las calles de la ciudad en busca de enamorados para convencerlos llevaran serenata a sus novias o amantes, para ganarse algunos pesos y evitar el calificativo de vago que le endilgaban sus familiares, a pesar de no haber probado jamás ni una gota de licor ni un mísero cigarro. El Pedro Infante que dormía en el piso, en un pequeño cuartito en el fondo de la casa de sus parientes; el Pedro Infante que por unos pesos y una oportunidad para tocar o cantar, servía de velador de los instrumentos de la Orquesta Royal. El Pedro Infante que muchas veces, en solitario, iba a las orillas del río por el rumbo de La Lima, para recoger quelites y comerlos sin sal.

Es el Culiacán de los años dorados de José Luis Ceceña Gámez.

De nuevo en Culiacán

José Luis Ceceña Gámez llega al Colegio Civil Rosales en octubre de 1931. Es un momento clave, determinante en la vida de la casa de estudios.

El 30 de septiembre de 1931, Francisco Apodaca, Enrique Maximiliano Gómez Blanco y Eladio Esquerra, integrantes de la Comisión Permanente de la Federación de Estudiantes Rosalinos (nacida en 1926 0 1927) propusieron al Congreso del estado una nueva ley orgánica, basándose en los siguientes considerandos:

Que dándose cuenta del movimiento evolutivo universitario que priva en la actualidad en la mayoría de las universidades, en el sentido de que el Gobierno de éstas se encomienda a organismos de las mismas, representativos de los diferentes elementos que las constituyan; lo cual se explica por consideraciones de orden social y pedagógico, siendo las primeras determinadas por el ambiente democrático imperante en nuestro tiempo y que demanda en grado siempre creciente, como claramente lo ha expresado el expresidente don Emilio Portes Gil en los considerandos de la Ley Orgánica de la Universidad Autónoma, "la delegación de funciones, la división de atribuciones y responsabilidades, la socialización de las instituciones, y la participación efectiva de los miembros integrantes de la colectividad en la dirección de la misma". Aspiración que se ha hecho realidad en la mayoría de las universidades iberoamericanas y especialmente en la nuestra (Universidad Nacional Autónoma), en donde los estudiantes participan del gobierno de sus instituciones.

En cuanto a las segundas, es decir, a las consideraciones de orden pedagógico; las corrientes modernas de educación han reconocido que para el desarrollo integral de la personalidad humana es necesario infundir al escolar desde su temprana edad, la realidad de la vida con sus inmensas responsabilidades y para ello principia por hacerles sentir, el hecho de que en parte, la escuela es obra suya, interesándolo así en el adelanto y progreso de su plantel. Esa idea se encuentra maravillosamente corroborada por el dicho del eminente pensador español, don José Ortega y Gasset, una de las columnas del movimiento republicano español actual, que textualmente dice: "Hasta en un sentido casi material tiene que ser la Universidad primariamente el estudiante. Es absurdo que, como hasta aquí, se considere al edificio universitario como la casa del profesor, que recibe en ella a los discípulos, cuando debe ser lo contrario: los inmediatos dueños de la casa son los estudiantes, completados en cuerpo constitucional con el claustro de profesores. Es preciso acabar con el bochorno de que sean los profesores con la guardia suiza de los vedeles, quienes mantienen la disciplina corporal dentro de la Universidad, dando lugar a esas batallas vergonzosas, en que aparecen de un lado los catedráticos y sus subalternos; de otro, la horda escolar. Sólo la estupidez puede tranquilizarse con echar la culpa de escenas tales a los estudiantes. Cuando hechos tan repugnantes se producen, y además con frecuencia, no tiene nadie en particular la culpa, sino la institución misma que está mal planteada. Son los estudiantes quienes, previamente organizados para ello, deben dirigir el orden interior de la Universidad, asegurar el decoro en los usos y maneras, imponer la disciplina material y sentirse responsables de ella."

Por otra parte, considerando, como lo ha expresado el gran estadista don Plutarco Elías Calles, "la doctrina democrática implica la mayor amplitud de oportunidades educativas para todos los niños y jóvenes del país; para lo cual debe extender el sistema escolar tan pronto como las necesidades sociales lo requieran y las condiciones pecuniarias lo permitan, a fin de llegar no solamente a niveles mínimos de educación, representados por la escuela primaria, sino aquéllos que se alcanzan mediante escuelas secundarias; que la tendencia actual es ofrecer una educación secundaria para todos los jóvenes, e instituir un sistema que haga posible y deseable que la mayor parte, si no todos los niños que terminan el sexto año de la escuela primaria, puedan y quieran concurrir con provecho a una escuela secundaria"; considerando también la necesidad de separar a los alumnos que por sus facultades y situaciones económicas no pueden alcanzar un título profesional, de aquéllos que con esta finalidad ingresan al Colegio, siendo la idea de los primeros ampliar y perfeccionar su educación primaria; creemos, pues, por estas razones, que es de urgente necesidad la creación, en nuestro medio, de la escuela secundaria.

Enseguida proponían que el gobierno del Colegio estuviera en manos de un Consejo Directivo, que estaría integrado por el Director de la institución, que sería el presidente del mismo; el secretario del Colegio, que sería el secretario del mismo; por un profesor y un alumno de cada una de las escuelas y por un miembro delegado de la Federación de Estudiantes Rosalinos. El director sería elegido por el gobernador del estado de una terna que le presentara el Consejo Directivo. De capital importancia fue la reforma concerniente a la instrucción secundaria, en que solicitaban al estado que en tanto este no estuviera en condiciones de crear la Secundaria, autorizara al Colegio dividiera los cinco años de estudio de enseñanza Preparatoria en dos ciclos, el primero de tres años y el segundo de dos, correspondiendo al primero el ciclo secundario y el segundo a la Preparatoria especializada.

Atendiendo la petición, el 13 de octubre el Congreso del Estado aprueba el decreto número 101 que refunda el Colegio Civil Rosales, tomando tal cual la propuesta de la poderosa organización estudiantil.

La FER había nacido en 1926. Probablemente su primer presidente fue J. Alonso Álvarez, a quien apodaban El Microbio. El año siguiente, la FER envió al alumno de Preparatoria Alfonso Millán Maldonado al IV Congreso Nacional de la Federación Nacional de Estudiantes, realizado en la Ciudad de México. Debido a la importancia de la participación de Millán en el Congreso, en 1928 la FNE realiza su V Congreso en el Teatro Apolo de la ciudad de Culiacán, al que asisten como delegados sinaloenses Jesús P. Ruiz, Juan Francisco López y el propio Millán Maldonado. Ruiz presidió algunas de las sesiones, López se integró a la Comisión Dictaminadora de Reglamentos y Millán formó parte de la Comisión de Unificación de Planes de Estudios Universitarios.

Causó tanto impacto en Culiacán la presencia de los jóvenes estudiantes, que el 23 de enero de 1928 el Congreso del Estado los declaró huéspedes de honor.

Con el paso de los meses la FER fue ganando terreno y poder en la vida de la institución educativa, hasta lograr el control casi absoluto del Colegio Civil Rosales.

A las doce horas del día 27 de octubre de 1931 se reunieron en el Salón de Actos profesores y alumnos delegados de las escuelas y facultades para integrar el primer Consejo Directivo de la institución. Poco después resulta electo presidente el ingeniero Matías Ayala, en su calidad de Director de la institución. En representación de los catedráticos quedaron Francisco de P. Álvarez (Facultad de Leyes), profesor Amado Blancarte (Facultad de Química y Farmacia), profesor Sebastián Ocaranza y Jiménez (Escuela Normal), doctor José Güemez (escuelas Secundaria y Preparatoria) y Álvaro D. Acosta (Escuela de Comercio), y representando a los alumnos Manuel Díaz (Facultad de Leyes), Ramón Orozco (Facultad de Química y Farmacia), Enrique Félix Castro (Escuela Normal), Isidro Salas Barrón (escuelas Secundaria y Preparatoria) y Francisco Apodaca (Escuela de Comercio). La FER quedó representada por Arsenio Espinoza. Tres días más tarde, el licenciado Clemente Vizcarra sustituye a Francisco de P. Álvarez y el alumno José A. Álvarez a Manuel Díaz, ambos por renuncia voluntaria. El 6 de noviembre Ocaranza y Jiménez también renuncia y toma su lugar Ruperto Verdugo Palazuelos. El 25 de noviembre, Francisco Apodaca y Ochoa sustituye a Arsenio Espinoza.

Una vez organizado el Consejo Directivo, éste procedió a nombrar la terna que se presentaría al gobernador para que de ahí escogiera al próximo director del Colegio. Realizada la votación, el ingeniero Matías Ayala obtuvo 12 votos; Jesús

María Tarriba, 10; licenciado Manuel A. Barrantes, 9; licenciado Francisco Verdugo Fálquez, 4; licenciado Jesús P. Ruiz, 3; y licenciado José María Tellaeche, 1. No cabe duda, los buenos tiempos de Verdugo Fálquez y de Tellaeche, otrora personajes influyentes, habían pasado. Para estas alturas, hacía tiempo que el legendario licenciado Pedro Espinoza de los Monteros había desaparecido del panorama de la institución que fuera sus amores.

Por lo consiguiente, fueron propuestos Ayala, Tarriba y Barrantes. Ese día, el gobernador seleccionó al ingeniero Ayala por ser quien más votos había obtenido.

El alumno que participó con mayor entusiasmo en las discusiones en la primera reunión del Consejo Directivo fue Isidro Salas Barrón, no obstante ser el representante de la escuela secundaria, en la que, obviamente, predominaba la población de menor edad. Salas Barrón tenía 16 años de edad. Su principal propuesta consistió en proponer a los delegados que el Secretario de la institución fuera nombrado tal y como se hacía en la Universidad Nacional Autónoma de México: que el director del Colegio propusiera una terna que sería votada por los consejeros. Inmediatamente, Manuel Díaz se adhirió a la idea.

En ese momento, el ingeniero Eliseo Leyzaola, Secretario del Colegio, pidió la palabra para expresar que desde el día 19 de ese mes venía suplicando a la JDE se le relevara del cargo, por no sentirse bien de salud, por tener trabajo en exceso y por no conocer bien las funciones de la Secretaría. Leyzaola, además de la Secretaría tenía a su cargo la Tesorería de la institución y varias cátedras.

Al día siguiente, el Consejo Directivo acordó que los requisitos para ser Secretario del Colegio, serían los de ser mayor de edad y tener habilidad en las labores de la oficina. Un día más tarde, Ayala propuso al Consejo una terna formada por los alumnos consejeros Manuel Díaz, Arsenio Espinoza e Isidro Salas Barrón, para que de entre ellos se escogiera al Secretario. Resultó electo Salas Barrón, quien de inmediato aceptó el cargo y renunció a la representación de los alumnos de secundaria y preparatoria. Salas Barrón tomó posesión de su puesto el primero de noviembre, con un sueldo mensual de $175. A partir de esa fecha, Leyzaola continuaría como Tesorero, con un sueldo de $4 diarios. En sustitución de Salas Barrón, en representación de los alumnos de secundaria y preparatoria entró Roque Camelo y Vega.

En momentos de reorganización por la nueva ley, el Consejo Directivo ratificó los nombramientos de María Enriqueta Vega, escribiente de la Secretaría; Alfredo Caravantes, ayudante de la Biblioteca; Ruperto Inzunza, conserje; y Tomás Alvarado y Antonio Ochoa, mozos de aseo. Además, se nombró ayudante de la Biblioteca, a Ángel E. López, con el sueldo de $1 diario a partir del primero de noviembre, y se le aumentó el sueldo a $5 diarios al ingeniero Leyzaola en su cargo de Tesorero. Aún así, su sueldo era menor que el de Salas Barrón, un "muchachito" de 16 años que estudiaba secundaria.

Uno de los primeros acuerdos del primer Consejo Directivo fue incrementar el sueldo, en un peso diario, del tesorero, ingeniero Eliseo Leyzaola, y nombrar una comisión que se encargara de presentar el proyecto de un nuevo plan de estudios para secundaria y preparatoria. En efecto, poco después la citada comisión presentó el plan de estudios de la Universidad Nacional Autónoma de México, acordándose suprimir del bachillerato de Derecho las materias de sociología y economía. Con el nuevo plan de estudios ya todo estaba listo para que los grupos de primer año iniciaran sus clases, las cuales habían sido suspendidas mientras se acordaban las modificaciones.

La institución contaba en ese año con una matrícula total de 586 alumnos, según recuerda don Luis Flores Sarmiento, alumno de secundaria que llevaba la estadística del Colegio a cambio de que le condonaran los 2 pesos con 50 centavos que cada mes tenía que pagar por concepto de colegiatura. A propósito, en estos meses la institución cobraba $3 de inscripción; $10 por cada examen extraordinario; $20 por examen recepcional; $5 por derecho de certificación; y $50 por cada título profesional expedido. La nómina de profesores era del orden de $1 mil 544.50 (en 1934, último año de Ceceña Gámez en el Colegio, la nómina se incrementó a $ 3 mil 850 mensuales) y la de administrativos alcanzaba los $723.50.

Por esos días la Federación de Estudiantes Rosalinos había entregado a las autoridades del Colegio un documento en el que presentaban una propuesta para reformar académica y administrativamente a la institución educativa. A fines de ese año la FER había nombrado su mesa directiva, en la que quedaron J. Alonso Álvarez en la presidencia; Humberto Gastélum en la vicepresidencia; Manuel Lazcano Ochoa en la secretaría general; Francisco Nevárez en la tesorería; Benjamín Romero en el Departamento Técnico; Miguel Ángel Gastélum en el Departamento Social; Alberto Villagrana en Propaganda; Braulio Pizarro en el Departamento de Cooperativas; e Isidro Sotelo en Educación.

Así estaban las cosas en el Colegio Civil Rosales cuando a éste llegó José Luis Ceceña Gámez.

Ceceña llegaba por segunda vez a Culiacán. En 1925 junto con su hermano Emiliano había arribado a la capital sinaloense para estudiar quinto y sexto grados de primaria en el Internado del Estado. Fueron días difíciles para los hermanos Ceceña, por falta de recursos económicos elementales para subsistir y la falta de atención de las autoridades para la institución de niños pobres. Días había en los que escaseaban los alimentos. Los jóvenes estudiantes, para llevarse algún alimento a la boca, en ocasiones acudían al Mercado Garmendia para solicitar la buena voluntad de los locatarios, o bien buscar entre la basura que tiraban los dueños de las casas ricas con la esperanza de encontrar algo que pudiera mitigarles el hambre. Incluso, no eran pocos los niños que hurgaban entre los montones de basura que los empleados del Ayuntamiento o los mismos comerciantes tiraban en la ribera del río Tamazula, a la altura donde hoy se encuentra la Escuela Álvaro Obregón. En cierta ocasión, entre la podredumbre un jovencito encontró una lata de sardinas; tomándola entre sus manos, gritó con alegría a sus compañeros, notificándoles su hallazgo. Era tal el hambre que el muchachito tenía, que no compartió sus sardinas con nadie. Saciada el hambre que lo atormentaba desde varios días atrás, el niño corrió brincando de alegría. Horas más tarde moría por el alimento descompuesto. Fueron días difíciles, sin duda alguna, los que pasaron los hermanos Ceceña Gámez en el Internado del estado. Al concluir sus estudios, José Luis regresa a Chinobampo para trabajar de maestro en la escuela primaria del pueblo.

Al inscribirse en primero de secundaria, quedó bajo la tutoría del señor Joaquín Guerra, con domicilio en la calle Antonio Rosales número 66 oriente. Más tarde, según consta en el Archivo Histórico de la Universidad Autónoma de Sinaloa, tuvo por tutor a Fernando Gándara, con domicilio en la calle Domingo Rubí número 28 norte.

A las seis de la mañana del lunes 19 de octubre de 1931 el joven Ceceña llegó puntual al aula de primer año "A" para recibir sus clases:

Juegos y Deportes, impartida por el profesor Miguel A. Gómez Llanos; Zoología, por el ingeniero Eliseo Leyzaola; Aritmética, por el ingeniero Matías Ayala; primer curso de Inglés, a cargo de Ernesto Radke; Física y laboratorio, por el ingeniero Eliseo Leyzaola; Geografía Universal y de México, por María Armienta de Trucíos; primer curso de Castellano, por el ingeniero Matías Ayala; Dibujo Constructivo, por Fernando Osuna; primer curso de Francés, por Antonio Canale; Geometría y Trigonometría, por el ingeniero Juan L. Paliza; y Botánica, por el ingeniero Eliseo Leyzaola.

Cabe aclarar, que por este tiempo el Colegio Civil Rosales cambió casi todos los planes de estudios de las escuelas y facultades, lo que lo llevó a elaborar una tabla de equivalencia de las materias viejas, frente a las nuevas, situación que provocó un verdadero desbarajuste que aún en 1947 se hacía sentir con los egresados que en ese año pretendían obtener sus certificados de estudios.

Ese primer día, José Luis estrechó por vez primera las manos de sus compañeros de la generación 1931-1934:

Alejandro y Alberto Sánchez, Arnoldo Salazar, Josefina León Sandoval, Roberto Apodaca, Eduardo Urrea Parra, Juana Sotomayor Quintero, Alberto Murillo Navarro, Felipe Apodaca, Socorro Esquerra, Abelina de Jesús Félix, Lupita Cervantes, Alfonso Palazuelos, Fidelia Mascareño, Joaquín Flores Gutiérrez, Luis Flores Sarmiento, Gloria Verdugo Palazuelos, Consuelo Sotelo Barreda, Laura Moreno Moncayo, Lupita Sánchez, Moisés Díaz, Enrique Tracy, Nicolás Vidales, Eliseo Leyzaola Díaz, Jesús Güémez Rodríguez, Isabel Paliza, Feliciano García, Esperanza Esquerra, José C. Zavala, Magdalena Alvarado, Benjamín Sánchez Rojo, Alfonso Zazueta Padilla y María Trinidad García Luque.

Estaban becados para estudiar la secundaria con la condición de proseguir los estudios de normalista: José Luis Noceña Gámez, por los municipios de Choix y El Fuerte; María Trinidad García Luque, por el municipio de Culiacán; Fidelia Mascareño, por el municipio de Mazatlán; y Roberto Apodaca, por el municipio de El Rosario.

Desde un principio, José Luis se rodeó de un grupo de amigos, destacándose entre ellos Felipe y Roberto Apodaca, Moisés Díaz, Luis Flores Sarmiento, Socorro Esquerra y Abelina de Jesús Félix Higuera.

Según lo recuerdan sus compañeros, José Luis era un muchacho muy inteligente, serio, amigable, servicial con sus condiscípulos a quienes ayudaba explicándoles la clase de matemáticas, materia que les impartía el ingeniero Matías Ayala, director del Colegio Civil Rosales, y que el joven de Chinobampo dominaba a la perfección. Cuando alguien tenía problemas para entender la clase, de inmediato acudía con Taceña Gámez para que lo asesorara en la materia.

Vida rosalina

Demos vuelta a las hojas del calendario del recuerdo para volver a vivir los acontecimientos más importantes del Colegio Civil Rosales en tiempos del estudiante de secundaria José Luis Ceceña Gámez, joven nacido en el puerto de Mazatlán pero avecindado en el Norte del estado desde su infancia.

Los catedráticos

Los maestros del Colegio Civil Rosales respetaban en grado extremo a los alumnos y éstos a aquéllos. En realidad, el maestro se constituía en el tutor del alumno y como tal lo presionaba para que jamás decayera su ánimo por el estudio.

El ingeniero Matías Ayala, a quien apodaban "*El matemáticas*", por impartirles Aritmética, era una buena persona; fue director de la institución en varias ocasiones.

El ingeniero Eliseo Leyzaola, se caracterizaba, según los miembros de esta generación, por impartirles las clases más "enfadosas", entre ellas Botánica y Cosmografía. Era un hombre bueno, calmado, responsable y serio. Fue el constructor del Estadio Universitario en tiempos de la Universidad de Occidente.

Antonio Canale, el eterno maestro de francés desde los tiempos del viejo Colegio Rosales y de la Universidad de

Occidente (1918-1922), era un viejo caballero que adoraba la cultura francesa.

Ernesto Radke o Mister Radke, como le llamaban, les daba Modelado, y era fuerte de carácter —a quien se le tenía temor— pero excelente para enseñar, "les metía los estudios en la sangre". Un buen día, Radke llegó de Alemania y se quedó para siempre en Sinaloa.

Imposible olvidar al profesor de Orfeón, Francisco Martínez Cabrera, un hombre bonachón, muy moderado, que casi nunca regañaba a sus alumnos. Fue un inmenso músico que se paseó por las más importantes ciudades de Europa como primer violinista concertista de la Compañía de Ópera Ciudad de Roma, pero que en su largo peregrinar por el mundo llegó a Sinaloa y aquí se quedó a beber agua de los once ríos y a enseñar música a los jóvenes del Colegio Rosales y a los obreros de Culiacán, así como a organizar festivales que llenaron toda una época en la historia de la cultura en Sinaloa.

María Armienta de Trucíos tenía a su cargo Geografía Universal e Historia Universal; Domingo Gómez Llanos, Geografía; el licenciado Manuel A. Barrantes, Literatura; Luz Abascal, Costura.

Un catedrático fuera de serie lo fue el ingeniero Juan L. Paliza, por su enorme calidad como matemático y poeta de altos vuelos, por sus ocurrencias y por su inclinación al dios Baco, como todo bohemio. En febrero de 1932 el ingeniero Juan L. Paliza, catedrático de la institución, recibió una seria amonestación del Consejo Directivo, "en virtud de haberse conducido en algunos festivales en forma que no aprueba este Consejo". Como ustedes se imaginarán, el ingeniero Paliza andaba rindiéndole pleitesía al dios de su adoración, lo que no fue del agrado de las autoridades del Colegio.

Hijo del doctor Ruperto L. Paliza, director del Colegio Rosales de 1895 a 1911, el ingeniero Paliza fue humorista sin par que dejó coloridas estampas en el Culiacán de los años treinta.

Su carrera de profesor de educación superior la inició en el Colegio Rosales. Fue el más inquieto de los catedráticos rosalinos. Después de estudiar ingeniería, estudió Farmacia en el Colegio. Fue el rey de la anécdota.

Tuvo la originalidad de ser transportado en el "automóvil" del Rarra, de palacio de gobierno al Colegio Civil Rosales para impartir sus cátedras.

El Rarra era un loco tranquilo que simulaba ser el conductor de imaginario foringo, haciendo en el aire el encendido y operando los tres pedales y freno de su vehículo.

Al salir de sus oficinas y ver pasar al Rarra por la calle Rosales le pidió parada y sujetándose de su cintura, y corriendo desaforados entre la hilaridad de los noveleros transeúntes llegó al edificio rosalino, pagando con generosidad el precio de la transportación.[1]

El gobernador Manuel Páez lo expulsó del Colegio Civil Rosales y del Estado, por haberle gritado en sus propias narices durante su informe de gobierno ante los legisladores, en septiembre de 1935, que era un mentiroso, que las millonarias cantidades que mencionaba se habían invertido en obras de la comunidad, el mandatario las había gastado jugando a los albures en el casino que en Tijuana tenía el general Abelardo Rodríguez:

"Mientes, los gastaste jugando a los albures en el Casino de Tijuana, eres un falsario, los dilapidaste en el bar y en los lenocinios del Casino Country Club de Tijuana".[2]

---

1 Alfonso L. Paliza, en *50 sinaloenses ilustres*, CREA, México, 1986, p. 480.

2 Rodolfo Monjarraz Buelna, *Testimonios de un universitario*, Tomo I, UAS, 1998, p. 73.

Radicado en la Ciudad de México, diariamente Paliza enviaba al gobernador y al director del Colegio sendos telegramas en los que les decía:

> Todavía vivo; espero que pronto pagarán con la misma moneda; recuerdos.[3]

Y así fue. Juan L. Paliza ya no regresó al Colegio de sus amores. En la Facultad de Leyes de la Universidad Nacional Autónoma de México estudió la carrera de Derecho. Fue catedrático de la UNAM y en el Instituto Politécnico Nacional impartió altas matemáticas.

Club FIJOABTRISO

La época de la secundaria es tal vez la etapa más hermosa de nuestras vidas. Es la que se queda fija para siempre en muestra memoria. Es el despertar a la vida.

En la secundaria, se conocieron cinco amigas que de inmediato se constituyeron en inseparables. Andaban tomadas de la mano por todos los rincones del Colegio; en amena charla juvenil se sentaban por horas en las bancas de la Plazuela Rosales, y corrían de un extremo a otro de la misma, expandiendo en el viento el perfume de su bella juventud. Esa hermosa amistad, amistad eterna que quedó fijada para siempre en el tiempo, las llevó a formar un club particular, sólo de ellas y para ellas, que perpetuara en el recuerdo, el encuentro con la vida. El club FIJOABTRISO, está formado con las primeras letras de sus nombres: Fidelia, Josefina, Abelina, Trinidad y Socorro. Son los años en que la amistad se funde con las sensaciones más

3 Rodolfo Monjaraz Buelna, Testimonios de un universitario, Tomo I, UAS, 1998, p. 74.

hermosas del ser humano. Son los amigas que nunca se olvidan entre sí, sin importar el tiempo y la distancia. Cuando pasados los años, la circunstancia las une por algún fugaz recuerdo, esas amigas entornan los ojos y viajan en el tiempo, para dejar ver en sus labios ya marchitos, una sonrisa nostálgica que las rejuvenece y las lleva a sus gloriosos 16 años.

Amigas inseparables, a todas partes iban con entusiasmo, con el ardor de la juventud que iniciaba con fuerza. Los corredores del viejo edificio rosalino y la Plazuela Rosales fueron testigos de ese glorioso pacto. Un día prometieron que cuando cumplieran cincuenta años se volverían a reunir, estuvieran en donde estuviesen, en el kiosko de la vieja plazuela que lleva el nombre del guerrero que derrotó a los franceses en 1864 y sembró su patronímico en todos los rincones del estado.

Entonces, también los había

Sin duda es rico el anecdotario estudiantil secundariano del Colegio. Baste un ejemplo. En cierta ocasión, el hijo del profesor Manuel Barrantes robó a su padre el cuestionario del examen de Literatura y lo vendió a los estudiantes que no gustaban de pasarse en vela la noche memorizando los apuntes que les diera el abogado. Sin embargo, descubierto el robo a tiempo, Barrantes cambió el cuestionario a la hora del examen. El resultado fue un rosario de lamentaciones que duró mucho tiempo. Los que estudiaron, por supuesto andaban con la sonrisa de oreja a oreja, entre ellos José Luis Ceceña.

Férrea disciplina

Si bien es cierto fuera del Colegio los alumnos se convertían en excelentes amigos, en el interior del mismo tenían que reprimir su acercamiento debido a la rígida disciplina que imperaba. Había una línea divisoria imaginaria que dividía por la mitad al edificio; el sector hacia el poniente era el de las mujeres y el oriente era el de los hombres. Los encargados de que los alumnos no violaran las estrictas reglas del Colegio eran los prefectos, los cuales, por supuesto, no eran de las simpatías de los muchachos.

Fiestas estudiantiles

Dos fiestas son las más importantes en este tiempo en el Colegio Civil Rosales, las que unían a todos los estudiantes, desde secundaria hasta profesional.

La Fiesta del Tabaco, la instituyó Francisco Astorga Berumen, estudiante de leyes a quien sus compañeros apodaban *el quijote*. Según lo recuerdan sus compañeros, era muy ocurrente y muy travieso. Empedernido fumador, a pesar de su corta edad, cuentan que en cierta ocasión no tenía cigarros ni dinero para comprarlos, y dijo entre carcajadas: "Voy a instituir la Fiesta del Tabaco, en la que cada quien traiga su caja de cigarros". Y así lo hizo. Y con ella se divirtieron cada 21 de diciembre decenas de generaciones. En los viejos pasillos del edificio rosalino aún resuenan las carcajadas alegres de *el quijote* y se escuchan las voces juveniles de muchachas y muchachos que bailan y cantan jocosas canciones.

El 23 de mayo se festejaba con dos bailes el Día del Estudiante. El principal se realizaba en el edificio central. Era el baile de gala porque en él se coronaba a la reina de los estudiantes, y al que asistían profesores y funcionarios de la institución. Fueron reinas del estudiante en el trascurso de 1931 a 1934, Julieta Esquerra, Carmen Izábal y Graciela Alvarado. Luego seguía una tardeada en la Alberca

Emma, local que contaba con templete de dos plantas con piso de madera y techo, en donde los estudiantes bailaban los ritmos de la época, interpretados por las orquestas de moda, entre ellas La Estrella, en la que brillara Pedro Infante.

En La Mutualista se efectuaban los bailes organizados con el fin de obtener fondos para realizar las festividades. La candidata a reina que vendía más votos, era la que obtenía el triunfo.

Plazuela Rosales

La vieja Plazuela Rosales era el centro de reunión de la juventud rosalina. Siguiendo la costumbre de sus antepasados, caminaban en círculos, en sentido contrario, hombres y mujeres por separado, para, al encontrarse, sonreírse y mirarse a los ojos los que andaban quedando bien. Además, ahí estaban los exquisitos raspados, de todos sabores naturales, del Capi Cisneros; la nieve deliciosa de los Ninomiya; algunos preferían los raspados que vendía el "Pariaria", un mudito que le hacía la competencia al rey de los raspados, el Capi Cisneros.

Deporte estudiantil

Pasatiempos favoritos de los rosalinos de estos tiempos, fueron los deportes, principalmente el béisbol, el cual fue impulsado sin restricción alguna por las autoridades del Colegio, cuyo entrenador, José A. León, organizó equipos que participaron en diversos lugares del estado. Incluso, había una cátedra de béisbol, la que primero se inició con una periodicidad de dos veces por semana, pero a fines de noviembre de 1931 el Consejo Directivo acordó se convirtiera en clase diaria, aprobándose incluso una partida especial del presupuesto para fomentar éste y otros deportes. En este tiempo, la institución contaba con el Estadio Universitario, parques, alberca y mesas de tenis.

Inolvidables los encuentros sostenidos por el equipo de béisbol de primera fuerza Colegio Civil Rosales, contra los equipos Tres Estrellas e Industria y Comercio. Aún perduran en la memoria deportiva rosalina los nombres de López Castro, el Yico y Campillos, lanzando juegos magistrales; la mascota fina del Chino Vega; el cuadro de lujo integrado por Nacho Espinoza en primera, Joaquín Duarte en segunda, su hermano Juan en tercera y en las paradas cortas Sáinz. Nadie mejor en los jardines que José A. León, en el left; al centro, Manuel Díaz, el coyote; y en el right el jovencito de 16 años Luis Flores Sarmiento.

El bronco de la sierra

El 8 de enero de 1932 llegó a las aulas de la Escuela Secundaria un joven muy inquieto, curtido en las tierras broncas de Cosalá.

Amante de las bromas, a cada rato tenía conflictos con muchachos de mayor edad. En cierta ocasión, le clavaron en sedal, un cuchillo en el hombro o en la espalda, ya no recuerdo bien el caso. Sin embargo, cierto es que el 5 de julio de 1932, el Consejo Directivo acordó llamarle "la atención [...] por haber traído arma de fuego al establecimiento y haberla disparado sobre un grupo de alumnos, al salir fuera del mismo, con la advertencia de que en caso que reincida o vuelva a faltar en cualquiera otra forma, con ese solo hecho se le considerará separado de la institución".

Seguramente el joven ya no violó el Reglamento y observó una mejor conducta, ya que en este plantel educativo terminó sus estudios de secundaria.

El hombre del paliacate, como se le llamó años después al entrar a la política, llegó a la gubernatura del estado de Sinaloa en 1963, en cuya calidad dio la autonomía a la Universidad de Sinaloa, dos años después. Por supuesto, se trata de Leopoldo Sánchez Celis.

La primera abogada

Cuando Ceceña cursaba su primer año de secundaria, y mientras Sánchez Celis andaba echando bala en el Colegio, Refugio Báez solicitó y presentó su examen profesional para obtener el título de abogado, convirtiéndose así en la primer mujer egresada de la carrera de Derecho en la historia de la institución.

Poco después emigra a la Ciudad de México para cursar la carrera de Economía en la UNAM. Antes había estudiado la carrera de profesora normalista en las aulas rosalinas.

Condonación de pagos

En estos tiempos, a los alumnos verdaderamente pobres se les condonaban todos los pagos, como ocurrió con Felipe Apodaca, uno de los mejores amigos de Ceceña Gámez.

En enero de 1932, José Luis Ceceña solicita se le exima del pago de colegiatura por ese año escolar, por ser de escasos recursos económicos. El Consejo Directivo, una vez estudiada la documentación respectiva, acepta e informa de ello al tesorero, ingeniero Eliseo Leyzaola.

Era tan difícil la situación económica del Colegio Civil Rosales que en los últimos días de enero de 1932, el Consejo acordó rebajar en un 10% los sueldos los profesores y empleados, con excepción del conserje, mozos, encargado del Gabinete de Química y los ayudantes de la Biblioteca.

En busca del poder

En mayo de 1932 el Partido Estudiantil Revolucionario "Rafael Buelna" ofreció al Consejo Directivo su colaboración para participar en la conservación y mantenimiento de la disciplina del Colegio. Sin embargo, el Consejo no aceptó la propuesta, "en virtud de haberse ya aceptado la colaboración de la Federación de Estudiantes Rosalina, de la cual forman parte los miembros del referido partido".

Los líderes estudiantiles pugnando por el poder

Por cierto, tomando en consideración que el ciclo escolar 1931-1932 fue un año difícil y anormal, por ser año de transición, en el segundo reconocimiento no se tomaron en cuenta las faltas de asistencia.

La revuelta

La noche del 14 de octubre de 1932, un grupo de alumnos encabezados por el profesor Francisco Elenes Almada se presentaron en el domicilio del director del Colegio, ingeniero Matías Ayala, y le pidieron pusiera orden en la institución, amenazándolo con pedir su destitución si para las nueve de la mañana del día siguiente no ponía las cosas en su lugar.

En respuesta, el Consejo Directivo destituye a Elenes Almada como catedrático del Colegio y se expulsa por dos meses a los alumnos Benjamín Romero, Manuel Lazcano Ochoa y Fidencio Romero, acompañantes de Elenes Almada.

Al ser notificados tanto el catedrático como los alumnos, éstos fueron de salón en salón agitando a sus compañeros, gritando "Ya no hay Consejo", "Abajo el Consejo", "Abajo el director".

Francisco Apodaca, por ser el que gritaba más fuerte, de inmediato fue expulsado por el término de un año.

Isidro Salas Barrón, Secretario General del Colegio, declaró que en un principio estuvo de acuerdo con la expulsión porque el Consejo prometió realizar una investigación seria para determinar la real culpabilidad de Elenes Almada y los alumnos, pero dado que el órgano legislativo no cumplió lo prometido, retiraba su voto.

Tomando cartas en el asunto, el gobernador del estado concedió al ingeniero Ayala una licencia por quince días con goce de sueldo, para estar separado del Colegio. Para el 23 de octubre de 1933, el licenciado Miguel Buelna ya se encontraba sentado, nombrado por el gobernador, en la silla principal de la dirección de la institución.

En realidad, el Colegio era un verdadero polvorín. Poco después del incidente, la Federación de Estudiantes fue abandonada por sus dirigentes, nombrándose una mesa directiva provisional, en la que quedó como presidente Humberto Gastélum; como secretario general Enrique Max Gómez Blanco, y como tesorero ngel E. López. La FER nombró a Enrique Félix Castro, delegado al seno del Consejo Directivo. Al continuar las pugnas estudiantiles en lucha por el poder, fueron expulsados de la FER Alfredo Caravantes, José Alberto lvarez, Federico Guillermo López, Humberto Cañedo, Juan Zambada, Benjamín J. López, José Aragón y Encarnación Moraila.

El 31 de octubre de 1932 el gobernador otorga el nombramiento de director del Colegio Civil Rosales al doctor Antonio Díaz Angulo. Al asumir el cargo Díaz Angulo, Isidro

Salas Barrón renunció por escrito al cargo de secretario general pero fue rechazada su propuesta.

En noviembre de 1932, la Federación de Estudiantes Rosalinos solicitó la restitución del profesor Francisco Elenes Almada y se levantara la expulsión decretada en contra de los estudiantes Francisco Apodaca, Manuel Lazcano Ochoa, Fidencio Gutiérrez y Benjamín Romero. Minutos más tarde, tanto el catedrático como los alumnos expulsados penetraron en triunfo al edificio rosalino.Durante el resto del año, la paz reinó en las aulas rosalinas.

Restricciones en el Colegio

En los primeros días de enero de 1933, el doctor Antonio Díaz Angulo se entrevistó con el gobernador del Estado con el fin de convencerlo otorgara al Colegio un subsidio de 57 000 pesos, cantidad que requería para satisfacer sus necesidades más elementales. Sin embargo, debido a la falta de recursos estatales, éste sólo entrega 48 mil pesos, lo que ocasiona que el Consejo Directivo acuerde suprimir las clases teóricas con dos alumnos, álgebra superior y geometría analítica; física, cosmografía y laboratorio del bachillerato de ingeniería; química orgánica en la Facultad de Química y Farmacia; Derecho procesal en la Facultad de Derecho.

Asimismo, se reforma el plan de estudios de la Escuela Normal, suprimiéndose un curso de música, un curso de economía doméstica, un curso de prácticas agrícolas y sociología aplicada a la educación. Es más, los alumnos de Educación física pasaron a la clase de Juegos y Deportes, que se impartía en la Escuela Secundaria.

Se suprime un profesor comisionado de orden, quedando integrada esta comisión con un profesor comisionado, con un sueldo diariode $2.50 dos alumnos comisionados, con un sueldo de $1.50 diarios cada uno.

Además, se fusionaron algunos grupos, reduciéndose por lo tanto el número de ellos, y elevándose el número de alumnos por aula.

Antonio Díaz Angulo, de nuevo director

El 27 de octubre de 1933, el Consejo Directivo quedó integrado por la profesora Agustina Achoy y Roberto Macías Fernández, delegados de la Escuela Normal; ingeniero Juan L. Paliza y Graciela Alvarado, de la Escuela de Comercio; licenciado Julián Chávez y Marcelo Arellano, de la Escuela de Derecho; profesor Rosendo Flores y Rodolfo Fárber, de la Escuela de Química y Farmacia; licenciado Miguel Buelna y Adelaido Esquerra, de las Escuelas Secundaria y Preparatoria; doctor Antonio Díaz Angulo e Isidro Salas, Consejeros *Ex-officio* y Raúl Cervantes Ahumada por la Federación de Estudiantes Rosalinos.

Enseguida, procedió a nombrar la terna que sería enviada al gobernador para que éste escogiera al siguiente director del plantel. En una primera ronda diez consejeros votaron por el doctor Díaz Angulo, siete por el profesor Rosendo Flores Sarmiento, cinco por el licenciado Miguel Buelna, cinco por el licenciado Jesús P. Ruiz, tres por Jesús María Tarriba, dos por el licenciado Clemente Vizcarra y uno por el licenciado Manuel A. Barrantes.

Dado que Buelna y Ruiz tuvieron igual número de votos, en una segunda votación, Buelna obtuvo ocho y Ruiz tres, de tal maneta que, la terna finalmente quedó integrada por Díaz Angulo, Flores Sarmiento y Buelna. El Ejecutivo del Estado, profesor Manuel Páez, otorga su voto para que el galeno continúe dirigiendo los destinos del Colegio.

Al tomar posesión de su cargo, Díaz Angulo da las gracias a los profesores y alumnos por esta segunda manifestación de confianza y adhesión al colocar de nuevo la dirección del instituto en sus manos, las que siempre velarán por el buen nombre, orientación y funcionamiento del Colegio Civil Rosales. En seguida propone un plan de trabajo para desarrollar la institución educativa:

1. Darle al Colegio Civil Rosales la orientación práctica y precisa que esté más en consonancia con el momento actual que vivimos.
2. Procurar que sea un centro de investigación capaz de cumplir con la función social que le corresponde, pero sin separarlo de esta noble misión.
3. Estudiar, y si es necesario, reformar, los actuales planes de estudios en la forma que lo exijan las circunstancias y según las posibilidades económicas del actual presupuesto de ingresos y egresos de este plantel.
4. Aprobar los estatutos necesarios para la buena marcha del Colegio.
5. Mejorar los métodos de enseñanza, sistemas de pruebas y escalas de calificaciones, haciéndolos más prácticos, justos y mejor interpretación.
6. Crear a base de decencia, sobriedad y corrección la verdadera unidad de este plantel, para que los profesores puedan cumplir su delicada misión y los alumnos cumplan con su obligación principal.
7. Fomentar la Educación Física.[4]

Emocionado por la propuesta del doctor Díaz Angulo, el representante de la Federación Estudiantes Rosalinos, Raúl Cervantes Ahumada, a nombre de sus compañeros y de todos

---

[4] AHUAS, libro de actas de la Junta Directiva de Estudios y del Consejo Directivo, 1930-1936.

los alumnos, felicitó efusivamente al director de la institución, "por su esmero y dedicación en dar a este Instituto el lugar que se merece". al tiempo que le da un voto de confianza y adhesión.

Tal y como lo mandataba el Reglamento Interior del Consejo, en seguida se nombran las comisiones. En Hacienda y Administración, quedaron el tesorero del colegio, ingeniero Eliseo Leyzaola; por los profesores, el licenciado Miguel Buelna, por los alumnos Marcelo Arellano, y el director Díaz Angulo. En Revalidación y Estudios, el ingeniero Juan L. Paliza, Raúl Cervantes Ahumada y el propio Director.

De nuevo Isidro Salas Barrón continuó en la secretaría general.

Becas para estudiantes pobres

El 13 de noviembre de 1933 el diputado Palomares propuso al Congreso del Estado la Ley que crea becas para estudiantes pobres en el Colegio Civil Rosales.

> En virtud de que la Ley No. 34 de 30 de noviembre de 1932, que creó originariamente las becas para estudiantes pobres en el Colegio Rosales de esta Capital, ha sufrido en el transcurso de los años reformas y adiciones que por estar hechas en distintas fechas dificultan su fácil consulta; en concepto del suscrito se hace indispensable fundirlos en un sólo cuerpo.
>
> Igualmente, como de acuerdo con los distintos cambios de impresiones habidas entre los miembros de esta H. Representación, se ha llegado al acuerdo de reformar la Ley de que se trata en el sentido de establecer, que todos los alumnos del Colegio Rosales, favorecidos por beca, deben cursar invariablemente la carrera de profesor normalista.[5]

[5] AHCES. Expediente del decreto núm. 158/1933.

Según la propuesta, se crean en el Estado 34 becas para estudiantes notoriamente pobres, para cursar única y exclusivamente la carrera de profesor normalista, en el Colegio Civil Rosales; estas becas se concederán por el Congreso del Estado, a razón de 35 pesos mensuales, que pagará la tesorería General del Estado de conformidad con el Presupuesto de Egresos que se expide anualmente; la distribución de estas becas se hará por municipalidades del Estado, a razón de dos becas por cada municipio, con excepción de Culiacán y Mazatlán que tendrán tres becas cada uno. Para el otorgamiento de estas becas, los aspirantes deberán llenar los siguientes requisitos: Ser mayor de 14 años de edad, poseer buenas costumbres y ser realmente pobres, requisitos que invariablemente deben comprobarse con los justificantes que expida la autoridad que corresponda de acuerdo con el derecho civil; haber cursado, cuando menos, con promedio de MUY BIEN, los últimos años de la instrucción primaria superior, de acuerdo con la Ley de Instrucción Pública vigente; no padecer enfermedad contagiosa, ni sufrir defectos físicos que lo imposibiliten para la carrera del magisterio; tener padres o tutores responsables.

La solicitud de beca deberá presentarse por el interesado ante el H. Congreso del estado, acompañando a su instancia la siguiente documentación: Comprobante de la edad requerida para otorgar la beca; certificado de sexto año de instrucción primaria superior; certificado de notoria pobreza; y certificado médico.

Todos los alumnos becados por cuenta del estado, tendrán la obligación de servir al Gobierno del mismo, en el ramo de educación, después de ser titulados, cuando menos tres años, con la retribución correspondiente.

Los estudiantes beneficiados por beca según los términos que señala la Ley, deberían presentar examen recepcional dentro de un periodo de seis meses de la fecha en que hubieran terminado sus estudios, bajo el concepto de que los que así no lo hicieren, serían expulsados del establecimiento educativo en que hubieren cursado los estudios profesionales y excluidos de las actividades oficiales del estado. Los mismos alumnos, una vez obtenido el título profesional que los acreditara como profesores normalistas, tendrían la obligación de prestar sus servicios al estado, cuando menos tres años, con la retribución correspondiente, de acuerdo con lo que determina el artículo 6o., en el lugar que le fuera asignado por el Departamento de Educación y en relación con su calidad de maestros normalistas, quedando expresamente determinado que de no someterse a esta disposición, serán excluidos del servicio oficial del estado.

Todos los alumnos que disfruten de beca, de acuerdo con la ley, deberán obtener mensualmente un promedio de calificación general de BIEN. El Director del Colegio Rosales, visará mensualmente los recibos de los alumnos para el cobro de la beca, siempre que haya comprobado que el alumno obtuvo el promedio de calificación de que antes se ha hablado, y que haya observado asimismo buena conducta.

Los alumnos becados por cuenta del Gobierno del estado y que hagan sus estudios en planteles educativos de la capital de la República o en cualquiera otra parte fuera de esta entidad, deberán enviar así mismo mensualmente al Departamento de Educación del Gobierno del estado, sus calificaciones de estudios autorizadas por el Director del Plantel, las que deberán tener el mismo promedio de BIEN, para tener derecho a seguir disfrutando de la beca.

Los alumnos becados en el Colegio que actualmente siguen carreras distintas a la de profesor normalista, deberán sujetarse a seguir esta carrera si desean seguir disfrutando de la beca.

Por esta sola vez, los municipios que tengan mayor número de becados que el que establece esta Ley continuarán hasta que por alguna causa legal, queden con el número que les señala la ley, y pasando tales becas, automáticamente, a depender de los municipios que hasta ahora no disfrutan del número completo de ellas.

El 27 de noviembre de 1933, el Congreso del estado expide el Decreto No. 158, casi en los mismos términos anteriores. Sólo se agrega que el Director del Colegio Civil Rosales, tendrá la obligación de enviar mensualmente al Departamento de Educación, un informe en que conste la calificación obtenida por los becados y su asistencia, y que los alumnos del Colegio Civil Rosales inscritos para normalistas, y que para terminar su carrera renuncien a la beca pretendiendo inscribirse en otra carrera, no podrán ser admitidos en la inscripción del mismo Colegio, y serán además excluidos de todo servicio público en el estado.

A la solicitud de ley que crea becas para estudiantes pobres en el Colegio Civil Rosales, de José Palomares, se anexa una hoja que contiene un cuadro con los nombres de los estudiantes, su ingreso, lugar de procedencia y el número de años becados, lista en la que encontramos a Duceña Gámez:

Nombre	**Beca**	**Carrera**	**Procedencia**	**Año**	
José Ma. Quezada		Leyes	Mocorito y Angostura	1923	11
José Alberto Alvarez	gracia	Leyes	Ahome	1923	11
Benjamín López	normal	Leyes	Cosalá y Elota	1926	8
Guillermo Valdez	gracia	Farmacia	Concordia	1926	8
Genaro Páez	normal	Normal	Escuinapa	1926	8
Humberto Cañedo		Leyes	Guasave	1927	7
Francisco Apodaca	normal	Normal	El Rosario	1927	7
Julián Alonso	normal	Ingeniería	Badiraguato	1928	6
Aurora Arrayales	normal	Normal	Guasave	1928	6
Manuel Romero	normal	Normal	Sinaloa	1929	5
Gabriel Torróntegui		Normal	San Ignacio	1929	5
José Gómez	normal	Normal	Escuinapa	1929	5
José Luis Gaxiola	normal	Normal	Mocorito y Angostura	1930	4
Héctor Manuel López	normal	Normal	Mocorito y Angostura	1930	4

Nombre	**beca**	**carrera**	**procedencia**	**año**	
Amancio Morales		Preparat.oria	Badiraguato	1930	5
Rodolfo Monjaraz B.	normal	Normal	Culiacán	1930	5
Jesús R. Gil	normal	Normal	Culiacán	1930	5
José Luis Ceceña	normal	Normal	El Fuerte y Choix	1931	3
Juana Beltrán	normal	Normal	Ahome	1931	3
Rebeca Gaxiola	normal	Normal	Sinaloa	1931	3
Pilar Corral	normal	Normal	Guasave	1931	3
Carlos López Portillo	normal	Normal	Culiacán	1931	3
María Trinidad García	normal	Nomal	Culiacán	1931	3
Mercedes Paredes	normal	Normal	Culiacán	1931	3
Alfonso Traslaviña	normal	Normal	Cosalá y Elota	1931	3
Ernesto Burgueño	normal	Normal	San Ignacio	1931	3
Carlos M. Vidal	normal	Secundaria	Mazatlán	1931	3
Francisco Frías	normal	Normal	Concorida	1931	3
Miguel Angel Díaz	normal	Normal	Mazatlán	1932	3
Fidelia Mascareño	normal	Normal	Mazatlán	1932	3
Roberto Apodaca	normal	Normal	El Rosario	1932	3
Enrique Rivera	normal	Secundaria	El Fuerte y Choix	1933	2
Antonio A. Serrano	normal	Normal	Culiacán	1933	2
Roberto S. Lavega	normal	Normal	Cosalá y Elota	1933	2
Enrique Max Gómez		Normal	Culiacán	1933	2

Fuente Archivo del H. Congreso del estado de Sinaloa. (Expediente del decreto No. 158/1933).

El BIR

Durante la segunda quincena de noviembre de 1933 aparece en la institución el Bloque Izquierdista Rosalino. Su presentación la hizo proponiendo algunas reformas, propuesta que fue rechazada por el Consejo Directivo argumentando que el conducto oficial para cualquier tipo de propuestas era la Federación de Estudiantes Rosalinos, órgano acreditado ante las autoridades del Colegio. La situación no pasó a mayores, seguramente por la falta de presencia en la base de esta nueva organización.

El BIR (grupo afín al gobierno del estado), que tuvo sus oficinas por la calle Antonio Rosales, frente al edificio donde actualmente se aloja la Procuraduría General de Justicia, no tenía un documento donde expresara su plataforma de principios. Al parecer, se identificaban políticamente con las tendencias de Tomás Garrido Canabal, el líder de los Camisas Rojas, un bloque de jóvenes revolucionarios tabasqueños (Bloque de Jóvenes Revolucionarios), muy radical, cuyo líder principal fue Carlos Madrazo, y su objetivo fue apoyar al general Lázaro Cárdenas durante su campaña por la presidencia. Los principales líderes del BIR fueron Francisco Nevarez, Crispín Borboa, Benjamín J. López, Benjamín Romero, Alonso Álvarez, el Bizco Cabanillas y Musio.

Sin embargo, dos años más tarde, la FER y el BIR se unieron y juntos propusieron un proyecto de reformas a la Ley Orgánica del Colegio.

Nuevos planes

En diciembre de 1933 el Consejo Directivo acuerda se implemente en la escuela secundaria, en ese ciclo escolar, un sistema novedoso de pruebas, denominado *objetivas*, que determinaban el grado real de aprovechamiento del alumno.

Seguramente estas pruebas fueron aplicadas a José Luis Ceceña y a sus compañeros.

Meses más tarde, en abril de 1934 el Colegio ensaya algunas reformas en sus planes de estudio, adoptadas de la Universidad Nacional Autónoma de México. De nueva cuenta, como en 1931, el Colegio prácticamente se cimbra en su estructura académica.

Adiós al CCR

El 24 de agosto de 1934, el doctor Antonio Díaz Angulo informa a la comunidad rosalina sobre su desempeño al frente de la institución. Ese día se nombra la planta de maestros para la Escuela Secundaria, pero ya para entonces José Luis Ceceña y compañeros subían el primer escalón de la segunda fase de sus estudios. Unos encaminaron sus pasos hacia la preparatoria con el fin de continuar una carrera profesional, en tanto otros, los de menores recursos económicos, aquéllos que fueron becados por el Gobierno del Estado, se iniciaban en el campo de la docencia en las aulas de la Escuela Normal. Algunos culminaron sus estudios en los pasillos rosalinos, otros lo harán en otras latitudes, como José Luis Ceceña Gámez, quien se convierte en uno de los más brillantes economistas de México.

Han pasado muchos años desde entonces. Culiacán ha cambiado, lo mismo la Universidad; aquellos 586 estudiantes de 1931 se han elevado a noventa mil. Aquellos inolvidables catedráticos de secundaria son ya parte de la historia de la educación en Sinaloa; son las figuras rectoras que permanecen fijas para siempre en la memoria colectiva de la institución. Son parte de nuestra historia.

Qué pasó con aquellas cinco hermosas muchachas que al despertar a la vida juraron eterna amistad. El kiosko de la Plazuela Rosales, murió esperándolas. Dos de ellas ya no están entre nosotros, Josefina León, una verdadera leyenda en las lides magisteriales democráticas, que partió a los 43 años de edad, en 1961, y Fidelia Mascareño; pero sí están Socorro, Abelina y Trinidad. Presentes, como en los viejos tiempos, hoy se reencuentran con uno de sus amigos inolvidables: José Luis Ceceña.

JOSÉ LUIS CECEÑA GÁMEZ: MAESTRO UNIVERSITARIO

Humberto Muñoz García

El maestro José Luis Ceceña ha sido uno de los más destacados estudiosos de la economía mexicana desde hace ya buen tiempo, como demuestran su amplia trayectoria académica y la gran cantidad de trabajos que ha publicado en diferentes medios. Muchos han sido los aportes de tan insigne estudioso al mejor conocimiento de la ciencia económica desde que decidió cursar una carrera universitaria, y no sólo por los enjundiosos trabajos que ha publicado sino también por la dedicación a la docencia y la divulgación del saber.

De hecho, la mayor colaboración intelectual del maestro Ceceña radica en el análisis profundo, serio y científico de temas trascendentales de la economía, siempre apoyado en abundantes datos documentales y estadísticos cuya finalidad es consolidar al máximo y de forma innegable las opiniones del autor. A ello habría que sumar el afán de fomentar el debate público de tales cuestiones, dado que uno de los objetivos de don José Luis ha sido escribir en medios impresos masivos y participar en radio y televisión.

En otro sentido, sus textos permiten definir una historia económica de México en numerosos aspectos inherentes a la economía, debido a la amplia gama de temas que ha estudiado. Evidentemente, estas labores las ha complementado con la docencia, impartida en la Facultad de Economía de nuestra máxima casa de estudios.

Don José Luis Ceceña Gámez, sinaloense de origen, nació el 11 de septiembre de 1915 y tuvo como una primera meta académica ser profesor normalista. Sin embargo, al ejercer su profesión como maestro rural y de educación primaria, sus inquietudes sociales y su compromiso afloraron con gran fuerza y optó por cursar una carrera universitaria. Acudió a la entonces Escuela Nacional de Economía, donde terminó brillantemente sus estudios en 1945, aunque ya impartía clases desde un año antes. Su desempeño como alumno lo llevó, en poco tiempo, a conseguir una beca en los Estados Unidos de Norteamérica, país en el que permaneció hasta 1947, con el fin de completar sus estudios y obtener un posgrado en The American University de Washington. Regresó dos años después para ingresar de forma cabal al medio docente en la Universidad Nacional, en la ya mencionada Escuela Nacional de Economía, en la cual siguió impartiendo cursos hasta 1977. Asimismo fungió como director de la Escuela entre 1972 y 1977, y uno de sus máximos logros fue transformarla en la actual Facultad de Economía.

Sin duda, la formación normalista del maestro Ceceña, aunada a honda y firme ética profesional y humana, se refleja en el aspecto didáctico de sus cátedras universitarias, de tal suerte que conjuga la profundidad del análisis de los más queridos temas de su corazón a la gran claridad expositiva y a la compenetración entre profesor y discípulos. Esto habla de la calidad humana de José Luis Ceceña y pueden confirmarlo quienes han tenido el honor de estudiar con él.

Interesado en la vida pública, cooperó junto con el Presidente Lázaro Cárdenas y otras personalidades —entre otros

Alonso Aguilar, Fernando Carmona, Jorge Carrión, Heberto Castillo y Cuauhtémoc Cárdenas— fue fundador del Movimiento de Liberación Nacional.

Por otro lado, es bien sabido que participó desde 1942 en la Organización de las Naciones Unidas, dentro del área de estudios económicos, oportunidad que lo enriqueció y le amplió el panorama de las singularidades del sistema económico estadunidense —de manera especial los monopolios intervencionistas— al trabajar en misiones de asistencia técnica en Centroamérica. Su sólida educación ética y compromiso social nunca lo han abandondado, de suerte que se separó de sus tareas en la ONU hacia 1952, cuando observó la violación de la soberanía nacional de algún país centroamericano debida a los afanes expansivos de Estados Unidos.

Así, de vuelta a México y al mismo tiempo que continuaba sus labores docentes, trabajó como Asesor de la Oficialía Mayor de la secretaria de Economía con el maestro Ricardo Torres Gaytán, de 1953 a 1958. Más tarde se trasladó a dos instituciones bancarias. Una fue Nacional Financiera, donde tuvo a su cargo la subjefatura del Departamento de Promoción Industrial; la otra fue el Banco de Crédito Ejidal, en el que fue jefe del Departamento comercial hasta 1960, año en que se retiró de la vida pública.

A partir de entonces se ha dedicado a la Universidad Nacional Autónoma de México. Fue en esa época que recibió el nombramiento de Investigador de tiempo completo en el Instituto de Investigaciones Económicas (1961), entonces dependiente de la Escuela Nacional de Economía.

Con su ingreso a la Universidad, emprendió innumerables investigaciones acerca de la economía mexicana, a la cual estudió de manera profunda y sistemática. En ellas destaca el interés del maestro hacia la comprensión de las determinaciones estructurales, económicas y políticas de los procesos de industrialización, al igual que sus nexos con los grupos de poder económico y sus redes de vinculación internacional. A la par descuella la honda preocupación hacia la pérdida de soberanía nacional a manos de los capitales extranjeros y su cada vez mayor interferencia en todos los aspectos de la vida económica, política, social y cultural de México.

De estas preocupaciones da cuenta su primer libro y tesis de licenciatura *El capital monopolista y la economía mexicana* (1963). Se trata de una obra pionera en su género, por cuanto señaló nuevos rumbos en la investigación económica al analizar las inversiones extranjeras en México y los múltiples riesgos que éstas conllevan. Por otro lado, no está de más recordar que los profesores sinodales del maestro Ceceña fueron algunos de los estudiosos señeros de la economía, la política y la sociedad mexicana: Jesús Silva Herzog, Gilberto Loyo, Eduardo Botas Santos, Vicente Lombardo Toledano y Paul M. Sweezy —invitado especial de la Universidad de Harvard—, ante quienes defendió sus opiniones en modo muy destacado.

A dicha obra siguió *México en la órbita imperial* (1970), centrada en el estudio del papel determinante de la inversión extranjera en México y de las graves consecuencias que ya se dejaban sentir en los aspectos de soberanía económica y política de nuestro país. Su giro es complementario del libro precedente. Y a manera de colofón obligado a esos dos libros fue *El imperio del dólar* (1972), que muestra un concienzudo análisis de la economía estadunidense, su origen, desarrollo y expansión mundial, sobre todo frente a las naciones poco desarrolladas; en éste, recopila junto con sus conocimientos, la experiencia adquirida en sus estancias en Estados Unidos como estudiante y como colaborador de la ONU.

Recordemos, asimismo, que estos libros se han vuelto referencias obligadas en escuelas preparatorias y universidades.

Las capacidades intelectuales y de trabajo de José Luis Ceceña le permitieron unir docencia, investigación y labores administrativas. Así, fue profesor del Doctorado de la Facultad de Derecho en 1970, director de la Escuela Nacional de Economía (1972 a 1977) y director del Instituto de Investigaciones Económicas de 1980 a 1986. El tiempo que dedicó a semejantes cargas ha sido fructífero, pues elevó el nivel académico y de investigación, y consiguió que alumnos y profesores participaran activamente en la vida propia del Instituto y de la Facultad. A la vez no cesó de escribir para diversas publicaciones periódicas, por ejemplo la revista *Siempre!* (de 1965 a 1972), el periódico diario *Excélsior* (1978 a 1986), y en modo especial *Investigación Económica* y *Problemas del Desarrollo*, desde la década de 1950, ambas revistas de temas económicas de nuestra universidad.

Ahora bien, los textos de don José Luis comparten —con los libros mencionados— intereses, preocupaciones, propuestas y discusiones, y se notan dos caminos claramente indisolubles en su quehacer académico y profesional. Analiza las especificidades del desarrollo económico de México y su articulación con el de otros países, en muchas ocasiones de forma comparativa. Y lo expone a la discusión pública, de suerte que muchos de tales artículos han sido *fér de lance* y punto de partida de nuevas perspectivas y tendencias en la política económica de la nación. Varios trabajos y ensayos profundos vieron la luz en libros y revistas especializadas, desde luego con el interés primordial de distinguir entre el desenvolvimiento económico mexicano y el de otros países, conocidos gracias a las traducciones del Fondo de Cultura Económica sobre textos teóricos y sus corrientes pero desde perspectivas ajenas a la idiosincrasia mexicana en materia de economía.

A través de tales medios, el maestro Ceceña ha colaborado en la divulgación de la ciencia económica. Gracias a ellos, destaca un resultado más de sus labores, pues en *Siempre!* y en *Excélsior* —por citar los casos recurrentes de los medios impresos en que publicó— el lector no especializado ha tenido la oportunidad de conocer las ideas y tesis más relevantes de Ceceña, expuestas en un lenguaje sencillo, y a la vez recibir orientaciones basadas en opiniones fundamentadas con solidez acerca de los problemas socioeconómicos nacionales, sus causas y sus consecuencias, así como posibles alternativas de solución.

Pero también, como dije antes, sus preocupaciones por la formación de profesionales economistas nunca lo abandona. En este sentido, la Facultad de Economía es la sede natural de las tareas docentes de don José Luis, y en ella ha puesto su mayor entusiasmo para compartir con los estudiantes los enfoques científicos y críticos vertidos en sus escritos. Por ello cabe asombrarse ante la sabia compenetración entre docencia, investigación y difusión que caracterizan la vida de José Luis Ceceña; se trata de un don singular que ha permeado con igual fuerza unas y otras actividades, y la Universidad debe sentirse honrada de contarlo entre sus más distinguidos académicos. Vale la pena reiterar que tanto las publicaciones como la docencia en el maestro Ceceña nos enfrentan, en conjunto, a un personaje cuyas "obras son amores" —como se diría el términos coloquiales—. Encontramos sumos valores en cuanto la pluralidad de los temas que expone ante los estudiantes o su pluma toca; y la fluidez discursiva que concede a ambas tareas. Recordemos, por ejemplo, un breve artículo en que realiza el análisis de las industrias de aceites y grasas vegetales, jabones y detergentes, la evaluación de las condiciones de producción nacional, la competencia frente a las industrias extranjeras, y las secuelas negativas para el caso mexicano. Como en la mayoría de los casos, tablas y cuadros resultan un apoyo básico en la mejor explicación y comprensión de los argumentos del autor, pues incorpora cifras de producción anual, precios, porcentajes y otros factores correlacionados con los temas bajo estudio.

Al mismo tiempo, el conjunto de la producción académica del maestro Ceceña demuestra la coherencia de su pensamiento acerca de las más sinceras y profundas preocupaciones, y del compromiso para con nuestro país como mexicano y como estudioso de la economía. Ese hilo conductor también se observa en las colaboraciones que ha efectuado para libros colectivos, entre los que se cuentan el número especial de *Investigación Económica* (1955), *Política mexicana sobre inversiones extranjeras* (1973) y *La Universidad Nacional y los problemas nacionales* (1979).

Aun bajo riesgo de cometer una injusticia, en estas colaboraciones se nota que el autor ofrece tanto diversos aspectos relativos a la inversión extranjera como sus implicaciones para con la cultura y la soberanía nacionales.

Uno de los máximos aportes intelectuales del maestro Ceceña se encuentra en las opiniones que expresó en sus escritos y frente a los alumnos. A pesar del tiempo que las separa entre sí y con los años finales del siglo XX, la vigencia y actualidad de las observaciones es indudable y certera, pues no sólo dan a conocer —en muchos ejemplos— las causas y los resultados de las cuestiones económicas, sino que permiten llevar a cabo una revisión del contexto histórico del fenómeno económico bajo análisis y, sobre todo, contar con perspectivas que ahora se han vuelto hechos tangibles, pues respondieron desde un principio a fuertes problemáticas contemporáneas.

Un rasgo más de su recia personalidad y compromiso como ser humano y universitario lo tenemos cuando, preocupado por los sucesos de 1968, discute con agudeza, constancia y enérgica protesta, y deja testimonio en algunos textos de divulgación sobre las relaciones entre educación, Universidad y sociedad. En ellas pone en tela de juicio el papel del Estado y si la Universidad responde a sus deberes para con México; al tiempo que avisa de los peligros de una reforma educativa mal encaminada. Hoy tendríamos que revisar si a treinta años de distancia hemos incurrido o no en los errores señalados por el maestro Ceceña.

Sus múltiples actividades —que no paran aquí— lo han hecho merecedor de abundantes distinciones, premios y reconocimientos. Entre varios, pueden contarse haber sido Miembro del Jurado del Premio Universidad Nacional en el área de Docencia Económica, de 1985 a 1988; en 1987 la UNAM lo designó Investigador Emérito por el Instituto de Investigaciones Económicas; en 1991 El Colegio de Sinaloa lo nombró como uno de sus distinguidos miembros y en 1996 la Universidad Autónoma de Sinaloa le confirió el grado de Doctor Honoris Causa. También recibió el Premio Universidad Nacional en el área de Economía y Ciencias Administrativas en 1990, y el Premio Sinaloa en Ciencias y Artes correspondiente al año 1994.

Por otra parte, ha sido Presidente, Miembro Fundador y actualmente Presidente Honorario de la Asociación Mexicana de Ciencias para el Desarrollo Regional, A.C. Entre las instituciones internacionales a que pertenece descuellan la Asociación de Economistas del Tercer Mundo —de la que ha sido miembro del Comité Ejecutivo y Director Regional para América Latina—, y la Asociación de Escuelas, Facultades e Institutos de Economía de América Latina, en la que fue Presidente de 1974 a 1977.

Podríamos continuar largo tiempo citando la abundante producción intelectual del maestro José Luis Ceceña; pero conviene tener presente, de manera especial, su postura profesional y ética, de innegable firmeza política. Bajo crítica severa y sólida, con fundamentos, ha puesto en evidencia los motores principales de su quehacer académico y profesional: denunciar y avisar de los riesgos implícitos en la expansión del monopolio imperialista, defender la soberanía nacional ante las empresas de inversión extranjera, evitar la sumisión del Estado a los intereses de una oligarquía monopolista, y

Sus preocupaciones no sólo se centran sobre el análisis de los grandes consorcios y monopolios, y las consecuencias del poderío económico de Estados Unidos ejercido contra la economía y la mayor parte de la población de las naciones subdesarrolladas (con los cambios en los patrones de conducta social, política, económica y cultural). También emite numerosas recomendaciones al respecto, aunque muchas veces sus propuestas provoquen fuertes reacciones políticas y amplios debates entre estudiosos, funcionarios públicos y población general. Es por ello que la actualidad de sus obras resulta, a todas luces, indiscutible, y busca ante todo soluciones o alternativas que promuevan un desarrollo socioeconómico no subordinado, pues lleva a la economía desde las aulas y centros de investigación a las aplicaciones prácticas en sus lazos con la política y la sociedad en su conjunto.

Finalmente resta decir que el maestro José Luis Ceceña Gámez es un profundo conocedor de los problemas económicos de México y su contexto mundial. El hombre, el personaje, se caracteriza por su firmeza política, de honestas y profundas aspiraciones democráticas y en defensa contra las injusticias. La humildad tampoco falta en él, al lado de la claridad de pensamiento, de la nobleza y la generosidad. Su espíritu de lucha, de suma responsabilidad en el trabajo, ha derivado en sus labores educativas, pues despierta conciencias e ideales en numerosas generaciones. Y el mismo afán que permea la vida entera del maestro por la búsqueda de soluciones óptimas a los grandes problemas nacionales, lo lleva a encauzar tanto a sus alumnos como a sus discípulos para que sigan sus huellas.

Seguir su ejemplo y aplicar las enseñanzas del maestro Ceceña en nuestra vida diaria, luchar por un mundo mejor, pleno de justicia, de igualdad y prosperidad, donde se pueda vivir pacífica y armónicamente es la mejor forma de expresarle nuestro reconocimiento y cariño.

SEGUNDA PARTE
ECONOMÍA

BIENVENIDO, CARLOS: LAS CIENCIAS DE LA EXPLOTACIÓN

A José Luis Ceceña Gámez

Pablo González Casanova

Ni la teoría general de sistemas, ni el análisis de sistemas, ni fuentes de investigación tan importantes como la cibernética y sus dispositivos de control en los sistemas dejan de encontrarse con un cierto pensamiento histórico y político. Es más, es este pensamiento, sobre todo en sus versiones neoconservadoras o neoliberales, el que más se ha acercado a la teoría general de sistemas y a sus técnicas, haciéndolas suyas. Pero la nueva lógica de los sistemas no ha encontrado en general el tipo de dialéctica que descubrió Carlos Marx en su propósito de estudiar científicamente las relaciones de explotación de unos hombres por otros y las luchas a que dan lugar, o los efectos que tienen en la economía, la sociedad, la política y la cultura, e incluso en el Estado y la conciencia. Entre los herederos de la corriente de investigación que inició Marx, muchos vieron en la cibernética y la teoría general de sistemas una nueva prueba del conocimiento enajenado y cosificador característico de la "investigación burguesa", y otros se limitaron a aplicarlas en campos que no estaban articulados a las relaciones de explotación.

Como las relaciones de explotación ocuparon un lugar cada vez menos significativo en el marxismo y el neomarxismo del primer mundo y en el propio marxismo-leninismo del "socialismo real", a la ofensiva del marxismo crítico y del marxismo-leninismo dogmático contra la cibernética y la teoría de sistemas, sucedió una aceptación y aplicación de las mismas en campos científicos y técnicos que nada o poco tenían que ver con la explotación.

La orientación autoritaria del proyecto marxista-leninista de los países del Este de Europa y de la URSS, derivó en una tendencia que priorizó la crítica a las relaciones de dominación frente a las relaciones de explotación. Esa tendencia se generalizó sobre todo, cuando en los sesenta y setenta, los fenómenos de la explotación y el estudio de las clases explotadoras y explotadas fueron sustituidos en el debate filosófico, científico y político de Europa y de la propia URSS por los fenómenos de poder y dominación cuya existencia en los países "socialistas" se hizo cada vez más contradictoria y visible para los propios marxistas, incluso para muchos de los que participaban en el proyecto leninista, y que veían con coraje la creciente corrupción y autoritarismo de la Nomenklatura. En esas condiciones se creó un tema común —el del poder—, que abarcó a los "nuevos filósofos" reaccionarios, a los neoconservadores anticomunistas, a los socialdemócratas occidentales, al marxismo crítico y a los propios marxista-leninistas, entre estos, a unos por corrompidos y a otros por inconformes o disidentes. Ya nadie pensó en la explotación como un problema central. A menudo ya nadie pensó en la explotación, ni siquiera en forma marginal. Todos —comunistas y anticomunistas— pensaron en el poder, unos para atacar al "bloque socialista", otros para ampliar al "bloque imperialista", unos para luchar contra el neoestalinismo a fin de regresar a la democracia y también al capitalismo, y otros para luchar por un socialismo democrático.

El conjunto de las luchas en torno al tema central del poder, de las relaciones de poder y las relaciones políticas derivó en una nueva forma de pensar sobre las ventajas del capitalismo frente al socialismo. Dentro de la temática de la democracia y la eficiencia, de la política y la economía, tampoco cupieron las relaciones de explotación. Éstas fueron motivo de reflexión y expresión, más bien ocasionales, en los discursos de algunos líderes del tercer mundo; rara vez dieron lugar a estudios sistemáticos, teóricos o empíricos, que reformularan las investigaciones anteriores sobre la explotación de acuerdo con las nuevas estructuras de las etnias y las naciones, de las empresas y las clases. Entre las excepciones, se encuentra el libro que publicó Fidel Castro sobre la deuda externa. En cuanto al mundo académico, las investigaciones sobre la explotación se redujeron a algunos especialistas por lo general ignorados en las grandes polémicas, incluso cuando publicaban artículos o libros en revistas, editoriales o universidades "distinguidas", como Oxford o Harvard. En el orden del ensayo, a *Los Condenados de la Tierra* de Fanon sucedieron una serie de libros —algunos de valor innegable— en los que no se puso atención, o a los que no se incluyó en los debates centrales de las ciencias sociales de fines del siglo XX. En esas condiciones la realidad siniestra del "socialismo realmente inexistente" sirvió a los distintos tipos de publicistas —sofisticados y burdos— para bloquear el conocimiento de algo que ya había sido fuertemente rechazado e internalizado: el conocimiento científico de las relaciones de explotación.

A las múltiples y razonadas denuncias del "socialismo real" se añadieron reniegos y remilgos de antiguos marxista-leninistas, que con el capital acumulado en el saqueo del sector público, enfilaron la Perestroika a un mundo que les permitiera ser los nuevos empresarios privados de Rusia y sus colonias interiores. Todos ellos y los antiguos y nuevos ideólogos del capitalismo triunfante se dedicaron a anunciar la muerte de Marx y del marxismo-leninismo.

La ofensiva no sólo es importante desde el punto de vista político sino desde el punto de vista científico. En el terreno político e ideológico da pie a una débil y romántica defensa de Marx y de Lenin, relativamente más seria y profunda entre los líderes del tercer mundo. En el terreno científico presenta dos vertientes: una que busca defender al marxismo y al marxismo-leninismo como ideología o doctrina política y científica, y otra que busca no incurrir nuevamente en la confusión del liderazgo ideológico de Marx con su liderazgo científico, incluso académico, escolar o universitario. Esta última nos parece la más promisoria, incluso para la formación de nuevos liderazgos e ideologías políticas de quienes luchen en el futuro por la justicia social, esto es, por los intereses de las mayorías, y con ellas. La primera nos lleva a repetir el error de sacralizar a Marx y sus textos, de interpretar a Marx y sus textos, o de alejarnos y desviarnos de Marx y sus textos, en vez de usar a Marx como uno de los clásicos en las ciencias sociales —a reserva de volverle a levantar un monumento-como uno de los grandes líderes de la "Revolución Social".

Jean Ziegler publicó a principios de esta década un bello opúsculo que se titula *Hasta mañana, Karl.*[1] Durante un tiempo hizo furor en Europa. El conocido sociólogo suizo declara

[1] Ziegler, Jean, Uriel da Costa. *A demain Karl. De la fin des ideologies*. París, Régine Deforges, 1991.

en las primeras páginas que la noticia de que Marx ha muerto es "un poco exagerada" como diría Twain, y rescata dos grandes temas sobre los que la humanidad y los hombres de ciencia habrán necesariamente de volver a pensar para actuar: el de las injusticias y explotación creciente que está sufriendo la mayoría de la humanidad por el triunfo de la economía de mercado, y el de la necesidad de enfrentar a la lógica totalitaria de los mercaderes, que hoy triunfa, la lógica moral de una democracia que resuelva los problemas de la mayoría de la humanidad, de toda la humanidad, acabando por supuesto con la explotación del hombre por el hombre.

A mí me gusta mucho el libro de Ziegler. Viene al encuentro de nuestros pensamientos aquí en los trópicos, o en las pampas, o en los desiertos, selvas y montes. Me parece maravilloso; pero tengo dos reparos que pueden servir para avanzar, uno me lo dijo un poeta ruso: "Pronto tendremos que escribir un nuevo libro que se llame Bienvenido, Carlos, en lugar de Hasta mañana, Karl". Otro consiste en volver a los problemas de la explotación y a su estudio científico (en que Marx es pionero) sin preocuparnos por pensar si somos marxistas o no, materialistas, socialistas científicos o históricos; pensando sólo que tenemos que estudiar en forma científica las relaciones de explotación, y que incluso tenemos que refundar las ciencias de la explotación.

En efecto, más que legitimar el marxismo y que seguir repitiendo una y otra vez que Marx no quería que lo llamaran marxista, tenemos que luchar porque las ciencias de la explotación alcancen el estatus de las disciplinas más significativas para la sobrevivencia, y para la reestructuración *poiética* (creadora) del sistema social global en sus aspectos humanos y ecológicos. Nos enfrentamos también con otro problema, que aparte de alcanzar altos niveles empíricos y teóricos, las ciencias de la explotación y sus conocimientos no se queden en un "saber sin consecuencias", sino que las tengan hasta en la reestructuración democrática de las Naciones Unidas y de las instituciones financieras y económicas nacidas de Bretton Woods, y no se diga en los grandes movimientos sociales y políticos, únicos que podrán resolver el problema.

El asunto no es Marx y el marxismo, como a menudo piensa Ziegler; son las relaciones de explotación en el pensamiento científico, político y teórico. El problema no consiste en saber si es posible estudiar científicamente el mundo sin emplear el método científico que empezó a aplicar Marx. Si Marx derivó ese método de un tipo de "relaciones sociales determinadas", el problema consiste en determinar *hoy* las relaciones sociales de explotación, con las clases y/o complejos que *hoy* juegan los papeles de explotadores y explotados, y con las luchas que libran entre sí. No se trata de ser fieles a la ideología marxista. En el terreno científico se trata de volver a la problemática de la dominación y la apropiación en el capitalismo, de la acumulación de capital, de la creación y distribución del excedente, de las nuevas formas de explotación y mediación que se combinan con las clásicas, y de las formas de marginación, exclusión y represión que las complementan.

La unidad epistémica de la explotación es tan vasta, que a las nuevas "ciencias de la complejidad", a las ciencias del medio ambiente, a las de la comunicación, tienen que añadirse, buscando el mayor rigor posible, las ciencias de la explotación del hombre y la naturaleza. En ellas, tendrán cabida los viejos problemas clásicos de la crítica al capitalismo global, sus ideólogos y tecnólogos; los de las injusticias y desigualdades como relaciones esenciales, características de un sistema en que el excedente producido es objeto de tranferencias y distribuciones internacionales e internas en beneficio de trasnacionales y asociados, y en perjuicio de pueblos y trabajadores sobre los que cae el peso de la deuda externa, el control de salarios directos e indirectos, y la irracionalidad de las inversiones y los gastos sociales.

Las ciencias sociales de la explotación no pueden ciertamente limitarse a la relación trabajo-capital como en Marx, o a la más compleja, articulada por Lenin, de luchas contra el imperialismo en tanto política de las grandes potencias coloniales y también de los monopolios que dominan en ellos. Tienen que extender su análisis a las formas directas o indirectas en que la socialdemocracia de los países avanzados, o el llamado socialismo real contribuyeron a la explotación de los trabajadores periféricos o de los campesinos rusos y las "nacionalidades" de la URSS, en los procesos de acumulación característicos del neocapitalismo y del socialismo totalitario, hoy en crisis.

Las ciencias de la explotación se plantean el problema de reformular categorías estereotipadas y formales que ocultan fenómenos reales, dialécticas de luchas genuinas que hoy se dan entre propietarios y proletarios, o entre *nomenklaturas* y trabajadores; o las contradicciones entre fuerzas de producción y relaciones de producción que estallan en "sistemas cerrados" como el de la URSS y su zona de influencia, mientras en los "sistemas abiertos" llevan a una historia de mediaciones, mediatizaciones y reestructuraciones que combinada con la de represiones da tanta funcionalidad y creatividad al sistema capitalista con sus distintas metamorfosis, hasta la del neoliberalismo y la globalidad como capitalismo cibersalvaje.

Las ciencias de la explotación tienen que replantearse hasta la definición o redefinición de sus términos. Tienen que recuperar su capacidad de comunicación crítica y exacta, científica y puntual para volver a ser las ciencias de las injusticias del mercado libre y de quienes lo controlan como clases e imperios, como empresas y complejos militares-empresariales. La actualización de las ciencias de la explotación depende de dar la bienvenida a Marx al lado de Durkheim o Weber, reservando a las movilizaciones sociales y políticas el que vuelvan a rendirle, cuando así lo piensen, los honores que merecen sus grandes líderes y héroes, incluido Lenin.

Pero la bienvenida a Marx no puede ni de lejos volver a la lectura de *Das Kapital* como texto sagrado, y ni siquiera como ejercicio fundamental de un pensamiento crítico y científico que cree agotar con su lectura la búsqueda del conocimiento necesario para comprender y cambiar el mundo. Las ciencias de la explotación —al lado de otras ciencias y tecnologías— tienen que plantearse los problemas de la actual dominación ligada al mercado, de la dominación del Estado trasnacional sobre clases y naciones, de la actual dominación focalizada: ideológica, política, económica y cultural. Su campo de investigación es muy rico. No sólo consiste en estudiar la ideología dominante como enajenación, ni sólo la "ciencia burguesa" como ideología, sino en estudiar la ideología dominante como técnica de dominación y explotación, y la ciencia de que se sirvió, o que sirve a las clases dominantes actuales, como base de estudio y diseño de técnicas de dominación y explotación, y de técnicas sociales que los métodos experimentales y empíricos, y los modelos cuantitativos y cualitativos, contribuyen a mejorar notablemente.

Desde el punto de vista de valores y objetivos a alcanzar, las ciencias de la explotación son ciencias para comprender y cambiar el mundo de acuerdo con los valores de la mayoría. Se oponen a las ciencias que no incluyen en sus aporías la explotación de la mayoría, o que no consideran entre sus objetivos acabar con la explotación de la mayoría. Se proponen conocer al mundo para cambiarlo y para que sea un mundo sin explotación de unos hombres por otros. Llevan este objetivo del "idealismo" moralizante o utópico, a la búsqueda del protagonista —que si en la edad postindustrial ya no es "la clase obrera" ha de surgir (como uno y muchos) de *los nuevos miserables de la Tierra*. Con ellos las ciencias de la explotación adquieren una voluntad de que carecen en círculos puramente académicos. Esa voluntad es sustancial. Corresponde a la prioridad de cambiar el mundo que en una buena lectura de las Tesis de Feuerbach consiste también en estudiarlo cuantas veces sea indispensable para entenderlo mejor.

Si para "cambiar el mundo" necesitamos entenderlo una y otra vez, hoy con todos los cambios ocurridos en el conocimiento científico se hace necesario hasta volver a entenderlo.

Más que "la defensa del marxismo" —que sí importa frente a los que ordenaron creer en Marx y Lenin y hoy ordenan darlos por muertos y obsoletos— es indispensable realizar un nuevo trabajo científico sobre la explotación global a fines del siglo XX.

El propio Ziegler lo dice muy bien "la cuestión no consiste en adherirse o no a las tesis marxistas sino más bien en continuar un cierto trabajo ininterrumpido"[2]. Ese trabajo tendrá que realizarse a dos niveles, el de los más altos círculos de investigación científica conscientes del problema que significa la explotación para los explotadores y para los explotados, y el de *los pobres, marginados y excluidos* que piensan como *explotados*. Pero habrá de incluir un tema insuficientemente tratado en la literatura marxista y en torno al cual hoy se centran todas las luchas por la construcción de una alternativa: el de una democracia universal y plural, deliberativa y participativa, que imponga la justicia con la libertad, y con la dignidad de las personas y los pueblos del mundo.

---

[2] Op. cit., p. 2.

EVOLUCIÓN DEL SECTOR PÚBLICO DE LA ECONOMÍA MEXICANA PERSPECTIVA HISTÓRICA[1]

José Ayala Espino[2]

Presentación

Colocar en una perspectiva histórica de largo plazo al sector público permite reconocer su punto de partida y desarrollo diferente con respecto a otros países. En efecto, México dadas sus peculiaridades históricas, nuestra propia cultura, las características de nuestras instituciones y organizaciones económicas y políticas, y por supuesto de los factores sociales que conforman a México como nación le confieren a su sector público características específicas. Además, conviene tener

[1] El presente ensayo es el capítulo 5 de la primera parte del libro **El sector público de la economía mexicana** que próximamente publicará la Facultad de Economía de la UNAM

[2] Profesor de tiempo completo de la Facultad de Economía de la UNAM, actualmente ocupa la Cátedra Extraordinaria Ignacio Ramírez y es miembro del SNI.

presente que el papel formal que le otorgan las instituciones existentes al Estado no necesariamente se corresponden a las capacidades realmente ejercidas, y mucho menos a sus potencialidades. Pero también convendría recordar, y eso nos enseña la historia, que la mera definición de capacidades no se traduce en el destino efectivo del Estado. El Estado y su sector público pueden mejorar sus capacidades, así como también mejorar sus instituciones. Por ello importa conocer la evolución histórica del sector público mexicano.

Existe un amplio consenso sobre el importante papel que el Estado, a través de su sector público y, en general, de las actividades presupuestarias, ha tenido sobre el desarrollo económico. Sin embargo, el significado de la intervención estatal es un tema muy debatido. En efecto, no existe acuerdo sobre las modalidades, mecanismos y grados de intervención, así como tampoco en sus resultados en distintos periodos del desarrollo. Sin tomar partido en este debate conviene tener presentes los rasgos y características que ha tenido la intervención estatal y, especialmente, el papel del sector público.

La descripción de la evolución de los principales indicadores económicos reflejados en el presupuesto público y las características de las principales políticas de desarrollo nos ofrecen una primera aproximación a la importancia relativa del Estado en el desarrollo. Además, es aceptado que el dinamismo de la economía mexicana ha dependido, en buena medida, del nivel y composición del gasto público. En el largo plazo la evolución del gasto público refleja las prioridades que el Estado ha tenido sobre el desarrollo y aun sobre el mismo sector público.

El gasto público ha mantenido una tendencia creciente a lo largo del siglo XX pues de significar apenas un 6% del PIB en 1925 alcanzó casi un 40% en 1984. La inversión pública aumentó su participación en el PIB, prácticamente sin interrupción en el período que va de 1925 a 1980, muy por encima del crecimiento del PIB.[3] Sin embargo, a partir de los años ochenta la inversión pública comenzó a perder importancia hasta llegar a representar en 1994 sólo el 2.8% del PIB (ver cuadro 1.19).

Cuadro 1.19
Participación del Gasto e Inversión Pública en el PIB
(Estructura porcentual)

Año	Gasto Público/PIB	Inversión pública/PIB
1925	5.59	1.57
1930	5.98	2.21
1940	7.66	3.52
1950	8.21	6.34
1960	12.62	5.24
1970	24.59	6.57
1980	41.62	11.37
1990	23.98	12.3
1994	37.76	2.8

Fuente: INEGI, Estadísticas históricas.

La relación entre la inversión y el gasto público mantuvo un fuerte dinamismo entre 1925 y 1950 y sólo comienza a desacelerarse hasta 1960. Ello muestra que el Estado se comprometió en la promoción del crecimiento a través de la cons-

[3] Esto explica porque si bien un elemento central para determinar el nivel de egresos públicos es el propio comportamiento del PIB, existen otros factores que propician un aumento más que proporcional respecto al de la inversión. Estos factores están asociados a las necesidades crecientes de intervención estatal en la industrialización, infraestructura, bienestar social y en áreas importantes que se caracterizan por la baja rentabilidad, el largo tiempo de maduración de las inversiones, los requerimientos de inversión inicial y el alto grado de incertidumbre que rodea a este tipo de inversiones.

trucción de una infraestructura física; el impulso a la industrialización a través de las empresas públicas, e industrias de base eran precondición para la continuidad del crecimiento. Más tarde, si bien no se abandona esta tarea, el gasto corriente parece haberse expandido a tasas mayores que la inversión productiva. A partir de la primera mitad de la década de los ochenta la reducción del gasto fue muy fuerte para las empresas públicas, reflejando el proceso de privatización de las mismas. El cambio en la composición del gasto refleja el énfasis que se le otorgó al gasto social.

En lo referente a los ingresos del gobierno federal, éstos han dependido fundamentalmente del nivel de actividad económica, pues como es sabido, la estructura impositiva es rígida y la carga tributaria ha sido, a lo largo de décadas, persistentemente baja con respecto a otros países del mundo de desarrollo similar.

Los cambios en la política de gasto público, a lo largo de la historia, no reflejan únicamente una preferencia o necesidad económica. En realidad también es la expresión de un debate ideológico y político.

Evolución del sector público. Principales etapas

El porfiriato

Durante el Porfiriato ocurrieron en México al menos dos hechos importantes: *a*) se consolidó el proceso de formación del Estado, y *b*) se conformó lo que podría llamarse, propiamente, un espacio económico nacional. El país se encaminó hacia la unidad y centralización políticas en términos de un Estado nacional. A pesar de su consolidación, el Estado no siempre pudo responder con suficiente flexibilidad a las nuevas necesidades del desarrollo económico, lo que generó en los primeros años del presente siglo una fase de inestabilidad, primero económica y más tarde política.

En este periodo se desarrollaron significativamente los mercados de bienes, trabajo y capitales, como expresión del inicio de la modernización de la economía. Esto fue apoyado e impulsado por el Estado, a través de facilitar la vinculación con el mercado internacional y la inversión extranjera. Ello por supuesto acarreó una mayor dependencia de la economía nacional con respecto a la internacional. El desarrollo condujo al fortalecimiento de grupos económicos vinculados al sector exportador de la economía. Este sector fue el más dinámico gracias al apoyo que el Estado dio a los ferrocarriles y a la inversión extranjera, indispensables para el desarrollo de la minería, el petróleo y productos agropecuarios como el henequén, el café y el ganado. El Estado favoreció el desarrollo de los bancos, que también apoyarían principalmente al sector exportador. En el siguiente cuadro se resumen las principales tendencias.

Cuadro Sinóptico 1.XV

Periodo	Objetivo de la Política económica	Gasto e Inversión	Ingreso y deuda	Instrumentos de promoción	Resultados
*Porfiriato	*Facilitar la vinculación con el mercado internacional y la inversión extranjera.	Inversión en comunicaciones y transportes, especialmente ferrocarriles.	Se restablece la deuda y se moderniza el sistema tributario.	*Apoyo a los sectores más atractivos para la intervención extranjera: petróleo, ferrocarriles, henequén, etcétera.	*Dependencia de la economía nacional con respecto al exterior.

En el siguiente cuadro se ilustran las instituciones y organizaciones económicas que jugaron un papel importante en el desarrollo y que fueron una creación del Estado porfirista.

Instituciones, organizaciones y objetivos del desarrollo en el porfirismo

Instituciones	Organizaciones	Objetivos
Decreto de industrias Nuevas y Desconocidas.	Creación de la Confederación Mercantil e Industrial mexicana.	Fomento de la manufacturas locales.
Primera Ley de Instituciones de Crédito.	Establecimiento de bancos.	Desarrollo del crédito y crear seguridad y confianza en ahorradores e inversionistas.
Decreto para consolidar la deuda externa.	Fortalecimiento de la hacienda pública.	Crear un marco de seguridad social a la inversión extranjera.
Ordenamientos fiscales.	Fortalecimiento de la hacienda pública.	Modernizar sistema tributario.
Decreto de Concesión Federal para la construcción de líneas férreas.	Empresas ferroviarias.	Crear un sistema ferroviario amplio y fuerte para fortalecer el mercado interno y externo.
Ley y Código Minero.	Compañías mineras.	Fortalecimiento de las compañías mineras exportadoras.
Decreto sobre Colonización y Compañías Deslindadoras.	Compañías deslindadoras.	Cambios en los derechos de propiedad.
Leyes sobre ocupación de Terrenos Baldíos.	Haciendas.	Fortalecimiento de las haciendas agroexportadoras.
Reforma al Código de Comercio.	Confederación Mercantil.	Fortalecimiento y modernización del comercio. Asegurar derechos de propiedad.
Reformas a la Ley Monetaria.	Casa de Moneda, Comisión de la Reforma Monetaria y Comisión de Cambios y Moneda.	Fortalecimiento del sistema monetario. Dar seguridad a las transacciones monetarias y financieras.
Reformas a la Ley de Aduanas.	Dirección General de Aduanas.	Promover el comercio exterior, fortalecimiento fiscal.

Periodo 1917-1934

Después de la Revolución la tarea que quedaba por resolver era la reconstrucción del aparato administrativo y legal. El Estado buscó consolidar su poder para intervenir en todos los órdenes de la vida nacional. En efecto, en la década de los años veinte se crearon una multitud de instituciones públicas de distinto carácter. Entre 1920 y 1934 el sistema económico quedó reconstruido y colocado en la ruta de un acelerado dinamismo. Ello requirió no sólo de la consolidación de las nuevas instituciones postrevolucionarias, sino también de la presencia de un Estado dotado de nuevas atribuciones y capacidades.

El gasto público presentó un comportamiento relativamente más estable que el producto, de donde puede inferirse que el primero fue un componente estabilizador dentro de los vaivenes propios de una economía al término de la guerra civil, y en la crisis de los años treinta. Esto obedeció aparentemente, más que a un deseo explícito de estabilizar la economía, a la urgencia de atender necesidades impostergables al punto que el gasto se ejerció con relativa independencia de los ingresos efectivos del gobierno.

Es también significativo que aun durante los años de crisis, el Estado promoviera la creación de empresas y organismos descentralizados, fundamentalmente instituciones financieras que apoyaron el intenso proceso de modernización y reorganización de la economía. Además, se promulgaron un conjunto de leyes y códigos que ampliaron el poder de intervención del Estado.

A partir de entonces comienza la búsqueda de un desarrollo más nacionalista y menos dependiente de las fluctuaciones de la economía internacional. El Estado, por su parte, urgido por las circunstancias, introdujo reformas y cambios en la política económica, con objeto de controlar y aminorar los efectos de la crisis económica; sin embargo aún no se planteó modificar las relaciones del Estado con el resto de los agentes, grupos y clases. El momento para realizar tales modificaciones fue el cambio presidencial de 1934, cuando se elige a Cárdenas como candidato a la presidencia.

Cuadro Sinóptico 1.XVI

Etapa de cambio, inestabilidad y reestructuración del Estado

Periodo	Objetivo de la Política económica	Gasto e Inversión	Instrumentos de promoción	Resultados
*1917-1934	*Reconstrucción del aparato administrativo y legal. *Intervención estatal en todos los órdenes de la vida nacional. *Reformas y cambios para controlar y aminorar los efectos de la crisis de 1929, sin plantear una modificación en las relaciones del Estado con el resto de los agentes.	*Se comportó de manera más estable que el producto; *Actuó como elemento estabilizador.	*Creación de múltiples instituciones públicas (empresas y organismos descentralizados).	*Entre 1920 y 1934 el sistema económico quedó reconstruido y colocado en la ruta de un acelerado dinamismo.

Periodo 1934-1940

Los principios básicos que orientarían la intervención estatal quedaron contenidos en el Primer Plan sexenal, que reconocía las necesidades de desarrollo de una economía atrasada y de una sociedad débilmente organizada. Así, impulsó la reforma agraria, la construcción de infraestructura, la expansión del gasto público, y la modernización institucional como los pilares de una estrategia de desarrollo con fuerte orientación nacionalista.

El gasto público creció de manera más sostenida que el producto y al compararlo con los ingresos públicos parece existir una tendencia de éstos no asociada estrictamente a las necesidades de financiamiento. En lo que se refiere al destino del gasto, apareció una pronunciada diversificación y se acusa más la tendencia de atender rubros de beneficio social y a realizar inversiones masivas en obras de infraestructura que apoyaron el crecimiento económico.

Un suceso relevante de este periodo es la nacionalización de la industria petrolera en 1938 y la posterior creación de Petróleos Mexicanos (Pemex), con lo cual se expresaba la nueva orientación de la actividad estatal, colocándose en sectores estratégicos de la economía; a partir de esta fecha, el Estado dispondría directamente de los recursos derivados de la explotación petrolera; como se verá más adelante, la importancia de esta industria como proveedora de la industria nacional, exportadora de crudo y fuente de financiamiento del Estado, se fue acrecentando, experimentando un gran auge a partir de los años setenta. Hoy día representa más de la tercera parte de los ingresos del sector público.

En materia crediticia se fundaron bancos de desarrollo y promoción de las exportaciones como la Nacional Financiera, algunos bancos de crédito agrícola y el Banco de Comercio Exterior; adicionalmente se reformó al Banco de México para consolidar el sistema financiero estatal y asegurar mayor control en la política monetaria. Por otro lado, se organizaron varias empresas públicas orientadas a la producción de bienes básicos, provocando generalmente efectos positivos sobre estas ramas.

Las grandes transformaciones estructurales del periodo condujeron a enfrentamientos entre el Estado y algunos grupos privados nacionales y extranjeros. Sin embargo, el Estado se apoyó en los grupos populares, lo cual le permitió introducir los cambios en la estrategia de desarrollo que se implantaron desde finales de éste.

Cuadro Sinóptico 1.XVII
Etapa de reformas estructurales

Periodo	Objetivo de la Política económica	Gasto e Inversión	Instrumentos de promoción	Resultados
*1934-1940	*La inversión pública creció de manera más sostenida que el producto; *La inversión pública se diversificó de manera importante dirigiéndose, en particular, a atender rubros de beneficio social y a realizar inversiones masivas en obras de infraestructura para apoyar el crecimiento.	*Presentan una tendencia que no está asociada estrictamente con las necesidades de financiamiento. Gasto público financiado deficitariamente. Crecimiento de la inversión pública.	*Principios básicos de la intervención estatal planteados en el Plan Sexenal. *Reforma Agraria; *Construcción de infraestructura; *Expansión del gasto público; *Modernización Institucional. *Expropiación petrolera y creación de Pemex. *Creación de Bancos de desarrollo y promoción de las exportaciones: *Nacional Financiera, *Banco Nacional de Comercio Exterior, *Reforma al Banco de México.	*Se preparan las bases para una etapa de crecimiento rápido, sostenido y estable. Se sientan las bases de la industrialización.

Periodo 1940-1954

El Estado emprendió una política decidida de industrialización urgido por las demandas de desarrollo en distintos grupos sociales y en especial por la debilidad de los nuevos grupos empresariales para dirigir el proceso. Ello obligó a reforzar el apoyo de los grupos populares a través de un pacto corporativo. Con ello se crearon las condiciones bajo las cuales el dinamismo de la economía pasó a depender de la intervención estatal, en especial del gasto y la inversión públicos, y de los sectores y ramas de la economía en donde se ubicaron las empresas públicas.

Las nuevas directrices, plasmadas en el Segundo Plan Sexenal, insistían en la necesidad de promover un crecimiento más equilibrado, con el fin de reducir la dependencia del exterior, para satisfacer la demanda interna. Adicionalmente, subrayaban la necesidad de continuar con el apoyo al desarrollo y modernización de la agricultura como base de la industria.

Este periodo se caracterizó por una fuerte expansión del sector público y una reorientación sectorial del gasto público que incidió en el dinamismo económico. El Estado también aplicó una estrategia de protección a la industria mediante el control directo de las importaciones, disminuyendo la importancia de las tarifas arancelarias como instrumento de protección.

Así, se establecieron otros estímulos, como la promulgación de un marco legal para la industrialización substitutiva de importaciones, y en 1941 se promulgó la Ley de Industrias Nuevas y Necesarias, que más tarde amplió sus atribuciones en 1945 y por medio de ella se concedieron apoyos y exenciones fiscales a las actividades industriales, aunque sin criterios rigurosos. En materia crediticia, la industria recibió un importante impulso a través de políticas de apoyo financiero y técnico, donde destacó Nacional Financiera, que en esos años se reorganizó y amplió sus funciones para atender y ayudar a la expansión económica. La política fiscal se destacó como sólido pilar de la economía; se puso en práctica una política de precios y tarifas bajas a los bienes y servicios producidos por las empresas públicas.

El Estado se comprometió a la conservación y ampliación de la infraestructura necesaria para una economía en expansión. El monto y la composición del gasto y de la inversión públicos mostraron un importante dinamismo, junto con un cambio de interés, pues se dio creciente preferencia a aquellas áreas que apoyaban la producción, en detrimento de rubros vinculados a la administración pública, la defensa y el bienestar social.

Instituciones, organizaciones y objetivos 1910- 1950

Institución	Organización	Objetivos
Ley del 6 de enero de 1915. Reforma al Artículo 27 Constitucional.	Comisión Organizadora del Consejo Nacional de Agricultura, Departamento Autónomo Agrario, Comisión Nacional de Irrigación, Banco Nacional de Crédito Agrícola y el sistema de bancos ejidales.	Cambios en derechos de propiedad. Profundización de la reforma agraria y modernización agrícola.
Ley federal del Trabajo. Ley de Salarios Mínimos.	Departamento del Trabajo, Secretaría del Trabajo, Comisión de Salarios Mínimos, Junta Federal de Conciliación y Arbitraje.	Fortalecimiento del corporativismo y acceso de los trabajadores a la estructura de poder.
Ley General de Instituciones de Seguros. Ley General de Instituciones de Crédito. Ley Orgánica del Banco de México.	Banco de México e instituciones públicas de desarrollo (Banco Nacional de Comercio Exterior, Nacional Financiera y Banco Nacional de Obras y Servicios Públicos.	Reforma y modernización del sistema monetario, financiero y bancario.

Institución	Organización	Objetivos
Ley de ingresos mercantiles. Decreto de Unificación de impuestos a la importación.	Convención Nacional Fiscal. Hacienda.	Modernización tributaria.
Ley de industrias de Transformación. Regla XIV de la tarifa general de importaciones. Ley sobre riesgos. Dictamen de regulación de la inversión extranjera.	Secretaría de Economía y Secretaría de Industria y Comercio. Cámara Nacional de la Industria de la Transformación (CNIT) y Confederación de Cámaras Industriales.	Fomento a la industrialización y participación de los industriales en la toma de decisiones.
Decreto expropiatorio de las compañías petroleras.	Petróleos de México.	Cambios de derechos de propiedad. Fortalecimiento del sector público.
Ley de deuda interna. Convenio de negociación de deuda externa.	Secretaria de Hacienda y Comisión Ajustadora de la Deuda Pública.	Reestructuración de la deuda pública. Mejoramiento de las finanzas públicas. Seguridad y confianza de acreedores nacionales y extranjeros.

En cuanto a las tendencias del gasto público total, en este periodo se puede distinguir hasta 1945, que el gasto aumentó sostenidamente, a partir de este año esta variable inició un crecimiento más acelerado, aunque con mayores fluctuaciones. Al parecer, este comportamiento errático pudo haberse originado por problemas de financiamiento del sector público. Por otro lado, en este período se crearon un gran número de empresas y organismos descentralizados en el área industrial, a la vez que se continuó la atención a otros sectores. Así, se fundaron y fortalecieron empresas de participación y propiedad estatal en ramas como la siderurgia, el papel, la minería, la petroquímica, entre otras.

Cuadro Sinóptico 1.XVIII
Etapa de preparación de la modernización económica y formación de la economía mixta

Periodo	Objetivo de la Política económica	Gasto e Inversión	Ingreso y deuda	Instrumentos de promoción	Resultados
*1940-1954.	*Política de industrialización. *Crecimiento más equilibrado para reducir la dependencia con respecto al exterior.	*Reorientación sectorial del gasto público que incidió en el dinamismo económico. *Fuerte dinamismo del gasto y la inversión pública. *Conservación y ampliación de la infraestructura necesaria para el crecimiento económico. *Se dio preferencia a las áreas que apoyaban la producción en detrimento de rubros vinculados a la administración pública, la defensa y el bienestar social. *Hasta 1945 el gasto creció sostenidamente, a partir de este año creció de manera más acelerada pero con mayores fluctuaciones.	Política fiscal sólido pilar de la economía.	*Reforzamiento del apoyo corporativo de los grupos populares. *Segundo Plan Sexenal. *Expansión del sector público. *Apoyo a la agricultura como base del desarrollo industrial. *Protección industrial a través del control directo de las importaciones. *Marco legal de la sustitución de importaciones: -Ley de Industrias Nuevas y Necesarias. *Políticas de apoyo financiero y técnico. *Tarifas	*La economía dependiente de la intervención estatal principalmente en lo que se refiere a gasto, inversión y empresas públicas.

Periodo	Objetivo de la Política económica	Gasto e Inversión	Ingreso y deuda	Instrumentos de promoción	Resultados
				bajas a los bienes y servicios producidos por las empresas públicas. *Fundación y fortalecimiento de empresas de participación y propiedad estatal en ramas como la siderurgia, el papel, la minería, la petroquímica entre otras.	

Periodo 1954-1970

Durante este periodo, si bien el Estado continuó desempeñando un papel importante, en particular en la década de los sesenta, cede en parte su papel de agente líder del crecimiento al capital extranjero, que se instaló en los sectores más dinámicos y con mayor capacidad de arrastre de la economía; ello obedeció a la política económica caracterizada principalmente por ajustarse de modo tal que evitara presiones sobre el nivel de precios, el tipo de cambio o de índole financiera.

Las políticas de gasto público y su financiamiento se caracterizaron por la moderación con que en principio se ejercieron, de modo que se cumplieran las metas de crecimiento acelerado con estabilidad de precios. Así pues, el Estado sólo emprendió inversiones en ramas productivas básicas y continuó la construcción de la infraestructura básica.

Sin embargo, la idea de apoyar el crecimiento y la inversión privada por medio de la política fiscal —tasas impositivas y tarifas del sector público reducidos con un relativo gasto expansivo— condujeron a las finanzas públicas a un déficit creciente y cada vez más difícil de manejar bajo los principios que animaron la política del desarrollo estabilizador.

El sector público fue clave en la explicación del alto dinamismo económico del periodo, que junto con el moderado incremento en los precios permitió establecer la llamada estrategia de desarrollo estabilizador. Dentro de esta estrategia, sin embargo, la empresa pública se dirigió a campos como la fabricación de equipos de transporte, industrias metal-mecánicas e incrementó su presencia en la minería.

La política de ingreso y gastos fue relativamente conservadora, con el propósito de mantener los equilibrios financieros interno y externo, apoyar al sector industrial y preservar la infraestructura, situación manifestada en el comportamiento del gasto público, ya que si bien aumentó el gasto público real, esta expansión fue muy pequeña; esto lo ilustra el hecho de que en general los egresos estuvieron cercanos a loa evolución del PIB, aunque con mayor inestabilidad que éste. Por otra parte, la rigidez de la estructura fiscal obligó a utilizar como recursos de financiamiento el ahorro externo de manera creciente. Los estímulos fiscales, en particular precios y tarifas del sector público, fueron los mecanismos de promoción más destacados.

Sin embargo, el gasto público acompañó el crecimiento de los sectores más dinámicos, y simultáneamente cubrió áreas que habían quedado rezagadas en períodos anteriores, incluyendo algunos aspectos de beneficio social. En efecto, las secretarías cuyo gasto se expandió más rápidamente fueron Hacienda, Industria y Comercio; Educación Pública, Agricultura y Gobernación.

Cuadro Sinóptico 1.XIX
Etapa de desarrollo estabilizador

Periodo	Objetivo de la Política económica	Gasto e Inversión	Ingreso y deuda	Instrumentos de promoción	Resultados
*1954-1970.	*Política económica dirigida a evitar presiones sobre el nivel de precios, el tipo de cambio y de índole financiera, lo que trajo consigo que el Estado cediera su papel promotor de la economía al capital extranjero.	*Gasto público moderado para cumplir con las metas de crecimiento con estabilidad de precios. *Sólo se emprendieron inversiones en ramas productivas básicas. *Construcción de infraestructura básica. *El gasto a pesar de su comportamiento moderado acompañó a los sectores más dinámicos y cubrió algunos aspectos de beneficio social.	*Apoyo del crecimiento con tasas impositivas y precios de los bienes y servicios públicos bajos provocó un creciente déficit de las finanzas públicas. *Los estímulos fiscales más destacados: los precios y tarifas del sector público.	*Incremento de la presencia de empresas públicas en campos como: -fabricación de equipos de transporte; -industria metal-mecánicas; -minería.	*Alto dinamismo económico acompañado de un moderado incremento en el nivel de precios resultado de la participación estatal, lo que dio como resultado el llamado desarrollo estabilizador.

Periodo 1970-1982

Este periodo se caracterizó por la política que se propuso el Estado para recuperar el crecimiento económico. Se intentó hacer algunas reformas al sistema político a fin de introducir una "apertura democrática" que diferentes movimientos sociales demandaban ya desde los años sesenta y setenta.

Desde inicios de la década de los setenta el Estado canalizó un enorme flujo de recursos al desarrollo de la industria petrolera, especialmente a la exploración y explotación de nuevos yacimientos, con lo cual se benefició de los incrementos de los precios del hidrocarburo a escala mundial, el primero en 1973 y 1974 y el segundo en 1979.

Las condiciones económicas que privaron en la década de los setenta y la política económica seguida en los sexenios de los presidentes Luis Echeverría y José López Portillo, favorecieron que las inversiones privada y extranjera se contrajeran considerablemente. Ello obligó a que el gasto y la inversión pública jugaran un papel decisivo en el crecimiento. En esos años creció el sector público, se crearon un gran número de empresas públicas y la intervención del Estado en la economía se diversificó significativamente.

La reforma agraria se profundizó, sobre todo en los primeros seis años y hubo una explosión de cooperativas agrícolas auspiciadas por el Estado, se generalizaron subsidios en el campo. A pesar del surgimiento de movimientos armados en el ámbito rural.

El gobierno pensaba que el alza de los precios del petróleo sería permanente, por lo que se endeudó enormemente con el fin de incrementar la inversión en ese sector, ampliar el número de empresas públicas y financiar la operación de un gran aparato burocrático, requerido para administrar el Estado en expansión y mantener los niveles de empleo.

Sin lugar a dudas este periodo del desarrollo de la economía mexicana ha sido en donde el Estado ha intervenido directamente y con mayor amplitud sobre la economía, creció de forma exponencial tanto en sus requerimientos como en su tamaño.

Cuadro Sinóptico 1.XX
Etapa de crecimiento con inestabilidad y mayor intervención del Estado

Periodo	Objetivo de la Política económica	Gasto e Inversión	Ingreso y deuda	Instrumentos de promoción	Resultados
*1970-1982	* Política para recuperar el crecimiento.	*Gran flujo de recursos al sector petrolero. *El gasto y la inversión pública jugaron un papel sumamente importante en el crecimiento.	*El gobierno pensó que los ingresos petroleros serían permanentes por lo que se endeudó grandemente.	*Se crearon numerosas empresas públicas. *Profundización de la reforma agraria. *Generalización de subsidios en el campo.	*Etapa en la que el Estado intervino de una manera más directa y amplia en el desarrollo de la economía.

Periodo 1983-1988

La crisis de la deuda de 1982 marcó un punto de inflexión en la economía mexicana. En efecto, se interrumpió el crecimiento sostenido a lo largo de décadas y la inflación alcanzó niveles no vistos. Sin embargo el cambio más significativo fue la política de desarrollo del gobierno. Así, la nueva estrategia se dirigió a redefinir el papel del Estado y transformar la economía, que hasta entonces era regulada y protegida, en una economía abierta y orientada hacia el mercado.

Los principales retos que enfrentó el gobierno a partir de 1982 fueron:

- Bajo crecimiento.
- Presiones inflacionarias.

- Desequilibrios estructurales, gracias al agotamiento del modelo de sustitución de importaciones que lograba un desigual proceso de industrialización y un sector agrícola polarizado.

- Déficit fiscales persistentemente altos.

- Sector exportador dependiente del petróleo.

- Transferencias por pagos de servicio de la deuda externa con tasas de interés real históricamente elevadas en los mercados internacionales.

- Un sector privado inseguro de la capacidad del gobierno para manejar la economía

Todos estos desequilibrios llevaron a discutir la eficiencia del Estado en el manejo de la economía, por lo que la crisis y su proceso de ajuste se constituyeron en la oportunidad de modernizar la administración, corregir los mecanismos de recaudación de ingresos y gastos del sector público y, redefinir la forma y extensión del Estado en la economía.

Como parte de los cambios del Estado, éste tuvo que entablar negociaciones con acreedores externos para reestructurar su deuda externa, presentar su Programa Inmediato de Reordenación Económica con el objetivo de estabilizar precios y condiciones financieras corrigiendo el desequilibrio fiscal y la acelerada inflación; y proponiendo un cambio estructural.

En diciembre de 1982, se inicia el período presidencial de Miguel de la Madrid, con una agenda de gobierno que cambia la concepción de la política económica. Así, la reforma fiscal, la reforma administrativa, la desconcentración, la privatización de las empresas públicas, la eliminación o el relajamiento al control de precios y la liberalización comercial se volvieron ingredientes fundamentales de la reforma del sector público.

A partir de 1983, se empieza un ajuste fiscal a través de aumentar la recaudación de impuestos, pero sobre todo, incrementando los precios de los bienes y servicios públicos y, reduciendo el gasto público programable. Así, los ingresos del gobierno federal a partir de este año, inician una tendencia al crecimiento.

Del lado de los ingresos, aquellos relacionados con el petróleo representan una gran parte del aumento inicial de la recaudación en el periodo que va de 1983 a 1985, también se ajustaron los precios internos de los derivados del petróleo. Otra fuente adicional en este período fue el aumento del impuesto al valor agregado de 10 a 15%, junto con una reducción del número de exenciones. Sin embargo, el sistema impositivo seguía presentando deficiencias, por lo que en 1986 se anuncia una reforma fiscal.

En lo que se refiere al gasto, y con el fin de reducir el déficit fiscal, se disminuyó drásticamente el gasto público programable. La inversión pública fue la víctima principal; se redujo de casi 8% del PIB en 1982 a casi 4% en 1988. Las inversiones más afectadas fueron: la del campo, pesca, turismo, industria, desarrollo rural y energía, con descensos acumulados de más del 50% durante 1982-1991.

En 1983, también se da una reforma constitucional que disminuye la facultad discrecional del ejecutivo de decidir directamente la extensión de la participación e intervención estatal. Así, se inicia el proceso de privatización con el objetivo primordial de aumentar la recaudación pública, fortalecer la eficiencia de la asignación de recursos y, de la administración de las empresas y del Estado, y sobre todo de recuperar la confianza del sector empresarial. Este programa se inició en el período presidencial del Presidente Miguel de la Madrid,[4] con un impulso en el gobierno del Presidente Carlos Salinas. De las más de 1155 empresas públicas existentes en 1982, sólo quedaban 223 en 1992.

El proceso de desregulación consideró tres áreas principales:

1. La liberalización financiera.

2. Eliminación de programas de licencias y otros mecanismos regulatorios de la actividad económica en distintos sectores;

3. La liberalización de los precios; con la excepción de algunos cuantos productos básicos, el gobierno eliminó los controles de precios de un gran número de productos y volvió más flexible la fijación de precios.

La caída de los precios del petróleo en 1986, trajo consigo una pérdida en la captación de divisas, lo que implicó una pérdida de cerca del 13% en la recaudación total anual del sector público. La política fiscal se ajustó mediante la elevación de los precios internos del petróleo y de los ingresos no petroleros, así como por la reducción de los gastos reales de capital. Este clima condujo en 1986, a otra crisis que combinaba la inflación acelerada (más del 100%) y la producción en descenso (-3.8%).

En 1987, México toma medidas para establecer bases para un crecimiento duradero dentro de su nueva visión más libe-

[4] El mayor número de empresas privatizadas se dio en la administración del Presidente De la Madrid, 1982-1988.

ral, mediante la consolidación de las finanzas públicas; la transición gradual del proteccionismo a la apertura comercial, en parte con fines de control inflacionario; a la vez que comienza la reducción de barreras arancelarias y cuantitativas a la importación; y el mantenimiento del control de la inflación.

En diciembre de 1988 se implementaron nuevas reformas que acortaron el periodo de transición del antiguo al nuevo régimen impositivo, se redujo aún más la tasa máxima de gravación al ingreso personal e introdujeron un impuesto del 2% sobre los activos de las empresas; se combatió con más fuerza la evasión fiscal y se alentaron mayores esfuerzos de recaudación por parte de los Estados o municipios.

Otro cambio más en la política económica, lo representó la nueva forma de gobernar, aparte de las políticas macroeconómicas convencionales. Esta nueva forma materializada en los denominados "pactos", se centraba en la concertación que involucra no sólo al gobierno sino también a los representantes de los sectores más importantes.

De los grandes cambios iniciados en esta etapa, destaca el reconocimiento del papel esencial del sector privado en el desarrollo del país y su creciente captación de recursos en el mercado accionario en vez de la banca. Sin embargo, la crisis bursátil de octubre de 1987, que se extendió hasta México, logró que se desplomaran los precios de la bolsa; la confianza de la moneda mexicana cayó una vez más, provocando una masiva salida de capitales.

Entre 1982 y 1988 el PIB prácticamente no creció, el poder adquisitivo de los salarios se contrajo sustancialmente y las desigualdades sociales se agudizaron. Los cambios experimentados en el sector público y la reorientación de su papel en la economía marcarían el rumbo a seguir del desarrollo en los años venideros.

Cuadro Sinóptico 1.XXI
Primera etapa de la Reforma del Estado

Periodo	Objetivo de la Política económica	Gasto e Inversión	Ingreso y deuda	Instrumentos de promoción	Resultados
*1983-1988.	*Redefinición del papel del Estado. *Pasar de una economía regulada y protegida a una abierta y orientada al mercado. Para lo cual se torna necesario llevar a cabo: -reforma fiscal; -reforma administrativa; -un proceso de desconcentrción; -privatización de las empresas públicas; -eliminación o relajamiento al control de precios; -liberalización de precios. *Surgimiento de los pactos económicos.	*Reducción del gasto público programable.	*Déficit fiscales permanentes. *Ajuste fiscal a través de aumentar la recaudación de impuestos, incremento de los bienes y servicios públicos. *Ajuste de los precios del petróleo y sus derivados. *Aumento al IVA de 10 a 15% y una reducción del número de exenciones.		*Se interrumpió el crecimiento sostenido que se había experimentado durante décadas, la inflación alcanzo altos niveles. *Sector exportador dependiente del petróleo. *Durante este período el PIB prácticamente no creció, se redujo el poder adquisitivo de los salarios y se agudizaron las desigualdades sociales.

Periodo 1989-1994

En este periodo, las autoridades mexicanas se plantearon una serie de objetivos importantes para la economía:

1. Reestablecer el balance macroeconómico. Donde aplicaron una política macroeconómica prudente, mediante la combinación de un control estricto de las finanzas públicas y una política monetaria destinada a obtener una tasa de inflación cercana a la de sus principales socios comerciales, Estados Unidos en primer lugar. Las políticas macroeconómicas fueron puestas en práctica mediante los pactos económicos.

2. Reducir el tamaño del sector público. Para ello se continuaron con ímpetu las amplias reformas estructurales, referentes a privatización, y desregulación.

3. Mejoramiento de la infraestructura, provisión de salud y educación y combate a la pobreza así como el suministro de servicios públicos tradicionales. En 1988 el gobierno crea el Programa Nacional de Solidaridad (Pronasol) que coordina las acciones de lucha contra la pobreza y refuerza los programas sociales anteriormente establecidos.

4. Profundización de la liberalización comercial y de la desregulación de las actividades productivas.

A pesar de los progresos en la disminución de la inflación y la flexibilidad de la economía, el desempeño económico de México no fue satisfactorio. El crecimiento real del PIB en 1988-1994 no fue suficiente para compensar su caída en el período de estabilización de la crisis de la deuda de 1982.

El crecimiento económico era débil, pues había que adaptarse a las profundas reformas estructurales. Definitivamente este período estuvo caracterizado por una política económica que viró más hacia la economía de mercado; así la privatización y la desestatización se volvieron norma en el modo de gobernar, continuando el proceso de desincorporación de empresas y organismos del sector público.

Cuadro 1.10
Deuda Neta Total del Sector Público

Años	% del PIB
1988	63.5
1989	56.6
1990	46.9
1991	36.7
1992	27.1
1993	22

Fuente: Banxico, *Informe Anual*, 1993.

En el siguiente cuadro se señala la evolución del proceso de desincorporación de empresas públicas.

Cuadro 1.11
Número de empresas públicas, 1982-1992

Año	Organismos descentralizados	Entidades con participación mayoritaria del gobierno	Fideicomisos públicos	Entidades con participación minoritaria del gobierno	TOTAL
1982	102	744	231	78	1 155
1983	97	700	199	78	1 074
1984	95	703	173	78	1 049
1985	96	629	147	69	941
1986	94	528	108	7	737
1987	94	437	83	3	617

Año	Organismos descentralizados	Entidades con participación mayoritaria del gobierno	Fideicomisos públicos	Entidades con participación minoritaria del gobierno	TOTAL
1988	89	252	71	0	412
1989	88	229	62	0	379
1990	82	147	51	0	280
1991	77	119	43	0	239
1992	77	106	40	0	223

Fuente: Banco de México, *The mexican economy*, México, 1991, y OCDE, *Estudios económicos de México, 1991/1992.*

Durante los dos primeros años del gobierno del Presidente Carlos Salinas 1989-1990 el ritmo de privatización de entidades públicas se aceleró. En mayo de 1990 se informó que planeaba reprivatizar del sistema bancario. En 1990 se firmó la reestructuración de la deuda externa en el contexto del llamado Plan Brady, lo cual permitió una reducción considerable del gasto público por concepto de la disminución en el pago de intereses.

Cuadro 1.12
Estructura del Gasto Neto Presupuestal del Sector Público

	1988	1994
Intereses	44.10%	10.10%
ADEFAS	0.60%	1.40%
Participantes	7.80%	12.20%
Gasto Programable	47.50%	76.30%

Fuente: *Presupuesto de Egresos de la Federación*, 1994

Hacia 1991 el gasto social recuperó su nivel de 1980 (véase cuadro siguiente). Esta búsqueda del mejoramiento en el nivel de vida, por parte del gobierno, es con el fin de mantener el consenso social en la estrategia económica. Para llevar a cabo esta estrategia, el gobierno creó el Programa Nacional de Solidaridad (Pronasol), que refuerza los programas sociales anteriores y los amplía para cubrir a un porcentaje mayor de población. En el siguiente cuadro se apuntan las principales tendencias y cambios en la política de gasto público, de acuerdo a su composición sectorial.

Cuadro 1.13
Composición sectorial de los gastos del sector público consolidado

	1982 (%)	1988 (%)	1990 (%)	Cambios en participación 1982-1990 (%)
Gasto Total				
Sectores sociales	34	32	38	+4
Desarrollo rural	11	6	6	-5
Transporte/energía	33	34	32	-1
Industria/comercio/turismo	16	20	16	-
Administración/justicia	6	8	8	+2
Gasto total (% del PIB)	27.0	19.1	17.3	-9.70

Fuente: OCDE, *Informe sobre México*, 1992.

Destaca la caída del gasto de capital en particular en obra pública; que cayó en más de un 50% en 1991 respecto a 1982. Sin embargo la provisión y mantenimiento de infraestructura no se interrumpió a pesar de los recortes de gasto; en parte porque la demanda de infraestructura no creció debido al estancamiento productivo y a que se mantuvo una tasa razonable de inversión en el sector durante la década.

En el sector agrícola por ejemplo, se inició una reforma agraria que buscaba que su producción se guiara eventualmente por el movimiento de precios y criterios de eficiencia; para ello se reformó el Artículo 27 constitucional modificando las modalidades de la tenencia de la tierra. La modernización del campo así planteada implica realizar un cambio en su producción, sustituyendo los cultivos tradicionales por aquéllos de mayor rentabilidad en el mercado.

Aun cuando se disminuyó significativamente la economía estatal y se elevó la participación del mercado, el subsistente control de precios y salarios, no permitió que las señales del mercado llegaran a regular plenamente la producción, como se lo había propuesto la nueva política.

La desregulación financiera ayudó a ampliar los mercados financieros y tuvo el efecto de hacer descender el ahorro privado como proporción del PIB hasta 1993, pues los bancos competían por incrementar su participación en el mercado otorgando créditos al consumo y vivienda, sin evaluar adecuadamente los riesgos. La consecuencia fue el deterioro de los balances del sector privado y la degradación de la calidad de las carteras de préstamo de los bancos.

En 1993 y 1994 el ahorro público disminuyó y aunque el ahorro privado mejoró un poco, fue insuficiente para financiar la inversión, por lo que el déficit de cuenta corriente siguió aumentando; estos déficit se financiaron principalmente mediante grandes ingresos de capital extranjero, de los cuales la mayor parte era inversión volátil de corto plazo en los mercados financieros; el flujo de inversión extranjera destinada a la producción seguía creciendo, pero en menor medida que la inversión financiera. La importancia de las entradas de capitales a corto plazo puso a la economía mexicana en una situación de vulnerabilidad ante los cambios de expectativas en los mercados financieros.

Cuadro Sinóptico 1.XXII
Segunda etapa de la reforma del Estado

Periodo	Objetivo de la Política económica	Gasto e Inversión	Ingreso y deuda	Instrumentos de promoción	Resultados
1989-1994.	*Restablecer el balance macroeconómico. *Reducir el tamaño del sector público. *Mejoramiento de la infraestructura, provisión de salud y educación, combate a la pobreza. *Profundización de la liberalización comercial. *La política económica se orientó cada vez más a una economía de mercado.	*Para 1991 el gasto social había recuperado su nivel de 1980. *Caída del gasto de capital.	*Las finanzas públicas se han mantenido en equilibrio.		*Se redujo la inflación y se volvieron a tener tasas de crecimiento positivas, pero esas tasas no alcanzaron a compensar la pérdida de poder adquisitivo que se presentó en la década de 1980.

Periodo 1995- 1996

Dada la situación de crisis que se vivió desde finales de 1994 el gobierno mexicano anunció que las reformas estructurales, a diferencia de la crisis de 1982, no serían suspendidas; la liberalización del comercio, la apertura a los flujos de capital ha sido mantenida y se ha creado un mercado de futuros que permite protegerse contra el riesgo de una devaluación.

En lo referente al gasto público, se han hecho esfuerzos para reorientarlo hacia el desarrollo social, con un énfasis especial en el alivio de la pobreza extrema. El gobierno del Presidente Ernesto Zedillo tiene la intención de reforzar las acciones en el área de salud, educación y capacitación como parte de su estrategia para romper el ciclo de pobreza.

En el campo fiscal destaca la descentralización del gasto público y su consecuente federalización, otorgando mayores recursos y atribuciones a los estados y municipios. Se ha mantenido el equilibrio en las finanzas públicas y se ha controlado la inflación, que en 1995 llegó al 57%, después de la crisis financiera. Destaca el otorgamiento de autonomía al Banco de México en 1994 como medida para reforzar el combate a la inflación.

Dentro del sector público, se privatizó una parte importante de la petroquímica secundaria y se ha continuado con la desincorporación de entidades y organismos paraestatales, aunque en un número reducido, ya que sólo quedan dependencias en sectores estratégicos de la economía. Debido a la crisis económica se han implementado diversos programas, como el de rescate financiero de la banca, los de apoyo a deudores, tanto de la banca como del fisco; en 1997 se aplicó un programa de rescate al sector carretero concesionado, sólo por mencionar los principales.

Una tendencia característica de este periodo ha sido la creación y fortalecimiento de organismos autónomos como el Instituto Federal Electoral, la Procuraduría del Consumidor, las Comisiones de Agua y Energía, el Instituto Nacional de Ecología. Y para la operación de políticas específicas se ha promovido el funcionamiento de comisiones y coordinaciones donde participan diversas secretarías de Estado y actores económicos ó sociales.

La economía comienza nuevamente, a partir de 1996, su recuperación, experimentando un crecimiento del PIB del orden del 6.2% y el 1997 de 7.3 %. El riesgo de un desequilibrio externo está latente a pesar del auge exportador, las finanzas públicas se encuentran presionadas por la baja en los precios del petróleo y el estancamiento de los ingresos, el sector agropecuario no se ha recuperado de su crisis, la desigualdad en la distribución de la riqueza es grave; ante estos asuntos de la agenda pendiente para el Estado, la presidencia de la república en su tercer informe de gobierno ha planteado la pertinencia de una discusión para consensar una política económica de Estado, que definiría el papel que jugará éste dentro del desarrollo económico del país en el largo plazo. Detrás del anterior conjunto de cambios que han ocurrido a lo largo de décadas, siempre ha estado presente una tensión entre los sectores público y privado.

Resultados del cambio estructural en el período 1982-1996.

Los cambios por los cuales ha atravesado el sector público en el periodo 1982-1996 reflejan los resultados de la reforma. Cuatro aspectos destacan:

1) En una primera aproximación, el perfil del sector público no ha cambiado significativamente, si se evalúa a la luz de algunos indicadores generales (gasto total, ingreso total, y empleo público). Estos indicadores ilustran que el tamaño relativo de la participación del gobierno en la economía cambió poco en la década de los ochenta; a pesar de la reforma del Estado y del severo programa de ajuste de las finanzas públicas. Así, su tamaño, medido por los anteriores indicadores, continúa siendo menor que el promedio de los países de la OCDE y, también sigue siendo igual o menor que el tamaño del sector público de otros países de desarrollo similar a México.

Cuadro 1.14
Indicadores presupuestarios como porcentaje del PIB

	1983	1982
Ingreso	31.6	29.1
Gasto	39.0	24.6
Déficit	-7.3	4.4
Ahorro	-6.7 (1982)	1.5 (1990)
Ahorro externo	3.6	-3.0 (1987)
Inversión	10.4	4.3

Fuente: Ayala, Espino José, *Economía Pública. Una guía para entender al Estado.* México, Facultad de Economía UNAM, 1997.

2) Sin embargo, un acercamiento de mayor detalle, a la luz de la evolución de indicadores más específicos (composición del gasto y el ingreso público, el peso específico de la empresa pública, la participación del Estado en la inversión total, la participación sectorial y en ramas específicas de la economía) muestra un cambio significativo en el perfil del sector público. Este cambio coloca al programa de ajuste y a la reforma económica del Estado como uno de los procesos más profundos que hayan ocurrido, durante el mismo periodo, en cualquier economía del mundo.

3) La reforma institucional, es decir, el cambio de las reglas del juego que normaban las relaciones de los sectores público y privado, ha sido trascendente, va más allá de su mero reflejo en indicadores económicos (cambios en la composición del producto, la inversión, el ahorro, el consumo y el financiamiento del desarrollo). La reforma del Estado ha influido decisivamente en la formación de un nuevo marco institucional: cambios en el marco jurídico que incluyen reformas a la Constitución, cambios en múltiples leyes reglamentarias, desregulación económica, privatización y, finalmente, pero no menos importante, cambios radicales en materia de derechos de propiedad. Aspectos que en conjunto han significado un cambio en el balance tradicional de los sectores público y privado, que se había conformado después de la revolución mexicana y;

4) El ajuste y reforma del sector público, a pesar de su intensidad y trascendencia, no ha concluido. Se puede afirmar que apenas si ha pasado su "etapa fácil" y que todavía es necesario introducir cambios más profundos, los cuales serán más difíciles de instrumentar, no sólo por razones técnico-económicas, sino además por el nuevo contexto económico y político, más demandante, exigente y vigilante.

La primera etapa de la reforma y ajuste fue sobre todo, un proceso impuesto por la crisis y, en menor medida, por una convicción interna del gobierno o del sector privado, y tampoco obedeció a un programa económico sustentado en algún mandato electoral, en este sentido los grados de libertad del gobierno fueron relativamente amplios. En la segunda etapa, la crisis vuelve a ser su detonador, aunque existe más consenso sobre la necesidad de una reforma que vaya más allá del ajuste macroeconómico y se oriente hacia un cambio institucional más profundo.

A continuación presentaremos esquemáticamente las principales características de los cambios del sector público.

Participación del sector público en la producción

La participación, medida a través de indicadores generales, es muy estable a lo largo del periodo, si se excluye la participación de Pemex (particularmente importante entre 1975 y 1986) y la banca (de la nacionalización en 1982 a su reprivatización en 1991). Petróleo y banca contribuyeron a cambiar las tendencias en el perfil, desempeño y políticas públicas del sector público en el largo plazo. Es evidente que los indicadores presupuestarios se expandieron significativamente en los periodos antes mencionados, sin embargo, una vez que se estabiliza la participación de Pemex y la banca, los indicadores muestran un cambio de tendencia:

- La participación del gobierno en la formación bruta de capital fijo, disminuyó significativamente a poco menos de la mitad, de 49.3%/PIB en 1982 a 20.4%/PIB en 1992;

- La pérdida de importancia relativa de la empresa pública al decrecer su participación de 14.3%/PIB a 8.4%/PIB.

- Ello se explica, evidentemente, por la privatización y los programas de reducción del gasto público en distintos sectores.

Concentración de las actividades públicas en el gobierno federal

- Se mantiene el centralismo de la administración pública federal. Más de dos terceras partes del gasto total es ejercido por la federación, menos de una cuarta parte es ejercida por los diferentes estados de la república y apenas un 5% del gasto es ejercida por los municipios. El sector público se concentra en el nivel federal, las empresas públicas relevantes, la operación de las grandes obras de infraestructura y servicios, y deja muy poco espacio a los estados y municipios que concentran sus actividades en servicios públicos tradicionales y operación de infraestructura convencional.

- El centralismo se agudizó si consideramos que las "participaciones" de los estados y municipios en el gasto e ingresos, no sólo no mantuvieron la de suyo baja proporción, sino que incluso se redujo de 5.6% del PIB en 1982, a 2.9 % del PIB en 1991.

Evolución de los indicadores básicos del presupuesto federal.

Se observan las siguientes tendencias en el gasto, ingreso, déficit y ahorro.

Gasto

- El gasto total disminuyó su participación en el PIB de 44.5%/PIB en 1982 a 25.3% en 1992. El gasto consolidado significó en 1991 el 63% del nivel alcanzado en 1982.

- El pago de intereses (internos y externos) comienza a disminuir como un resultado de la reestructuración de la deuda y la disminución de las tasas de interés internas al pasar de 12.4 %/PIB en 1983 a 3.9% en 1992, es decir, el financiamiento del gasto durante esos años perdió importancia relativa.

- La deuda pública neta pasó de significar el 80% /PIB en 1982 a sólo 30% en 1992.

- Los pagos de intereses de la deuda neta, como % del gasto total, pasaron de 45% en 1982 a 15% en 1992.

- Los gastos en capital, principalmente, cayeron de 10.5% del PIB en 1982 a 4.4 % en 1991.

- El gasto social total tendió a disminuir en el periodo, y sólo se recuperó hacia principios de los años noventa, aunque no plenamente. En 1982 fue de 9.13 %/PIB y en 1992 fue de 8.64 %/PIB.

Ingresos

- La participación relativa de los ingresos públicos se mantiene a lo largo del periodo, sin embargo, destaca el crecimiento de los ingresos tributarios, que pasaron de 8.6%/PIB en 1987 a 10.8%/PIB en 1991.

- El aumento en los precios de los bienes y servicios públicos fueron importantes en los primeros años del ajuste y gradualmente se fue eliminando el esquema de subsidios a ciertos bienes básicos.

- La reforma fiscal se venía implantando desde finales de la década de los setenta, modificó las principales categorías de impuestos, lo cual permitió una recuperación de los ingresos en términos reales entre 1978 y 1983 (indización, cambios en las tasas marginales del ISR y la introducción del IVA). La reforma, instrumentada en un contexto de crecimiento e inflación moderada, no fue eficiente y generó distorsiones en la medida en que la economía se enfrentaba a una crisis de grandes proporciones y a un proceso de alta inflación. Ello obligó en la segunda mitad de los ochenta a introducir reformas a causa de la caída de los precios del petróleo y en un contexto inflacionario por la erosión de los ingresos fiscales personales y de las empresas.

- El objetivo básico de la reforma fue atenuar las distorsiones, bajando las tasas impositivas marginales y ampliando la base tributaria. El impuesto corporativo fue modificado, su base tributaria indexada a través de la implantación de una tasa uniforme de 35%. Se indizó también la depreciación y la variación de inventarios. Se eliminaron exenciones a sectores (agrícola y de transporte) y se fijó un impuesto sobre los activos de 2%, impuesto mínimo que toda empresa tiene que pagar.

- El énfasis de la reforma fue la recaudación de ingresos. La equidad y el fortalecimiento de las finanzas locales fueron objetivos menos importantes. En el futuro próximo se tendrá que introducir cambios importantes en la administración del IVA, las exenciones fiscales, la administración de las participaciones y mejorar los convenios de doble tributación.

Déficit

- La posición de las finanzas públicas comenzó a fortalecerse después del ajuste fiscal. En efecto, en 1982 el déficit financiero fue de 16.9%/PIB y en 1992 se alcanzó un superávit de 3.4%/PIB.

- La intermediación financiera se mantuvo a lo largo del periodo en alrededor de 1.2%/PIB. Esta mejoría se explica por la severa contracción del gasto (- 3.5%/PIB) en 1983 y el aumento de los ingresos (3.0 %/PIB). A partir de 1986 se relajó el ajuste y el déficit financiero se vuelve a incrementar a niveles similares a 1982 y será en el periodo 1989 a 1992 cuando se consolide la posición de las finanzas. En los primeros años la disminución del déficit fue impuesta por la crisis, posteriormente, el gobierno se propuso lograr un superávit, para romper el círculo vicioso: déficit crecientes, mayor endeudamiento, más altas tasas de interés y altas tasas de inflación.

- Cabe mencionar que el gobierno mexicano es uno de pocos en el mundo, que convirtió el superávit fiscal en una meta de política. Ni siquiera Japón o el Reino Unido que se habían propuesto una corrección a fondo de su déficit, lo mantuvieron como meta.

Ahorro

La posición relativa del sector público, en lo que se refiere a su nivel de ahorro, sufrió un cambio importante, pues en 1982 el ahorro era negativo y en 1990 ya fue positivo. El cambio del ahorro puede atribuirse a: el mantenimiento de los ingresos reales, la reestructuración de la deuda pública y a la notable disminución de la inversión pública.

Privatización

La privatización cumplió objetivos económicos y políticos. Entre los primeros destacan su contribución a la disminución del déficit. El producto acumulado de la privatización entre 1989 y 1992 significó un 6.3 %/PIB promedio anual, cifra importante, si se compara con la magnitud de los ingresos tributarios durante esos años y con los recursos obtenidos por otros países que emprendieron programas importantes de privatización (Reino Unido 11.9 y Portugal 4.3%). Políticamente, la privatización sirvió para negociar la reforma fiscal con el sector privado, y generar una imagen internacional de confianza y credibilidad en las reformas.

Reforma institucional

La reforma institucional fue amplia y diversa. Obedeció a cambios internos y de la nueva relación de México con el resto del mundo. Los mayores cambios ocurrieron en los ámbitos de: derechos de propiedad y normas regulatorias. La tendencia consistió en conferir mayor autonomía a ciertos órganos y actualizar el marco jurídico de acuerdo a las necesidades de privatización, desregulación y suscripción de los acuerdos del GATT y el TLC. En unos cuantos años se estableció una nueva Ley de Inversión Extranjera, Ley de Fomento y Protección a la Propiedad Intelectual, Nueva Ley de Servicio Eléctrico, reclasificación de la petroquímica, nueva legislación agraria, cambios al Código Fiscal, creación de la Comisión Federal de Competencia, Sistema Nacional de Promoción de la Inversión Extranjera, entre otras.

La reforma social fue un aspecto en el cual se avanzó poco. Fueron reformados los reglamentos del IMSS, el ISSTE y se introdujeron cambios en la Secretaría de Salud. La racionalización y descentralización son todavía muy limitadas. Se creó el Sistema de Ahorro para el Retiro, pero se reconoce que es aún muy insuficiente. Su cobertura es limitada (36% de la PEA) si se compara con Chile (90%) y su saldo es del

2.3%/PIB, muy poco si se compara con Chile (43.2%/PIB). Muchos sectores han demandado una mayor atención a la reforma social, pues se estima que el Pronasol, aunque necesario, fue insuficiente e ineficiente.

En el siguiente cuadro se ilustran los principales cambios institucionales que se han introducido recientemente.

Cambios institucionales recientes

Institución	Organización	Objetivos
Ley agraria reglamentaria del Artículo 27 constitucional.	Tribunal Superior Agrario, Tribunales Unitarios, Procuraduría Agraria y los programas Procede, Procampo y Aserca.	Cambiar las normas del régimen de propiedad agrícola y del régimen ejidal. Modernización del campo. Propiciar el establecimiento de prácticas competitivas en los mercados.
Ley de competencia económica.	Comisión Federal de Competencia y Unidad de desregulación de Secofi.	Propiciar el establecimiento de prácticas competitivas en los mercados.
Ley del Seguro Social y Ley del SAR.	Sistema de Ahorro para el Retiro (SAR), Administración de Fondos para el Retiro (Afores) y Comisión Nacional del Sistema para el Retiro (Consar).	Fortalecer el ahorro interno, salvar la crisis financiera del IMSS, regular al SAR.
Leyes en materia financiera y crediticia:		
Ley reglamentaria del servicio de la banca y crédito.	Régimen Prudencial de la Banca.	
Ley para regular las agrupaciones financieras.		Fusionar las dos comisiones existentes.
Ley del mercado de valores.	Comisión Nacional Bancaria y de Valores.	
Ley general de organizaciones de crédito.		Reconocer la figura legal de las cajas de Ahorro.
Ley orgánica del Banco de México, reforma al Artículo 28 constitucional.	Banco de México.	Autonomía del banco central, sustituir el encaje legal por el coeficiente de liquidez y por el índice de capitalización, permitir inversión extranjera.
Ley de sociedades de inversión.		
Ley del mercado de valores (reforma).		

Institución	Organización	Objetivos
Ley de Inversión Extranjera.	Comisión de Inversiones Extranjeras.	Promoción de inversión Extranjera.
Ley Federal de Telecomunicaciones.	Comisión Federal de Telecomunicaciones (Cofetel).	Modernización de telecomunicación, promover competencia, y mejorar el régimen de concesiones.
Ley de Puertos.	Comisión Consultiva de Puertos.	Privatización de puertos, modernización y apertura a la inversión extranjera.
Ley de la Administración Tributaria.	Servicio de la Administración Tributaria (SAT).	Modernización del sistema tributario.

Conclusiones

a) El crecimiento del sector público dejó, a mediados de los años ochenta, de ser el motor del crecimiento, como lo refleja la evidente retracción de su crecimiento (entre 1983 y 1992). La inversión pública tradicionalmente había impulsado el crecimiento económico, sin embargo perdió presencia en la inversión total, al reducir su participación en menos de la mitad entre 1982 y 1992.

b) La reforma del sector público fue inducida en primer lugar por la crisis y en segundo lugar por un cambio de política de las administraciones de los presidentes De la Madrid y Salinas. Su objetivo principal fue restaurar la estabilidad macroeconómica, ganar la confianza de los inversionistas nacionales y extranjeros y superar la crisis de la deuda. Las consideraciones de eficiencia y equidad fueron tomadas en consideración, pero no llegaron a ser objetivos prácticos, especialmente la equidad, que sólo cobraron importancia en la segunda mitad de la administración de Salinas.

c) El desempeño de la economía visto en su conjunto fue mediocre, lo que se refleja en fallas del mercado y fallas del gobierno:

- Vulnerabilidad financiera (interna y externa), como un resultado de una política macroeconómica que puso el acento en la estabilización y no en el crecimiento;

- Insuficiencia de la política de cambio estructural, lo cual se expresó en la debilidad de la microeconomía: precariedad productiva y competitiva;

- Ineficiencias operativas en la administración de las políticas públicas y en la provisión de bienes y servicios públicos. Especialmente la instrumentación de dichas políticas condujo a un sobrecumplimiento de las metas fiscales y;

- Reforma institucional inadecuada. Las reglas del juego (diseñadas en el pasado) entre el sector público y los agentes y actores son insuficientes para responder a los cambios económicos y políticos internos y a los originados en el entorno internacional.

Cuadro Sinóptico 1.XXIII
El papel del sector público en la economía mexicana. Principales etapas

Periodo	Economía	Estado	Políticas
Porfiriato 1880-1910.	Desarticulación económica; Mercado interno estrecho; Dependencia externa; Predominio agrario y minero.	Concentración del poder; Centralización del Estado; Obra pública en ferrocarriles; Regulación; Estímulo a la inversión extranjera.	Integración nacional y a la economía internacional; Fomento a actividades exportadoras.
Revolución. 1910-1934.	Reconstrucción de la economía; Crecimiento errático; Inestabilidad económica; Depresión económica; Recuperación económica.	Destrucción del Estado porfirista; Nueva Constitución con nuevos atributos al Estado; Nuevo pacto social; Estado fuerte, centralista y presidencialista.	Reformas económicas e institucionales; Reconstrucción y modernización del sistema financiero público y privado; Modernización tributaria.
Reforma y construcción institucional. 1934-1940.	Recuperación de la economía; Orientación de la economía hacia el mercado interno; Decremento de la inversión privada nacional y extranjera; Estancamiento de las exportaciones.	Nacionalismo económico; Estado rector del desarrollo; Expansión del sector público.	Nacionalización de la industria petrolera y los ferrocarriles; Reforma agraria; Expansión del gasto público; Ampliación de la infraestructura; Nuevos organismos públicos: financieros, industriales y educativos.
Crecimiento con inflación. 1940-1954.	Crecimiento rápido; Industrialización; Modernización agraria, Inflación y devaluaciones; Urbanización.	Estado promotor de la industrialización; Regulación de la producción y el comercio; Crecimiento del sector paraestatal.	Estímulos a la inversión privada nacional y extranjera; Producción y provisión de bienes y servicios públicos crecientes; Subsidios y transferencias al conjunto de la economía; Política social moderada.

Periodo	Economía	Estado	Políticas
Desarrollo estabilizador. 1954-1970.	Estabilidad de precios; Crecimiento rápido; Regresa la inversión extranjera; Profundización de la industrialización; Continúa la modernización agrícola.	Apoyo a una economía mixta; Continúa el crecimiento del sector paraestatal; Fortalecimiento de instituciones de seguridad social.	Política fiscal de estímulo al crecimiento; Crecimiento moderado del gasto público; Ampliación de la infraestructura para el desarrollo industrial; Fortalecimiento de la banca de desarrollo.
Intervencionismo estatal o populismo. 1970-1982.	Se mantiene el crecimiento aunque con fluctuaciones; Petrolización de la economía; Déficit externo creciente; Déficit fiscal; Desaceleración y estancamiento agrario; Crisis de la industria; Inestabilidad macroeconómica.	Estado motor del crecimiento y el desarrollo; Políticas distributivas; Políticas sociales; Renacimiento del nacionalismo.	Expansión del sector público: empresas, organismos, fideicomisos; Crecimiento del empleo público; Subsidios y transferencias crecientes; Control de cambios; Nacionalización de la banca.
Ajuste y cambio estructural. 1982-1988.	Crisis de la deuda; Ajuste y estabilización económica; Cambio estructural y modernización; Estancamiento productivo; Inflación; Desequilibrio externo; Crisis fiscal.	Repliegue del Estado como motor del desarrollo; Reforma del Estado.	Contracción del gasto público; Ajuste de precios de bienes y servicios públicos; Privatización del sector paraestatal; Disminución del sector y el empleo público; Modernización de la administración pública.
Modernización y liberalización. 1989-1998.	Reinicio del crecimiento; Apertura del comercio exterior; Liberalización comercial y financiera; Continúa ajuste y cambio estructural; Relativa estabilización económica; Crisis económica de 1995.	El mercado como rector del desarrollo; El Estado regulador y complemento.	Estabilización a toda costa; Pactos económicos para estabilidad y el crecimiento; Profundización de la privatización; Desregulación económica; Crecimiento del gasto social; Descentralización.

Bibliografia

Aspe Armella, P. (1993), *El camino mexicano de la transformación económica*, México, FCE.

Ayala Espino, J. (1988), Estado y desarrollo, *La formación de la economía mixta mexicana 1920-1982*, México, FCE.

——— (1990), *La reestructuración de la gestión estatal. Modelos y experiencias*, Tesis de Doctorado, Facultad de Economía, UNAM, México.

(1992), *Límites del mercado, límites del Estado: ensayos sobre economía política del Estado*, México, INAP.

Brandenburg, Frank (1964), *The making of modern Mexico*, Englewood Cliffs, N. J, Prentice-Hall.

Casar, A. y J. Pérez (1988), *El Estado empresario en México. ¿Agotamiento o renovación?*, México, Siglo XXI.

Cypher, James M. (1989), *State and capital in Mexico. Development policy since 1940.* Series in Political Economy and Economic Development in Latin America, Westview Press, Boulder St. Francisco & Oxford.

González Tiburcio, Enrique (1991), *Reforma del Estado y política social: aspectos teóricos y prácticos*, México, INAP.

Montemayor, Rogelio, *et al.* (1988), *México, 75 años de Revolución.* Desarrollo Económico II, México, FCE.

OCDE, *El papel del Sector Público y los gastos sociales, 1960-1990*, OCDE, París.

Otto Granados, Roldán *et al.* (1988), *México, 75 años de Revolución.* Desarrollo Económico I, México, FCE.

Rebolledo, Juan (1993), *La Reforma del Estado en México*, México, FCE.

Salinas de Gortari, Carlos (1990), "Reformando al Estado", *Nexos*, núm. 148.

SHCP (1990), *El nuevo perfil de la economía mexicana*, México, SHCP.

Secretaría de Programación y Presupuesto, *El Ingreso y el Gasto Público en México*, México, INEGI [varios años].
T. I Estado y Política.
T. II Estado y Economía.
T. IV El Nuevo Estado Mexicano.

Secretaría de Programación y Presupuesto (1988), *Reestructuración de las finanzas públicas; gasto público*, México, SPP.

Wilkie, J. (1978), *La revolución mexicana. Gasto federal y cambio social*, México, FCE.

LA ESTRUCTURA DE LA DOBLE MONEDA.
LA COEXISTENCIA DE UNA MONEDA LOCAL DÉBIL Y DE UN DÓLAR FUERTE

Juan Castaingts Teillery[1]

Introducción

La coexistencia de una moneda local débil y de una moneda extranjera fuerte (generalmente el dólar), es una de las características claves de la estructura monetaria de los países de América latina y por eso merece que se le dedique atención especial.

El trabajo se divide en dos partes. En la primera se estudian el doble circuito monetario y la doble moneda. En la segunda se presentan las consecuencias monetarias y económicas de la doble moneda.

---

[1] Profesor-Investigador de la UAM Iztapalapa. El presente artículo es un capítulo del libro *Teoría y práctica del comercio internacional. La inserción de una economía pequeña en el sistema triádico mundial*. Una versión anterior a este trabajo se encuentra en nuestro libro *México, economía mito y poder*, publicado por la UAM-I. La versión actual se encuentra totalmente reformulada y ampliada.

Es para mí un honor poder participar en el homenaje al maestro José Luis Ceceña. De él he aprendido muchas cosas de la vida, de nuestro país y de la economía. Fue mi maestro de teoría monetaria y por eso he escogido un tema monetario.

Primera parte

El peso mercantil y el peso financiero

Presentaremos en forma esquemática la manera en que funcionan los circuitos financieros y monetarios en América Latina;[2] a partir de este punto de partida trataremos de ubicar el subcircuito monetario de las mercancías y el subcircuito de la propiedad de los medios de producción, de ellos habremos de inferir nuestra posición sobre lo que denominamos el "peso mercantil" y el "peso financiero", elementos que serán básicos para nuestro análisis de la coexistencia asimétrica entre peso y dólar, que posteriormente realizaremos en la segunda parte.

El esquema de los circuitos monetarios

En la figura de la página 140 se presenta un esquema que resume nuestro punto de vista en torno a la estructura de los circuitos monetarios en América Latina.

---

[2] Véase: Juan Castaingts T.: *Valor, dinero y precios. Un análisis estructural cuantitativo de la economía mexicana*, México, UAM-Xochimilco. "La Inflación en México. Una aplicación teórico-práctica", en el libro *México ante la crisis*, coordinado por Pablo González Casanova y Héctor Aguilar Camín (1985), México, Siglo XXI. "Una aproximación cuantitativa al estudio de la circulación monetaria (El caso de México)", en *Posiciones frente a la crisis*, coordinado por Juan Castaingts, Número extraordinario núm.9 de la Revista *Economía: Teoría y Práctica*, México, 1986.

Se parte del cuadro que representa a las empresas bancarias, con la exclusión del Banco Central, la banca presta dinero a la industria (empresas productoras de bienes y servicios) para que ésta pueda realizar su proceso productivo. Las empresas productoras de bienes y servicios que se encuentran en el siguiente cuadro, realizan el proceso productivo del cual surgen las mercancías, las cuales son vendidas a las empresas distribuidoras encargadas de la circulación. El precio de venta debe ser suficiente para cubrir sus costos y ganancias es decir, el precio debe ser suficiente para pagar la tasa de ganancia industrial ($\pi 1$), la tasa de salarios pagados por el sector industrial (w1), los costos de las materias primas, los costos de operación y la depreciación (c1) y, finalmente los costos de publicidad y ventas (p1).

Las empresas que se dedican a la comercialización (comercio, publicidad, servicios profesionales, etcétera) reciben las mercancías y las llevan al mercado de mercancías o mercado de bienes y servicios (siguiente cuadro considerado en el esquema); al hacerlo, incurren en costos y obtienen ganancias; sus costos son los salarios que pagan (w2); las compras las hacen al sector industrial o empresas productoras de bienes y servicios, para efecto de poner sus mercancías en el mercado (muebles, instrumentos, etcétera) (c2). El precio final de los bienes y servicios necesariamente incluye la ganancia ($\pi 2$) que corresponde a las empresas que los comercializan.

Las mercancías al fabricarse por las empresas productoras, generan una distribución de salarios y ganancias determinada; esta distribución es modificada totalmente por las empresas distribuidoras, las cuales, al sobreponer otros costos a la preestablecida por las productoras, cambian totalmente lo establecido. Un doble juego de tensiones nace; de un lado la lucha entre salarios y ganancias, del otro, entre empresas productoras y distribuidoras. El primero es determinante en cuanto a la lucha de clases, el segundo en cuanto a la inflación y la distribución del ingreso generado.

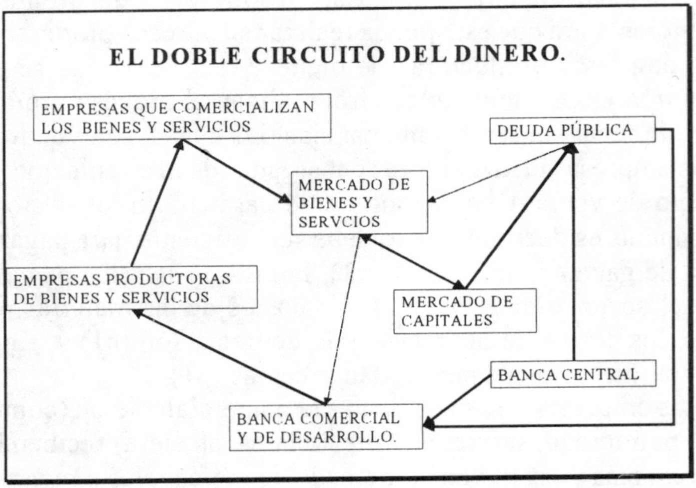

Se necesita un pacto social que estabilice este doble juego de tensiones, pero la existencia de un pacto tal no es garantía de estabilidad. Dada una estructura económica social distributiva y de circulación monetaria no hay más que un juego estrecho de pactos sociales posibles que es compatible con la estabilidad del sistema. La inexistencia de un pacto, o bien la existencia de un pacto que se encuentre fuera del rango de lo compatible con la estabilidad conduce a la inestabilidad y a la inflación.

En términos contables, los ingresos generados al final del circuito en el mercado de mercancías, más los costos de reposición del capital fijo y circulante, coinciden con el valor de las mercancías que ahí se vendan. Por esta razón, si todas las mercancías se comprasen con los ingresos generados, entonces los créditos bancarios se podrían pagar totalmente y el dinero así generado, regresaría a la banca y las cuentas por cobrar se eliminarían.

Hasta ahora sólo se ha considerado la existencia de dinero bancario, pero una de las características más importantes del mismo es que, cuando el circuito se realiza satisfactoriamente, este dinero se nulifica al final del circuito. El débito anotado por la banca al abrir cuentas en favor de las empresas productoras y distribuidoras, se anula con el pago que éstas efectúan en el momento de la realización final de la mercancía en el mercado.

Nótese que la realización completa del circuito mercantil y monetario, requiere que todos los ingresos generados en los mismos, se hagan efectivos en compras en el mercado de mercancías y servicios. Si esto no es así, ya sea por atesoramiento, o por canalizar una parte de esos ingresos hacia el mercado de capitales, o por transformación de esos ingresos en dólares, se produce un desajuste, tanto en el mercado de mercancías, como en el monetario, pero ninguno de los dos lo logra.

En épocas normales, estos desajustes se cubren por efecto de la intervención de otros elementos del circuito que falta explicar.

No sólo existe el dinero generado por la rama, también es muy importante la emisión de dinero por parte del Estado. El dinero creado por el Estado es el que se forma por las emisiones del Banco Central. Por eso en la gráfica, lo que aparece es el Banco Central.

El poder social del Estado le otorga el monopolio de la emisión primaria del dinero. Este dinero es de naturaleza distinta del que surge de la banca, pues proviene de tres factores: *1)* porque el dinero emitido por el Banco Central es el único que tiene poder liberatorio ilimitado, es decir que su aceptación como pago de compras o deudas es obligatoria (cosa que es distinta con los cheques, que es el dinero generado por la banca comercial, cuya aceptación en pago no es forzosa); *2)* porque el dinero privado (los cheques bancarios) no se relaciona directamente entre sí, sino que solamente lo puede hacer del dinero estatal, que es el emitido por la banca central; *3)* porque los cheques no son unidad de cuenta, sino que ellos toman como unidad de cuenta al dinero estatal. Además, el Estado puede emitir billetes sin contrapartida, sin obligación recíproca, cosa que la banca común no puede hacer. La naturaleza distinta del dinero proviene de que en la banca comercial el dinero surge de las transacciones mercantiles, en tanto que el estatal surge del poder del Estado que es, en sí mismo uno de los determinantes de la sociabilidad.

El hecho de que el Estado emita sin contrapartida, tiene como resultado que este dinero no tenga porqué regresar a su lugar de origen y anularse, como lo hace el dinero bancario. El dinero emitido por el Estado es usado por los actores y luego guardado para cualquier necesidad (tesoro, prevención, liquidez, necesidad de caja, etcétera); a diferencia del dinero de banca, es un dinero que se queda en los propios circuitos.

En términos fiscales el Estado suele tener un déficit. Si éste no se financia por medio de la emisión primaria de dinero, entonces se tiene que financiar por medio de títulos de la deuda. Estos títulos los adquiere el banco central, la banca comercial o del mercado de capitales. De ahí la relación que se establece en el esquema entre la banca comercial y el banco central. La relación entre el banco central y el mercado de capitales es una relación derivada, de la cual no nos ocuparemos en este estudio.

Con el dinero que proviene del financiamiento de la banca privada y de la emisión primaria, el Estado hace compras de materiales para inversión y paga sueldos y salarios. Ambos gastos se van a canalizar por el mercado de mercancías y servicios.

Finalmente queda el mercado de capitales. Aquí no se canalizan parte de los recursos que se generan en los circuitos anteriormente descritos. El mercado de capitales es un mercado de títulos de deuda publica o privada, acciones, propiedad de las tierras y propiedad de las empresas productivas y distributivas.

En síntesis, se tienen dos tipos de circuitos totalmente diferentes: el circuito monetario de producción y distribución de bienes y servicios y el circuito monetario de capitales. En este último los principales valores que circulan son: los correspondientes a los derechos de propiedad de las empresas de ambos circuitos, los títulos de la deuda de las empresas y del gobierno y la deuda pública externa e interna.

El subcircuito mercantil y el subcircuito de capitales

Desde el punto de vista del conjunto, el esquema que acabamos de describir sobre la circulación del peso en México se puede subdividir en dos grandes subconjuntos: aquel en donde circulan las mercancías y que denominamos el subcircuito monetario de las mercancías; y, aquel en donde circulan los títulos monetarios y los títulos sobre la propiedad de los medios de producción que denominamos el subcircuito de capitales o, el subcircuito de la propiedad de los medios de producción.

En el primero circulan las mercancías; en el segundo circulan los títulos de propiedad de deuda publica y privada, empresas, tierras y el déficit fiscal y riqueza general. En el primero se genera la tasa de ganancia industrial y la de las empresas dedicadas a la circulación de mercancías, y donde se genera también la relación salarial; en el segundo se genera la tasa de interés.

Desde nuestro punto de vista la tasa de interés constituye la cantidad de derechos monetarios que se otorgan al poseedor de títulos en un periodo de tiempo determinado. La tasa de interés se cobra a las empresas productivas o distributivas que participan en el subcircuito monetario de las mercancías; pero la tasa de interés no se genera en este subcircuito sino en el subcircuito de la propiedad de los medios de producción. La tasa de interés es el resultado de la lucha que tienen entre sí los poseedores del capital por repartirse la ganancia social producida.

Todo título comprado en el mercado de capitales se espera que otorgue un rendimiento (tal es el objeto de la posesión del título); este rendimiento se expresa por cantidades temporales a que tiene derecho el poseedor del título. En el caso de títulos de propiedad de empresas, se supone que las ganancias de las empresas se reparten entre los poseedores de los títulos, que en este caso se llaman acciones. La relación entre el rédito que se alcanza y el valor del título, es el interés. Que este título corresponda a la propiedad de una empresa o a la deuda de una empresa no altera el hecho esencial de que a la propiedad de un título con un valor monetario determinado se le asocia una cantidad de pagos a la que se le llama interés. Se denomina tasa de interés a la relación cuantitativa entre el valor del título y el valor del rédito asociado.

La tasa de interés es el mecanismo por el cual se reparte la ganancia originada en el subcircuito mercantil del dinero entre los poseedores de títulos, pero no todo el dinero a repartir, se origina en el subcircuito mercantil. Los títulos, al negociarse unos con otros, pueden aumentar o disminuir su valor monetario. Nótese que hablar del valor monetario de un título y la tasa de interés no es más que una variante cuantitativa de la misma cosa; dado un rédito determinado, la tasa de interés variará en proporción inversa al valor del título.

Los títulos adquieren valor por varios mecanismos como por ejemplo: los derechos que dan sobre la ganancia originada en los circuitos mercantiles, la autovalorización que se da en el comercio de títulos, el valor que expresan la propiedad de los medios de producción que pueden representar, el poder social que su posesión misma otorga, etcétera. Se puede decir que hay una relación entre el subcircuito de capitales y el subcircuito mercantil, pero que ésta no es ni directa ni inmediata. Sin embargo, el mercado de capitales no es totalmente independiente del de mercancías, ya que se alimenta del déficit generado en el subcircuito mercantil, representa además la propiedad de las empresas que operan en el circuito mercantil y busca distribuir la ganancia generada en el subcircuito mercantil entre los poseedores de títulos; pero por otro lado, tiene vida propia porque la relación dinero-dinero, título-título, tiene la capacidad de autogenerarse por sí misma y es la principal determinante de la tasa de interés.

Debe acentuarse una diferencia muy importante entre el dinero bancario y el emitido por el Banco de México. El dinero bancario siempre debe nulificarse, cuando en forma adecuada, se cierra en circuito monetario. Sin embargo, con el dinero del Banco de México, cuando este dinero regresa al Banco de México se anula, pero en ese momento ya no constituye una emisión primaria real de dinero y, para que ésta sea efectiva, se necesita que ese dinero se quede en alguna parte de los circuitos, ya sea como tesoro, prevención, necesidad de caja, liquidez, etcétera (3); de no ser así, el Banco, al recoger su misma emisión, no hace sino nulificarla. Es decir, el dinero del Banco de México debe acumularse y para que esto se haga, debe representar un valor en sí mismo. Pero el caso es que el valor que este dinero representa, depende directamente de la cantidad que el mercado esté dispuesto a acumular del mismo.

El caso contrario es el del dinero bancario que se anula al final de cada circuito y que, por lo tanto, no necesita ninguna acumulación del mismo para que pueda funcionar adecuadamente.

La doble determinacion del peso: el peso comercial y el peso financiero.

El circuito monetario de las mercancías tampoco es independiente del circuito de capitales ya que canaliza hacia este último, una parte del déficit que se genera en el circuito mercantil y una parte de las ganancias de las empresas productivas. Además, para realizar la producción, circulación y consumo de los bienes y servicios que en él se generaron, tiene que pagar una tasa de interés que se determina en el circuito de capitales.

Los dos circuitos son a la vez, relativamente autónomos y profundamente interdependientes. La unidad monetaria que en ellos circula tiene una doble determinación: la que se origina en el circuito monetario de las mercancías y la que proviene del circuito monetario de los capitales. Es necesario distinguir esta doble determinación denominando a cada una de manera diferente, por eso en adelante, hablaremos de "peso comercial" para especificar la determinación que el peso recibe del circuito monetario de la mercancía y denominaremos "peso financiero", a la determinación que recibe el peso del circuito monetario del capital.

La distinción de esta doble determinación del peso es muy importante. El peso comercial se relaciona con el trabajo, el salario, la mercancía; circula y produce la ganancia industrial y la ganancia asociada a la distribución de mercancías. Es en él donde se produce el déficit del que hablamos con anterioridad.

El peso financiero es otra cosa distinta, surge de la circulación del peso mercantil y se canaliza a la propiedad de títulos de toda índole. En él se genera la tasa de interés y se establece la relación de poder que a través del dinero impregna a toda la sociedad.

La unidad monetaria: el peso, es la misma, pero ella sufre una determinación completamente distinta. De un lado, se le determina como peso mercantil, es decir como instrumento de producción y circulación; del otro, se le determina como peso financiero, es decir como instrumento de poder social. Esta doble determinación puede ser complementaria o marcar tensiones importantes, ya que cada una de las determinaciones puede contradecirse e ir en sentido contrario de la otra. Por ejemplo, la determinación del peso financiero puede conducir a una especulación mercantil inmensa; la generación de dinero por las relaciones títulos-títulos, dinero-dinero, puede ser de tal magnitud, que puede ocasionar trastornos monetarios muy serios en el mercado mercantil; la tasa de interés generada en el peso financiero puede ser un escollo enorme en los circuitos mercantiles, etc. Nótese que todas las tensiones mencionadas se encuentran presentes en los mercados monetarios mexicanos.

Pero lo que nos interesa destacar en este trabajo es que la relación tensa entre peso mercantil y peso financiero la concebimos como uno de los fundamentos que permite estudiar la relación peso débil-dólar fuerte.

En efecto, el peso financiero no sólo puede canalizarse a títulos mexicanos, sino que con él se pueden adquirir dólares. Nosotros creemos que esta posibilidad es la principal fuente de la dolarización de los circuitos financieros. Una vez que la función del peso, como reserva de valor en el tiempo, pierde fuerza, el dinero existente en tanto que pesos financieros, tiende a canalizarse al dólar. Las cuentas bancarias se dolarizan y/o el dinero se fuga al extranjero.

En este trabajo no podemos analizar las causas por las cuales el peso financiero se cambia por dólares. En todo caso, este hecho se constata claramente tal y como lo hemos indicado en la introducción de este artículo. Como hipótesis analítica se puede señalar que este cambio de peso financiero por dólares tiene como base la especulación.[3] Creemos, además, que hay factores sociales, políticos e incluso míticos, que también coadyuvan al fenómeno, pero esto sería materia de un estudio de los procesos sociales y míticos del dinero.

Muchas veces se señala que la relación entre las inflación existente en México y la habida en Estados Unidos, es la que determina la tasa de cambio entre el dólar y el peso y que, a medida que la inflación en México es mayor que en Estados Unidos, el peso tenderá a la devaluación y por tanto, condicionará las expectativas de devaluación de este último y, en consecuencia, condicionará la especulación en contra del peso. Esta tesis es muy común tanto en la derecha como en algunos sectores de izquierda y achacan la dolarización a la relación entre el circuito monetario de las mercancías de Estados Unidos y de México. Nosotros pensamos al contrario, pues nuestros análisis nos conducen a que es en el circuito de capitales y en la determinación de la moneda nacional (en tanto que peso financiero) en donde se organiza la parte más importante del problema. No negamos que hay cierta verdad cuando se piensa que la relación entre los circuitos mercantiles de ambos países tiene algo que ver, pero simplemente pensamos que no es la principal.

Otros estudios sobre la doble moneda

El trabajo de Pierre Salama es importante y de buena calidad. Es de hecho, el primero que aborda en forma general y siste-

[3] Entre las causas que hacen que el peso mexicano se cambie por dólares, se puede mencionar el hecho de que el dólar se encuentra ligado a los grandes centros de poder mundial; a que en el mundo, las monedas están estructuradas jerárquicamente y a que el dólar se encuentra en la cúspide de esta jerarquía. El dólar así, es símbolo de poder mundial y esto induce a que los buscadores de poder mexicano busquen el dólar.

mática el proceso de dolarización de las economías latinoamericanas y las repercusiones que éste tiene sobre el trabajo, los salarios y el proceso de crecimiento. En este trabajo que comentamos hay una buena dosis de semejanzas y diferencias con nuestro estudio que aquí se formula; dentro de las proposiciones realizadas por Pierre Salama y que conviene destacar se pueden señalar las siguientes:

En un trabajo posterior,[4] presenta las tensiones que se establecen entre el sector productivo y el monetario y financiero de las economías latinoamericanas, debido a que las tasas de interés llegan a ser superiores a las tasas de ganancia, por lo que una buena cantidad de capitales se desplazan desde el sector productivo hacia el sector financiero, generando fuentes de inestabilidad en los ritmos de crecimiento.

Existen otros dos autores que han trabajado la doble moneda ellos son; Pierre Salama y Pan A. Yotopoulos.[5] Sólo se realizará una breve presentación de sus trabajos haciendo énfasis en los elementos importantes que no han sido tocados hasta el momento.

1. Presenta con claridad el importante problema que surge por las funciones monetarias de la unidad de cuenta y la reserva de valor. Este autor señala que estas funciones son cubiertas por el dólar y no por la moneda

---

[4] "De la Finance a la Flexibilite". Trabajo inédito, 1998.

[5] El trabajo presente y los de P. Salama y P. Yotopoulos fueron realizados cada uno en forma independiente y sin el conocimiento de los otros dos trabajos. El primer trabajo que apareció fue el del autor de este libro ya que una primera versión de este capítulo se escribió durante el primer trimestre de 1987 y la actual, es una versión corregida y aumentada de aquella. El siguiente trabajo fue "La dolarisation", de P. Salama, se publicó por Editions La Découverte en París en 1989. Finalmente, el trabajo de P. Yotopoulos "Financial Crisis and The Benefits of Mildly Represed Exchange Rates", se presentó en México en enero de 1998 durante un seminario organizado por la Facultad de Economía de la UNAM.

local. Creemos que, según nuestros análisis desarrollados en este capítulo, esa visión resultaría equivocada, ya que no se trata de una situación en la que la moneda local cumpla las funciones de medio de pago y medio de circulación y el dólar cubra las funciones de unidad de cuenta y medio de reserva; por el contrario, cada una de las dos monedas es moneda en el sentido pleno de la palabra y cubre con las cuatro funciones básicas de toda moneda. La moneda local es unidad de cuenta para todo el circuito monetario de bienes y servicios y, además, cumple su función como medio de reserva, ya que hay ahorros que se realizan en dicha moneda. Lo que sucede es que, en las funciones unidad de cuenta y medio de reserva, es por medio del dólar que se realizan al relacionarse con el circuito de capitales; además, el dólar es la moneda dominante en el sistema en su conjunto y la moneda local le queda subordinada sobre todo en lo que se refiere a estas dos últimas funciones. Por eso y en virtud de tal subordinación, la moneda local tiene que ofrecer una prima de interés para lograr que se realicen ahorros en su denominación.

2. Indica con razón que en el establecimiento internacional de paridades flexibles, que se instaura en la primera mitad de los años setentas, los particulares se ven obligados a realizar más reservas por previsión, que en el caso del sistema de paridades fijas en donde es el banco central el que realiza dichas reservas. Además, con paridades flexibles, el sistema tiende a autonomizarse del sistema productivo. Finalmente con las paridades flexibles, se conduce a la búsqueda de financiamientos internacionales en el caso de déficit en la balanza comercial o de una amenaza de devalua-

ción fuerte y con ello se incrementa la inestabilidad y el proceso de financiarización.

3. La financiarización y la inestabilidad cambiaria conducen a que se privilegie el análisis en términos de selección de portafolios y al incremento de la demanda de dólares en los países latinoamericanos.

4. Señala que el incremento de la deuda externa de los países latinoamericanos proviene de tres causas principales: la fuga de capitales, la política económica neoliberal aplicada y la dinámica de los regímenes de acumulación. En este último caso se tiene que en los países latinoamericanos, por efectos de la restricción externa, el crecimiento conduce a deterioros en la balanza comercial.

5. La dolarización junto con la financiarización y los procesos de inflación configuran una espiral viciosa.

6. En un trabajo posterior, presenta las tensiones que se establecen entre el sector productivo y el monetario y financiero de las economías latinoamericanas, debido a que las tasas de interés llegan a ser superiores a las tasas de ganancia; por lo que una buena cantidad de capitales se desplazan desde el sector productivo hacia el sector financiero generándose así fuentes de inestabilidad en los ritmos de crecimiento.

Con relación al trabajo de A. Yotopoulos, los elementos a destacar son los siguientes:

1. Muestra que, cuando se tiene una economía con mercado abierto y una moneda sobrevalorada, el resul-

tado es un conjunto de devaluaciones y una moneda débil.

2. En el mundo concurren monedas fuertes y monedas débiles. La moneda fuerte suele ser una moneda de reserva, ya que funciona como sistema de almacenamiento de valor internacional, es un valor de refugio seguro y ofrece un compromiso de estabilidad creíble. Entre los dos tipos de moneda se establece una relación asimétrica.

3. En los países con moneda débil existe una demanda precautoria por la moneda dura. Este hecho acentúa la asimetría entre las monedas fuertes y débiles.

4. La asimetría entre las monedas fuertes y débiles provoca que, cuando se forman tratados de libre comercio como el Tratado de Libre Comercio del América de Norte, haya para el caso de la moneda débil una "integración financiera asimétrica" que lleva también a una "reputación asimétrica". Esta situación suele conducir a una ley de Gresham al revés, en la cual la moneda buena (el dólar) desplaza a la moneda mala (la moneda débil local). Ambos hechos, la integración financiera asimétrica y la reputación asimétrica, dan como resultado un proceso continuo de devaluaciones de la moneda débil.

5. Precisa la relación importante que hay entre los bienes comerciables, los no comerciables y las relaciones asimétricas monetarias y fiancieras. Los bienes comerciables son aquellos que tienen un alto peso específico en las exportaciones o importaciones. Los no comerciables son aquellos que no entran en un grado signifi-

cativo en el comercio externo. El hecho es que es riesgoso producir bienes no comercialbles ya que éstos, por no ser exportables, no pueden ser traducidos directamente a dólares y en consecuencia, en los países subdesarrollados o intermedios la forma más barata de adquirir dólares es la producción de bienes comerciables. De esta manera toda la economía sufre un sesgo hacia la producción de bienes comerciables. Este hecho deforma los procesos económicos, ya que la producción se orienta por el dominio de las monedas de reserva y no por las necesidades de crecimiento de la economía.

6. Las devaluaciones que provienen de las asimetrías monetarias y financieras van a acentuar más el sesgo entre bienes exportables y no exportables. En efecto, la devaluación conduce a un aumento de los precios relativos de los bienes exportables, pagaderos en dólares y por ende, más valiosos a medida que se devalúa la moneda local. En cambio con la devaluación, los bienes no exportables pagaderos en moneda local pierden fuerza en relación con los exportables. A medida en que la proporción bienes exportables en relación a los no exportables aumenta, la economía se hace más dependiente y más vulnerable a los impactos externos.

7. En un análisis econométrico muestra que el crecimiento del producto de los países con moneda débil se encuentra relacionado inversamente con la razón que se mide entre los precios de los productos exportables y los no exportables. A medida que crece esta relación; es decir, cuando los productos no exportables se deterioran con respecto a los no exportables, el crecimiento de estos países cae.

Los trabajos de estos dos autores, aunque presentados sintéticamente, complementan y enriquecen el análisis plasmado en este ensayo.

Segunda parte

La coexistencia asimétrica de la moneda local con el dólar

Actualmente hay una crisis monetaria internacional en la que existen relaciones entre monedas débiles y monedas fuertes; en el interior de esta crisis los centros financieros mundiales que determinan la estructura jerárquica de monedas y de circuitos, se encuentran en una fase de reestructuración. Y aunque es cierto que el sistema monetario internacional actual es profundamente interdependiente, en México una parte vital de esa interdependencia pasa por la coexistencia INTERNA entre el dólar y el peso y es ésta, exclusivamente, la que se intenta estudiar en este artículo. La coexistencia entre el peso y el dólar, se va a insertar en los términos especiales marcados por la estructura interna de los circuitos monetarios mexicanos. La interdependencia de México con el resto del sistema monetario internacional, requiere un análisis lógico previo de la relación interna moneda local-dólar.

En el punto *a)* de esta segunda parte, se estudiará lo que hemos denominado el anti-diamante de la inestabilidad. En el *b)* se presentarán algunas de las repercusiones que tiene para la estructura monetaria mexicana la coexistencia asimétrica entre el peso y el dólar. En el punto *c)* presentaremos lo que se puede denominar el circulo vicioso de la moneda débil. En el punto *d)* presentaremos en forma sintética, las repercusiones de la política monetaria sobre la coexistencia moneda local-dólar.

a) El anti-diamante de la inestabilidad

La estructura de la doble moneda en los países de América latina tiene amplias repercusiones sobre el conjunto de la estructura económica de dichos países. Las principales secuelas se presentan en el esquema siguiente.

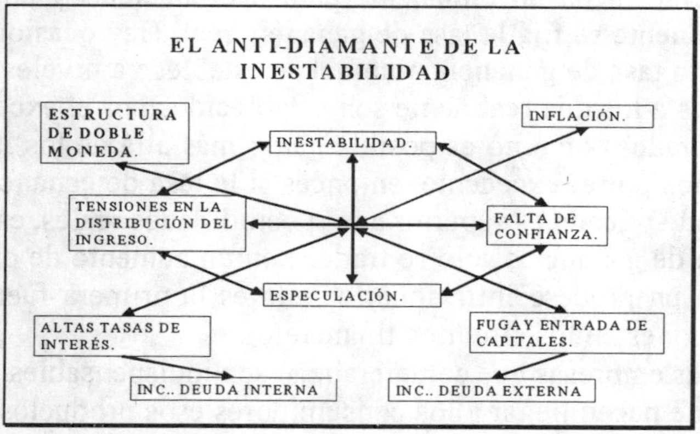

En este esquema se representa lo que podría denominarse como el anti-diamante de la inestabilidad. En el esquema anterior se tienen cuatro factores pero como ellos no originan un círculo virtuoso, sino un problema permanente de inestabilidad y fragilidad, se le ha denominado anti-diamante.

Los cuatro factores del anti-diamante de la inestabilidad son:

1. Tensiones monetarias en la distribución del ingreso.

En la distribución del ingreso hay un triple juego de tensiones: primero, la que surge de la relación entre salarios y ganancias; segundo, la que proviene de la relación entre las empresas productivas y las que comercializan y, tercero, la que emerge de la relación entre el circuito monetario de bienes y servicios con respecto al circuito monetario bursátil y financiero (circuito de los capitales).

El producto neto generado en las empresas productoras de bienes y servicios se distribuye en ganancias y salarios. La primera fuente de tensión se establece por la disputa entre tasa de salarios y tasa de ganancia. Una vez fijada la tasa salarial queda un remanente para las ganancias y con este remanente se fija la tasa de ganancia real. Hay ocasiones en que la tasa de ganancia nominal se establece a niveles superiores a los que realmente son establecidos por el excedente generado; como no es posible ganar más allá de los límites fijados por el excedente, entonces si la tasa de ganancia nominal aplicada es superior a las posibilidades reales, este exceso de ganancias sólo se traduce en un aumento de precios y en un proceso inflacionario; esta es la primera fuente de tensiones en los circuitos financieros.

Las empresas que comercializan son indispensables, puesto que hacen llegar a los consumidores esos productos, pero ellas no generan nuevos bienes y servicios. El servicio de comercialización tiene un costo que se expresa en el uso de materiales, implementos, depreciaciones de equipo, etcétera y, además, se deben agregar los salarios y ganancias que requieren estas empresas. De esta forma una parte del producto neto producido por las empresas creadoras de bienes y servicios debe ahora tener una nueva distribución a fin de cubrir los costos, salarios y ganancias de las empresas dedicadas a la comercialización. Dado que el excedente generado se tiene que repartir ahora entre empresas que producen y las que comercializan y este hecho origina la segunda fuente de tensiones.

Finalmente, en el circuito de capitales se realizan también un conjunto de ganancias que inciden tarde o temprano sobre el excedente realmente producido por las empresas productoras de bienes y servicios y con ello se origina la tercera fuente de tensiones.

2. La inestabilidad monetaria y cambiaria

La relación entre la moneda fuerte y la monda débil es necesariamente tensa. El ahorro se busca realizar en la moneda fuerte, pero por ese mismo hecho, la moneda débil tiende a extenuarse aún más.

Para mantener el ahorro en la moneda débil se requiere aumentar las tasas de interés internas, pero la presencia de elevadas tasas de interés desestabilizan y fragilizan a las instituciones y circuitos monetarios.

La tensión entre ambas monedas conduce a una inestabilidad monetaria y cambiaria.

3. La falta de confianza

Uno de los elementos que sustentan el valor de una moneda es la confianza. Si los actores económicos creen que una moneda es estable, sin importar si el origen de sus creencias es real o imaginario entonces, esa moneda tenderá a ser estable.

Por el contrario, cuando se deja de creer o simplemente se duda de la estabilidad o del valor de una moneda, por ese mismo hecho, la moneda se hace inestable.

Las anticipaciones simbólicas no son las únicas que determinan el valor de una moneda, ya que existen otros factores que también son fundamentales, tales como la capacidad productiva de un país, el saldo positivo o negativo de su balanza comercial y en cuenta corriente, la solidez de sus instituciones bancarias y financieras, etc.. Pero, no hay duda que las anticipaciones simbólicas son primordiales.

4. La especulación

La mera presencia de la doble moneda en la que una es fuerte y la otra es débil, conduce y estimula la especulación monetaria.

Hay que señalar que en el anti-diamante cada uno de sus factores no tiene independencia sino que se encuentra directamente relacionado con los otros tres. Las tensiones monetarias en la distribución del ingreso aumentan la inestabilidad, la especulación y la falta de confianza. Lo mismo se puede decir para cada uno de los otros tres factores, por ejemplo, la falta de confianza es estimulada por la misma inestabilidad, por las tensiones monetarias en la distribución del ingreso y por la especulación.

En su conjunto el anti-diamante tiene tres repercusiones importantes: inflación, aumento en las tasas de interés y fuga de capitales.

La relación entre el anti-diamante y las elevadas tasas de interés es directa. Se tiene que dar un premio para lograr que haya ahorros en la moneda local, la especulación es en sí misma, generadora de altas tasas de interés, lo mismo que la falta de confianza y la inestabilidad.

Los movimientos en las tasas de cambio provenientes de la inestabilidad cambiaria conducen a caídas en el tipo de cambio. Las devaluaciones son a veces fuertes, a veces tenues; se tienen períodos en los que hay un deslizamiento controlado de la moneda, pero hay otros de cambios bruscos en la tasa de cambio.

No es de extrañar que ante todo el proceso descrito del anti-diamante junto con elevadas tasas de interés e inflación, en América latina se vivan procesos muy importantes de fuga de capitales.

No sólo hay fuga de capitales ya que también hay períodos de entradas masivas de capitales. Estas provienen de dos hechos: la inversión directa propiciada por el sistema internacional triádico, los capitales que otorgan como créditos a gobiernos y empresas y los que se colocan en las bolsas de valores (los dos últimos son capitales especulativos que buscan las elevadas tasas de interés internas).

Desde mediados de la década de los ochenta, el flujo de capitales especulativo ha sido muy importante a tal grado que, junto con el flujo de capital productivo que también ha sido creciente, ha provocado la sobrevaluación de algunas monedas. El caso del peso mexicano y del real brasileño son los ejemplos más notables. Sin embargo, la sobrevaluación no sólo no eliminó la inestabilidad del anti-diamante sino que en los dos casos referidos, la sobrevaluación terminó en desastre: en diciembre de 1994 en el caso de México y en enero de 1999 en el caso de Brasil.

Sobrevaluar una moneda sujeta al triángulo latino, a la inestabilidad latina y al anti-diamante, para únicamente mencionar algunos de los factores de inestabilidad, ha resultado en la práctica, uno de los peores errores de política monetaria que se pueden cometer.

Finalmente se debe mencionar que las elevadas tasas de interés inciden en la presencia de enérgicos impulsos para que las deudas internas de los gobiernos crezcan con rapidez. También, la fuga de capitales es una de las causas centrales que han generado las enormes deudas externas de los países de América Latina.

b) Repercusiones sobre la estructura monetaria mexicana. La coexistencia asimétrica entre la moneda local y el dólar

Hay un problema que se origina cuando la función de reserva de valor en el tiempo del peso se hace problemática. Este hecho conduce hacia una fuerte tendencia para que el excedente originado en el circuito monetario de las mercancías no se canalice hacia el mercado de capitales interno y denominado en pesos, sino que se transforme en dólares.

Cuando la función de reserva de valor en el tiempo del peso se hace problemática, se presenta una tendencia para que el excedente originado en el circuito monetario de las mercancías no se canalice hacia el mercado de capitales interno denominado en pesos sino que se transforme en dólares.

Otra causa importante para que el peso se transforme en dólares (además de las ya señaladas en el sentido de que el dólar es una moneda fuerte de atracción mundial y de que el peso pierde su función de reserva de valor), está dada por la característica especial que tiene la moneda emitida por el Banco de México, de la necesidad de un valor intrínseco que se origina por la acumulación de tal moneda. Si se pierde la confianza en el peso, éste se deja de acumular, si se deja de acumular, pierde su valor intrínseco; al perderlo, la acumulación de tal moneda disminuye y se busca para acumulación, una moneda con valor intrínseco que es el dólar. Ésta es una espiral viciosa de degradación del peso y de reafirmación del dólar. Esta espiral viciosa no llega a eliminar al peso, ya que este último, por el hecho de ser una moneda de curso forzoso y con poder liberatorio ilimitado, obliga a la existencia de necesidades mínimas de acumulación y liquidez y, por lo tanto, a la existencia de un valor intrínseco mínimo, siempre presente. Así se establece la coexistencia de una moneda degradada, pero siempre existente (el peso) y una moneda fuerte (el dólar).

Un hecho como el establecido en el párrafo anterior tiene las siguientes consecuencias: *1)* provoca devaluaciones, *2)* trastorna los mercados de las mercancías, *3)* impulsa el desequilibrio comercial externo, *4)* fomenta desmesuradamente la inflación interna y el déficit y, *5)* impulsa la deuda publica interna y el incremento en las tasas de interés. Veamos en forma sintética cada uno de estos elementos.

1) Se provocan devaluaciones.

Si el peso financiero se tiende a cambiar por dólares, lo primero que sucede es un incremento en la deuda externa, esto es evidente ya que esta compra de dólares no proviene de ningún tipo de transacción comercial con el extranjero; si esta compra de dólares no proviene de una transacción comercial, sólo puede lograrse por una contratación de deuda externa, lo cual es un hecho que generalmente conduce a la devaluación.

La compra de dólares altera la determinación de la tasa de interés interna. La transformación del peso financiero en dólares, conduce a que la captación de la banca en moneda nacional se vea disminuida; la liquidez bancaria tiende a caer, lo mismo que su capacidad de crédito, por lo que las tasas de interés sufren presiones hacia el alza. En todo caso, si las tasas de interés no se mueven al alza, habrá una relación competitiva entre el dólar y la captación interna, la cual debilita al peso frente al dólar y lo hace susceptible de devaluaciones.

Una vez que el peso financiero tiende a cambiarse por dólares, el mercado de cambios se hace inestable, con lo cual se acrecienta el movimiento especulativo del peso financiero y las presiones a la devaluación aumentan.

Debe observarse que los movimientos monetarios anteriormente señalados se dan en el interior del peso financiero y no sólo afectan el monto de la deuda externa sino también el servicio de la misma. Como claramente lo ha dicho B. Schmitt (1986), los pagos reales de la deuda sólo se pueden lograr por medio de excedentes en la balanza comercial, es decir, únicamente con excedentes de exportaciones, exportaciones que representan trabajo mexicano; el caso es que, a medida que el peso se devalúa, también lo hace el trabajo mexicano, razón por la cual la cantidad de trabajo mexicano que hay que pagar por dólar adeudado, se acrecienta. El cambio de pesos financieros en dólares devalúa el trabajo mexicano y trastorna el servicio de la deuda en términos de trabajo mexicano.

2) Se trastorna el mercado monetario interno de las mercancías.

Ya hemos visto que por efecto de la transformación del peso financiero en dólares, las tasas de interés internas tienden a crecer. Esto trastorna la producción y circulación de mercancías por dos causas: *a)* el incremento en las tasas de interés implica un traslado de fondos desde el sector productivo hacia el sector financiero con lo cual se favorece la especulación y se le restan fondos a la producción y circulación de mercancías; *b)* los costos de producción y circulación aumentan con lo cual se reduce el mercado interno y se problematiza el mercado exterior.

Los movimientos en las tasas de interés y la especulación con el dólar, generan presiones inflacionarias internas, las cuales a su vez, impulsan la especulación en el mercado de bienes y servicios. Esta especulación tiende a presentarse como un incremento en la tasa de ganancia del sector distributivo, lo cual, como lo hemos analizado en otros trabajos (véase Castaingts 1986), altera los procesos inflacionarios impulsándolos fuertemente al alza. La dominación del dólar y la transformación del peso financiero en dólares, conduce a la inflación interna.

En otro de nuestros trabajos hemos analizado lo que denominamos "sendero de la inflación", el cual lo definimos de la manera siguiente: a partir de los precios de producción, situación en la que, en ausencia de costos de distribución, la reproducción se daría a precios totalmente estables, se le incorporan los costos de distribución y por ende el déficit; por esta razón el sistema tiende a la inflación a través de una doble vía de inestabilidad: la que proviene del déficit (costos de distribución) y la que se origina en las relaciones interindustriales. Veremos que la dolarización implica un incremento del déficit y acabamos de ver que esto conduce a un incremento de los costos de distribución, de ahí que la dolarización implique un reforzamiento del sendero de la inflación.

En el punto *1)* vimos que la dolarización conduce al incremento de la deuda externa y al aumento en las tasas de interés. El aumento en las tasas de interés internas va a afectar también a los precios relativos de las mercancías, ya que la tasa de interés influye en forma diferencial en cada una de las mercancías. En otro artículo nuestro ("Una aproximación cuantitativa al estudio de la circulación monetaria") analizamos que la estructura de precios relativos es uno de los componentes principales en la determinación de la inflación.

Pero el incremento en la inflación va a tener consecuencias sobre el mercado interno. Primero, porque el mercado interno se debilita por la baja del poder de compra de los asalariados, ya que éstos compran las mercancías que se encuentran más integradas en el conjunto de relaciones interindustriales existentes en países como México, por lo que una caída en su consumo afecta toda la red de relaciones interindustriales. Segundo, porque el uso de una parte del déficit y de las ganancias de las empresas productivas (por efecto de su canalización hacia dólares) conduce a que los ingresos generados en el circuito mercantil no se gasten en el mercado de mercancías y servicios, con lo cual se contrae con fuerza el mercado interno.

Aquí encontramos el mecanismo por el cual se conjugan los hechos característicos de la crisis actual: dolarización, altas tasas de interés, inflación, recesión interna.

3) Se fomenta el desequilibrio comercial externo

La dolarización implica un incremento en la inflación interna y por lo tanto, una descompensación de los precios internos con relación a los de Estados Unidos. En ausencia de devaluación oportuna de la moneda (fenómeno que se ha repetido con mucha frecuencia en el caso de México), las importaciones se abaratan en términos de pesos y tienden a crecer.

Como veremos, el déficit crece, esto conduce a que haya un dinero disponible para especulación y también para importaciones suntuarias, las cuales se incrementan con el consecuente deterioro de la balanza comercial, al tiempo en que el mercado interno se contrae.

4) Incremento en el déficit.

El déficit tenderá al alza, hay dos causas para que suceda esto: a) se aumentan las ganancias distributivas que constituyen el corazón de lo que aquí hemos denominado déficit; b) se presenta un incremento general de precios que contribuye directamente al aumento del déficit.

Una consecuencia muy interesante de este incremento del déficit por efectos de la dolarización, es la presencia de fuerzas que impulsan la bolsa de valores hacia el alza. Esto ha venido sucediendo últimamente en México. Las causas son sencillas. En primer lugar, el mismo incremento del déficit hace que exista una mayor cantidad de dinero disponible para canalizarse hacia la bolsa de valores. En segundo lugar, el incremento en las tasas de interés hace atractivas algunas inversiones financieras. En tercer lugar, la inflación da lugar a las revaluaciones de activos de las empresas, con ellas el inversionista siente que protege su dinero de la inflación y se abre campo a la especulación. El incremento en las utilidades de las empresas de distribución atrae dinero a la bolsa; este incremento en la bolsa no se liga a una actividad productiva creciente sino que es un efecto o de la especulación o del proceso monetario de transformación del peso financiero en dólares. Es, por consiguiente, un fenómeno transitorio y muy peligroso.

5) Impulso a la deuda pública interna y al incremento en las tasas de interés.

Hemos visto que al caer la acumulación monetaria en términos de pesos, el valor intrínseco del peso cae y con ello se incrementa la dolarización que se usa como moneda refugio ante la caída del valor intrínseco del peso emitido por el Banco de México.

Esto tiene varias repercusiones negativas. En primer lugar, dado que el peso por su propio valor intrínseco deja de acumularse, se hace difícil el financiamiento del déficit fiscal por el solo recurso de la emisión primaria de dinero, por lo que se requiere un uso incrementado de la deuda pública interna.

En segundo lugar, a fin de mantener la acumulación en pesos y el valor de la moneda, el Banco de México se ve obligado a impulsar al alza las tasas de interés. Las tasas de interés crecen, con lo cual el servicio de la deuda tiende a encarecerse; como el servicio de la deuda se suele pagar con más deuda, la deuda pública interna crece en forma explosiva. La deuda interna aviva las tasas de interés, al tiempo que problematiza la acumulación monetaria en términos de pesos.

Este hecho no es sólo una consecuencia de la coexistencia del peso débil y del dólar fuerte, sino que es también parte del circulo vicioso de la moneda débil que se estudia en el siguiente apartado.

c) El círculo vicioso de la moneda débil

El peso financiero se transforma en dólares, de ahí se generan un conjunto de fuerzas que conducen a la devaluación, a fuertes trastornos en el circuito monetario de la mercancía, a un deterioro en la balanza comercial y a un incremento en el déficit y a presiones inflacionarias muy fuertes. Todo se deteriora, unos elementos refuerzan a los otros, al final todo refuerza las tendencias que hacen que el peso financiero se cambie por dólares. El proceso no es continuo, sino que avanza en escalones estructurados en forma de una espiral ascendente.

La espiral viciosa proviene de que el peso financiero no juega su papel y éste tiende a ser ocupado por el dólar. El problema se localiza en un deterioro del mercado de capitales interno, y de aquí el problema se extiende al resto de los procesos monetarios por las vías que hemos tratado de estudiar en este artículo.

El deterioro de los circuitos monetarios del capital, no sólo tiene como origen aspectos económicos, sería un reduccionismo absurdo hacerlo así. Hay elementos sociales y políticos muy importantes que también influyen, pero que escapan a las posibilidades de presentación en este artículo. En todo caso, sin un mínimo de confianza social hacia la moneda débil, ésta encuentra una vida muy difícil.

Hay un hecho muy importante a recalcar, el circulo vicioso de la moneda débil no conduce a su desaparición, ya que ella sigue funcionando, sobre todo en el subcircuito monetario de las mercancías, es decir, como lo que aquí hemos denominado "peso mercantil", y también se encuentra presente, en tanto que peso financiero, en el mercado de capitales. La dolarización no es un proceso de eliminación de la moneda débil, es todo un condicionamiento dominante de su funcionamiento.

Con la intención de incidir en este funcionamiento es que se pone en práctica la política monetaria, pero como veremos en la última parte de este artículo, la política monetaria en México no sólo no ha salvado al peso de su funcionamiento subordinado, sino que lo ha reforzado considerablemente.

d) La política monetaria y la coexistencia peso-dólar

La política monetaria mexicana ha estado orientada a las necesidades del pago de la deuda externa y al mantenimiento del peso financiero en términos de los intereses de los poseedores de capital financiero. Para el sistema interno el resultado ha sido un desastre, la fuga de capitales continúa, la dolarización es muy aguda, la deuda externa crece, el mercado de dinero del subcircuito de la mercancía tiene problemas cada vez mayores, el mercado de capitales es un caos donde la especulación florece, etcétera.

No pretenderemos hacer un estudio de la política monetaria, sólo queremos hacer unos apuntalamientos analíticos en el sentido de que esta política ha fomentado cada vez más la dependencia del peso en relación con el dólar.

La política monetaria de la tasa de interés se ha encontrado sujeta a la determinación de dos tipos de presiones: las provenientes de la transformación del peso financiero en dólar y las correspondientes a los mercados monetarios internos. Las primeras han sido fundamentales. En general, se pretende que la tasa de interés compense la inflación interna y el riesgo por mantener los activos denominados en pesos. Así, se busca que la tasa de interés sea superior a la tasa de inflación esperada y compensatoria de la tasa de devaluación esperada. De esta forma se pretende satisfacer las necesidades de los ahorradores residentes en México. Es claro que esta política está profundamente correlacionada con otra que pretende mantener un mercado de cambios plenamente libre. De hecho, el control de cambios sólo existió durante los tres meses que Carlos Tello dirigió el Banco de México. El control de cambios existente con posterioridad, se relajó mucho en su aplicación, además de que coexistió con un mercado libre en el cual, las operaciones con divisas extranjeras fueron extraordinariamente rápidas y sencillas.

En el sistema de libre cambio mexicano el detentador de pesos financieros tiene la libertad total de mantener sus reservas en el mercado de capitales mexicano y denominarlas en pesos, o simplemente cambiarlas a dólares. No es de extrañar por tanto, que la tasa de interés sea el medio que les queda a las autoridades monetarias para mantener la captación en pesos. Es un sistema en el que el poseedor de pesos financieros queda totalmente garantizado, en el que todo se hace para que disponga de la máxima amplitud de opciones para su juego en el mercado de capitales.

En consecuencia, como vimos anteriormente, la posibilidad de cambio de pesos financieros por dólares conduce necesariamente, a aumentos continuos en la tasa de interés. El efecto del círculo vicioso de la moneda débil es contundente: el peso financiero se cambia por dólares, la tasa de interés interna aumenta, la deuda externa se acrecienta, la inflación interna se acelera, el sistema bancario cae en la desintermediación financiera, hay carencia de dinero para créditos, la economía tiende al estancamiento, lo que conduce a nuevos cambios de pesos financieros por dólares. En esta espiral viciosa, el déficit que se genera en el circuito monetario de las mercancías aumenta, las tasas de ganancia crecen, ambos elementos contribuyen a generar recursos en pesos financieros y una parte importante de los cuales busca cambiarse a dólares.

La espiral viciosa del peso débil avanza no en procesos continuos sino en escalones. Ésta ha sido la historia de los últimos años de los procesos monetarios mexicanos. Debe notarse que la política monetaria se inscribe perfectamente en el interior, como un eslabón más de este círculo vicioso del peso débil; la política de tasas de interés así lo hace. En lo que respecta a la política de austeridad y de restricción monetaria, es lo mismo; esta política encauza, organiza el círculo vicioso del peso débil, evita que haya desbordamientos, pero se integra en el proceso. El costo del proceso, que es muy alto, recae en los trabajadores asalariados, en los servicios de educación, salud, abasto de productos básicos, etcétera. Pero las altas tasas de interés y el control monetario benefician al poseedor del peso financiero y al detentador de dólares.

Sin el costo pagado por los asalariados y por el deterioro de los diversos servicios y abasto del gobierno, el sistema no hubiese resistido tanto tiempo, pues un sistema como el descrito, tiende a desembocar en fuertes crisis monetarias. Otro factor fundamental de sostén de ese sistema, es la presencia de créditos externos continuos y crecientes.

Finalmente, el último sostén del sistema ha sido la industria petrolera que provee de abundantes dólares cada año. Cuando en 1985 el sostén del petróleo falló, todos los problemas se agudizaron con rapidez, y sólo se buscó salida reduciendo más los salarios reales y conseguir el balón de oxígeno de los créditos externos.

Se trata en síntesis, de una política realizada en función de los detentadores de pesos financieros y de dólares. El problema es que una política como ésta, basada en un solo mercado: el de capitales y en un solo tipo de intereses: el de los detentadores de pesos financieros y dólares, genera una cantidad de problemas muy graves al resto del país

Una política así, afecta seriamente el funcionamiento del peso comercial por el incremento en las tasas de interés, la inflación provocada, la recesión económica generada, la carencia de dinero para la inversión, la incertidumbre inducida, etcétera.

Además, se genera un sistema profundamente contrario al crecimiento. De un lado las tasas de interés se aumentan, del otro las tasas de ganancia tienden a bajar por el traslado de fondos del sector productivo al sector financiero, por la caída en los mercados internos, por la devaluación que encarece las importaciones de bienes de capital y bienes intermedios, etcétera. Las tasas de interés se hacen estructuralmente superiores a las de ganancia, convirtiendo al sistema en especulativo e improductivo.

Los recursos de la nación se trasladan al sector financiero y especulativo, esto implica una redistribución del ingreso profundamente contraria a las necesidades de reproducción industrial. Al caer los salarios no sólo se incrementa la tasa de explotación, sino que se hunden los mercados internos: los trabajadores no tienen dinero para gastar y los poseedores de pesos financieros prefieren gastarlos en dólares; el mercado interno sufre un colapso, la economía interna entra en crisis. Sólo la actividad financiera y especulativa tiene éxito.

Lo anterior no es sino una reseña de los últimos años de la vida económica de México, nuestra posición analítica busca darles coherencia y capacidad explicativa. La crisis mexicana no tiene como único origen estos fenómenos monetarios que analizamos, pero creemos que el aspecto monetario en sí mismo, es una parte del origen de la crisis. Diferimos de aquellos análisis que ven solamente en el sector productivo las causas profundas de la crisis actual.

Finalmente, no queda más que mencionar la deuda pública interna, ya que una parte importante de la misma proviene de las altas tasas de interés internas, las cuales, como hemos visto, tienen mucho que ver con la coexistencia asimétrica moneda local-dólar y con la política monetaria aplicada. No hay duda de que uno de los problemas económicos y monetarios de la actualidad está constituido por la gigantesca deuda interna y la vertiginosa rapidez con que crece, gracias a las tasas de interés tan altas.

Bibliografía

Aglietta, Michel y André Orlean (1982), *La violence de la monnaie*, Francia, PUF, Economie en Liberté

Benetti, Carlo y Jean Cartelier (1980), *Marchands, salariat et capitalistes*, Francia, Maspero.

Benetti, Carlo, "La théorie de la monnaie-marchandise chez Marx", artículo inédito.

Castaingts T. Juan (1979), "La crisis financiera en México", en *El Economista Mexicano*, México, septiembre-octubre.

——— (1982), "La violencia monetaria actual" , en *Cuadernos Políticos*, México, octubre-diciembre.

——— (1984), Valor, dinero y precios. Un análisis estructural cuantitativo de la economía mexicana, México, UAM-Xochimilco.

——— (1986), "La inflación en México. Una aplicación teórico-práctica", en Pablo González Casanova y Héctor Aguilar Camín (coords.), *México ante la crisis*, México, Siglo XXI.

——— (1986), "Una aproximación cuantitativa al estudio de la circulación monetaria (El caso de México)", en Juan Castaingts (coord.), *Posiciones frente a la crisis*, Número extraordinario, núm. 1, Revista *Economía, Teoría y Práctica*, México, UAM

Ceceña, José Luis, Diversos artículos en el periódico *Excélsior*.

Garcia Kobeh, Alejandro (1986), "La Solvencia Externa de una Economía Endeudada", en *Economía: Teoría y Práctica*, Primavera 86, México, UAM

Garrido N., Celso (1986), "Ensayo sobre la teoría de la mercancía", en J. Castaingts (coord.), *Posiciones frente a la crisis*, Número extraordinario núm. 1 de *Economía, Teoría y Práctica*, México, UAM.

Goodhart, C. A. E. (1985), *Money information and uncertainty*, Hong Kong, Macmillan Education LTD.

Erbe, Susanne (1986), "L'evasion de capitaux dans les pays en devéloppemment", en *Problemes Economiques*, núm. 1961, 12 de febrero, Francia.

López Díaz, Pedro: Marx y la crisis del capitalismo, México Quinto Sol.

Olmedo, Raúl (1989) Economía de la ficción, México, Grijalbo.

Obregón, Carlos (1983), "Crisis Financiera en México", en Economía, Teoría y Práctica, núm. 2, México, UAM. 1983.

Paniagua R., Rafael (1985), "Prolegómenos para una teoría de los límites financieros del Estado: problema de la deuda y crisis financiera", México, Cuadernos Universitarios 30, UAM.

Ortiz C., Etelberto (1986), "Crisis estructural: un modelo para la economía mexicana" en J. Castaingts (coord.), Posiciones frente a la crisis, Número extraordinario núm.1, *Economía, Teoría y Práctica*, México, UAM.

Paniagua R., Rafael (1986), "Consideraciones retrospectivas sobre la crisis financiera y el problema de la deuda en México" en *Economía: Teoría y Práctica*, Otoño 86, México, UAM

Parguez, Alain, (1975), *Monnaie, et Macro-Economie*, Paris, Economica.

Quijano, José Manuel, (1981), *Estado y Banca Privada, Ensayos del CIDE*, México.

Quijano, José Manuel, (1983), La *banca: Pasado y Presente, Ensayos del CIDE*, México.

Ross A., Carlos (1983), "La política monetaria: vocación doméstica en un mundo internacional" en: Economía: Teoría y Práctica, núm. 1, México, UAM.

Salazar R., Javier,(1979), *Enfoques de sistemas en la educación. Teoría de gráficas*, México, Limusa.

Schmitt, Bernard, (1975), *Théorie unitaire de la monaie, nationale et internationale*, Suiza, Castella.

Schmitt, Bernard, (1986), "El pago de la deuda externa tiene como límite el excedente comercial" en *Teoría y Práctica*, Otoño 86, México, UAM.

Solis, Ricardo, (1986), "La teoría monetaria de k. Wicksell" en *Economía: Teoría y Práctica*, No.7, México, UAM

Tello, Carlos (1984), *La nacionalización de la banca en México*, México, Siglo XXI.

Sin autor "Capital flight fiasco" en "The Latin American Times", No. 73, Londres, Christopher Story MA, Inglaterra.

Sin autor (1986), "LDC capital flight" en World Financial Markets, Londres, Morgan Guaranty Trust Company.

Secretaría de Programacion y Presupuesto y Banco de México. Publicaciones varias.

EL TRATADO DE LIBRE COMERCIO: UN PASO MÁS EN LA INTEGRACIÓN ECONÓMICA CAPITALISTA DE NORTEAMÉRICA

Alejandro Valle Baeza[1]

I. Introducción

En este trabajo trataremos de mostrar que el Tratado de Libre Comercio de América del Norte (TLCAN) es un paso más en el proceso de integración económica que se viene dando en Norteamérica bajo el dominio estadounidense. Discutiremos que Estados Unidos de América está combatiendo la debilidad de su economía, entre otras formas, con una estrategia proteccionista, que impulsan en diversos frentes, tales como la Organización Mundial de Comercio (OMC) o el TLCAN. La estrategia estadounidense busca proteger los derechos de propiedad intelectual y darle las mayores facilidades

[1] Profesor de la División de Estudios de Posgrado, Facultad de Economía de la UNAM. Agradezco a Gloria Martínez G., la ayuda que me proporcionó. La responsabilidad del trabajo es mía como es usual.

al capital para desplazarse a donde le convenga, es decir que se les concedan mayores derechos a sus inversiones extranjeras directas. Veremos que estos aspectos y otros que interesan fundamentalmente al capitalismo estadounidense habían sido ya obtenidos, en gran medida, antes de la firma del TLCAN Analizaremos suscintamente lo que agrega el TLCAN a lo ya obtenido por Estados Unidos. Finalmente, plantearemos que los intereses de los capitales asentados en México se limitan a mejorar sus condiciones de acceso al mercado estadounidense. Pensamos que, a pesar de las asimetrías, hay detrás del TLCAN una coincidencia de intereses entre los capitalistas asentados en los tres países. No obstante esa coincidencia, en este trabajo ponemos el acento en el análisis de los intereses de Estados Unidos por ser la parte que han estado dirigiendo el proceso.

II. Debilitamiento de la hegemonía económica estadounidense

La Segunda Guerra Mundial reforzó la posición estadounidense y debilitó a sus adversarios. Tal como se aprecia en la gráfica 1, hacia 1948 Estados Unidos producía el 57% del producto manufacturero mundial, para 1979 esa cifra era de 21.7%; si bien ambas cifras no son del todo comparables expresan lo descomunal del poderío estadounidense de la Posguerra[2] y cuan rápidamente ese poderío se vio disminuido.

Otro buen ejemplo del poderío estadounidense nos lo ofrece la producción de automóviles. Hacia 1950 era evidente la hegemonía estadounidense en esa rama: aproximadamente

[2] Datos de: Ballance, R., y Sinclair, W. Collapse and Survival industry strategies in a changing world, George Allen (and) Unwin Londres, 1983, p. 16.

7 de cada 8 automóviles producidos en el mundo eran de ese país:

Cuadro 1
Producción de vehículos en países seleccionados y en total (miles de unidades)

Año	Estados Unidos	Europa occidental	Japón	Total
1950	6 950	1 110.4	1.6	8 167.8
1960	7 000.6	5 119.7	165.1	12 985.2
1970	7 490.6	10 378.6	3 178.7	22 795.5
1980	7 222.3	10 371.8	7 038.1	28 639.2
1982	5 860.3	10 269.7	6 886.9	26 605.4

Fuente: Altshuler, A. *et al.*, *The Future of the Automobile* (The Report of MIT's International Program), p. 19.

Esa situación cambió. No sólo ocurrió que al finalizar la Segunda Guerra Mundial los otros países capitalistas avanzados se recuperaron, sino que Estados Unidos se fueron debilitando. Ese hecho resulta muy claro al analizar sus balanzas comercial y de cuenta corriente, tal como se muestra en la Gráfica 2.[3]

A partir de los años setenta la economía estadounidense se volvió deficitaria. Durante los años ochenta el déficit comercial llegó a ser insostenible. Lo que equilibró las cuentas externas fueron las inversiones foráneas. Estados Unidos después de ser el inversionista más importante del mundo se

[3] Los datos de la gráfica 1 son de Ballance y Sinclair, op. cit. Los de las gráficas 2 y 3 son elaboración propia con datos del Department of Commerce, Economic Report of the President. 1997. Para las gráficas 4 y 5: Mortimore, M. (1992), "El nuevo orden industrial internacional", *Revista de la CEPAL*, núm. 48, diciembe, pp. 41-63.

convirtió en un deudor neto. Los ingresos netos por inversiones se volvieron negativos durante los años noventa, pero ya resultaba clara su tendencia declinante desde principios de los años ochenta. Eso se aprecia claramente en la Gráfica 3.

Puede verse cómo declinó severamente la posición comercial de Estados Unidos en ciertas ramas clave en las Gráficas 4 y 5. Estados Unidos perdieron posiciones en la exportaciones en ramas antes dominadas por ellos, como la fabricación de aeronaves comerciales y la de automóviles. Al mismo tiempo su mercado ha sido penetrado en renglones clave como el de máquinas herramienta. Estados Unidos ahora es importador de mercancías inventadas en ese país. En muchos casos el mercado doméstico estadounidense está dominado por los importadores, por ejemplo las videocaseteras o las cámaras fotográficas.

No obstante que se haya debilitado la economía estadounidense, sigue siendo la primera economía nacional y basándose en ello trató Estados Unidos de recuperarse con cierto éxito. Tal como veremos, la ofensiva estadounidense no se limitó a buscar revertir sus desventajas en el comercio mundial de mercancías, sino que buscó mejorar integralmente su posición competitiva.

El otro aspecto relevante del debilitamiento de la hegemonía estadounidense es el de la inversión. La inversión en planta y equipo refleja mejor que la inversión total lo que está haciendo el capital para expandirse. Durante el periodo 1976-1980 Estados Unidos invirtió 7-8 % de su PNB, en tanto que Japón invirtió una proporción cercana al doble. Para 1988 Japón había elevado esa proporción a más de 20% mientras que Estados Unidos apenas invirtió en planta y equipo 9% de su PNB.[4] También con respecto a sus competidores eu-

---

4 Congress of the United States, Office of Technology Assessment, *Making things better*, OTA - ITE -443, Washington, 1990, p. 7.

ropeos la economía estadounidense ha invertido ligeramente menos. La menor inversión resulta en un menor crecimiento de la productividad. Por ejemplo, en 1988, la planta automotriz estadounidense promedio requería 25.1 horas para ensamblar un automóvil y la planta japonesa promedio 16.8 horas.

Durante los años ochenta se estancaron la productividad promedio, y la tasa de acumulación, es decir la tasa de crecimiento del capital fijo en las economías capitalistas más grandes; un desempeño más pobre impulsó la mayor competencia. El síntoma más importante de que la lucha intercapitalista debe agudizarse es el comportamiento de la tasa de ganancia. Ella declinó claramente en los países capitalistas avanzados.[5] La ganancia es el verdadero móvil de la producción capitalista más allá de lo que se diga para consumo del público. Si la rentabilidad media desciende, muchas empresas se verán en serios problemas, la razón de ser de muchos capitales desaparece. Al aumentar los problemas cada capitalista trata de que sus vecinos paguen los costos, la competencia otras veces soterrada aparece en toda su crudeza.

El desempeño de las economías industrializadas apremia a todos los países industrializados a introducir cambios. Especialmente Estados Unidos tuvo que cambiar para afrontar la competencia externa que lo ha ido venciendo aun en su propio país.

En la mayoría de los países capitalistas avanzados los problemas fueron atacados con una serie similar de medidas:

a) Disminución de impuestos al capital.

[5] La tasa media de ganancia en la manufactura descendió en: Reino Unido, Suecia, Francia, Alemania Federal, Italia, Canadá, Japón y Estados Unidos en el periodo que va de 1951 a 1984-1986, véase, Weisskopf, T. E. (1992), "A comparative analysis of profitability trends in the advanced capitalist economies", en Moseley, F. y E. N. Wolff (eds.) (1992), *International perspectives on profitability and accumulation*, Brookfield, Edward Elgar Pub. Lim., Aldershot, pp. 13-41.

b) Disminución de salarios en dinero y sociales

c) Abatimiento del déficit gubernamental para liberar crédito a empresas y disminuir los impuestos a las mismas.

d) Facilidades para la movilidad del capital productivo.

Este último aspecto es el que se está atacando con los tratados comerciales. Veamos con un poco más de amplitud las necesidades de movilidad de los capitales que se discutían en el GATT y en los acuerdos bilaterales.

III. Algo más que libre comercio

Los acuerdos de libre comercio han significado la eliminación de barreras para el flujo de mercancías entre los países firmantes. Desde que se constituyó el GATT (Acuerdo General sobre Tarifas y Comercio) en la conferencia de Ginebra en 1947 se han reducido sustancialmente los impuestos al comercio exterior.

El GATT era simultáneamente una organización internacional y un acuerdo. Originalmente el GATT se constituyó como un paso previo a la formación de una organización internacional, de importancia semejante al Fondo Monetario Internacional, para promover y regular el comercio mundial: la *International Trade Organization* (ITO). El Congreso de Estados Unidos se opuso a suscribir los puntos de la Carta de La Habana que darían lugar a ITO y dada la preeminencia de Estados Unidos muchos países declinaron formar parte de la ITO; por ello el GATT, el organismo originalmente concebido como transitorio, operó por más de cuarenta años hasta que, finalmente, cedió su lugar a la Organización Mundial de Comercio en 1995 (OMC o WTO su sigla en inglés).

Los miembros del GATT convinieron en apegarse a los principios de no discriminación y reciprocidad. La cláusula de nación más favorecida (CNMF) resume estas ideas: Si dos países A y B acuerdan concederse ciertas ventajas mutuas y el día de mañana A acuerda con un tercer país C concesiones más ventajosas que las pactadas con B la cláusula garantiza que le sean aplicadas automáticamente a B. El GATT permite ciertas excepciones a la CNMF para los países subdesarrollados y para los que estén tratando de formar una unión aduanera. Uno de los primeros pasos del GATT fue la eliminación de las cuotas para regular las importaciones. En sucesivas negociaciones ("Rondas") entre 1947 y 1979 el GATT consiguió que los miembros redujeran los aranceles para productos específicos, para 1979 el arancel promedio para productos no primarios importados por los países industrializados (productos distintos a minerales, madera y similares) llegó a ser 4.7%. Durante mucho tiempo las negociaciones del GATT se hicieron producto por producto, no fue hasta la Ronda Kennedy que se negoció acerca de grupos de productos. La Ronda Tokio celebrada entre 1973 y 1979 fue la séptima reunión y discutió, por primera vez, sobre la reducción de barreras tarifarias y no tarifarias. La mayoría de los países que asistieron a esa Ronda acordaron disminuir entre 25 y 30 por ciento los impuestos a las importaciones industriales e instrumentar las reducciones entre 1980 y 1987. Las barreras no arancelarias, que se acordó abatir en la Ronda Tokio, se refirieron a las oportunidades para que los extranjeros compitieran por contratos gubernamentales, a las barreras técnicas tales como las especificaciones para los productos. Asimismo se acordó uniformar los métodos de evaluación aduanal de mercancías. La última Ronda se inició en Uruguay en 1986 y se previó que concluiría en 1990. Sin embargo, no fue hasta 1994 que concluyó esa Ronda y desembocó en la creación de la OMC en 1995. El mismo país que había resultado decisivo para que no se concretara la ITO, ahora encontraba conveniente la creación de un organismo poderoso para favorecer sus intereses. El GATT, la agencia internacional, no existe más; ha sido reemplazada por la Organización Mundial de Comercio. Los acuerdos GATT no han desaparecido, sino que se han ampliado, como veremos más adelante.

El GATT estuvo destinado a facilitar el comercio de mercancías. Pero las economías desarrolladas son ahora economías de servicios. Estados Unidos, por ejemplo, domina la venta de nuevos servicios, como las tarjetas de crédito o los servicios suministrados por Internet. De manera que en la Ronda Uruguay estos aspectos se incorporaron en las negociaciones. La protección de los derechos de propiedad intelectual se incorporaron también a los acuerdos del GATT. Los acuerdos del antiguo GATT fueron ampliados con el GATT, un nuevo Acuerdo General sobre Comercio de Servicios y con el TRIPS (las siglas de Agreement on Trade-Related Aspects of Intellectual Property Rights).[6] Con este último acuerdo los países desarrollados y especialmente Estados Unidos, protege sus derechos de propiedad en cuestiones tales como las grabaciones musicales, los programas de cómputo o las invenciones biotecnológicas. La antigua organización GATT fue sustituida por la OMC que se encarga de administrar los tres acuerdos anteriores y de resolver las disputas entre sus miembros.

En resumen, el viejo GATT de 1947 dio paso en 1994 a un nuevo acuerdo GATT el de 1994 y a otros dos acuerdos. La organización GATT desapareció y fue sustituida por la OMC.

Esta nueva situación legal de las relaciones económicas internacionales fue en gran medida dictada por las necesida-

[6] Esta información fue tomada del sitio web de la WTO: www.wto.org.

des del socio mas fuerte: Estados Unidos. Las prioridades de los Estados Unidos para la Ronda Uruguay eran:[7]

1. Extensiones del GATT para exigir a los miembros ciertos niveles mínimos de protección para la propiedad intelectual (patentes, derechos de autor y otros semejantes).
2. Extensiones al GATT para cubrir las inversiones.
3. Extensiones al GATT para cubrir servicios.
4. Un mecanismo más eficaz para la solución de controversias.
5. Un régimen legal más estricto para limitar subsidios y *dumpings*.
6. Límites más estrechos para las excepciones a los requerimientos de las concesiones del GATT a los países en desarrollo.
7. Fortalecimiento de la cobertura del GATT para productos agrícolas.

Estados Unidos buscaba que la Ronda Uruguay resultara en nuevos acuerdos del GATT que les permitan una posición más ventajosa para competir con sus adversarios. Estados Unidos es fuerte productor de programas de cómputo, de productos biotencológicos y otros productos de "alta tecnología" que pueden ser explotados más convenientemente si se protegen mejor los derechos de propiedad intelectual. En tanto lograban sus propósitos a nivel de todos los firmantes del GATT, Estados Unidos buscaba alcanzar sus metas con los tratados bilaterales. Por ejemplo Estados Unidos obtuvo algo de lo que buscan en la Ronda Uruguay, con Canadá desde el Tratado de Libre comercio firmado por los

[7] Congress of the United States Office of Technology Assessment, Competing economies: America, Europe and the Pacific Rim, OTA-ITE-498, Washington, D. C., US Government Printing Office, octubre de 1991, pp. 128-129.

dos países y que entró en vigor en 1989. Sirva de ilustración de este punto que Canadá construyó una industria farmacéutica nacional para servir a su sistema de salud pública, por cierto mucho más avanzado que el estadounidense. Desde 1969, los gobiernos canadienses (federal y estatales) estimularon el desarrollo de una industria farmacéutica genérica mediante una legislación proteccionista, programas especiales y exenciones fiscales para producir medicinas baratas. Desde mediados de los años ochenta, durante las pláticas para establecer un acuerdo de libre comercio con Estados Unidos, el gobierno canadiense se enfrentó a la alternativa de continuar protegiendo su industria farmacéutica o a ceder a la presión estadounidense para alterar su legislación sobre patentes.[8] Los canadienses desmantelaron su sistema de concesiones obligatorias, que abatían los costos de producción en su país y las compañías transnacionales se comprometieron a gastar más en investigación. Entre 1987 y 1991 el precio de las medicinas se incrementó al 11% anual, muy por encima del índice de precios al consumidor. Los resultados de mayores gastos de investigación no se aprecian en Canadá. En cambio, las compañías transnacionales controlan más el mercado canadiense que antes de los cambios en la legislación, supuestamente introducidos para favorecer el libre comercio.

Como en el punto anterior Estados Unidos impulsó en la Ronda Uruguay una serie de medidas que antes que favorecer a todas las naciones, tratan de mejorar la situación competitiva de ese país, o mejor dicho de muchas de las principales compañías de origen estadounidense. La protección a las inversiones extranjeras no es algo que favorece a los capitalis-

[8] Esta información está tomada de Rotstein, A., "Intellectual Property and the Canada-US. Free trade agreements: The case of pharmaceuticals", ponencia presentada en la Conferencia Internacional sobre el Tratado de Libre Comercio, México, 17 al 19 de marzo de 1993.

tas asentados en Haití o en México en el mismo grado que a los asentados en Estados Unidos o en Japón. Tocaremos este punto y otros más adelante para ampliar la idea de que las necesidades de los capitales en Estados Unidos está bastante alejadas de satisfacerse sólo con la promoción del libre comercio. Incluso antes de la firma del TLCAN Estados Unidos había conseguido ya muchas de las ventajas buscadas. A continuación presentamos una cronología que nos permite apreciar que los Estados Unidos ha obtenido, por lo menos con México, lo que estaba contemplado en sus prioridades.

Pudo verse que la reglamentación más favorable a la inversión extranjera y la cuestión de los derechos de propiedad intelectual fueron incorporadas a la legislación mexicana en 1989 y 1991 respectivamente.

Cuadro 2

Fecha	Acontecimiento
1982 ago.	México declara el cese de pagos de la deuda externa, la economía mexicana se estancará hasta 1988. Los acuerdos con el FMI imponen una mayor apertura de la economía mexicana.
1986 ago.	Ingreso al GATT como parte de un plan para liberalizar la economía mexicana (comercio e inversiones) exigido por los acreedores.
1987 nov.	México y EUA establecen el "Marco de entendimiento", un mecanismo de consulta para mejorar las relaciones económicas: incremento del comercio de bienes y de servicios.
1987 dic.	Se instrumenta el "acto de solidaridad económica" entre el Gobierno, los empresarios y las centrales oficiales para combatir la inflación que ese año llegó a 160%.
1989 feb.	La Secretaría de Industria y Comercio es encargada de la desregulación de la economía y la reprivatización de empresas gubernamentales claves.
1989 may.	Se modifica el reglamento de inversiones extranjeras eliminando restricciones.
1989 jul.	México es el primer país en lograr un acuerdo acerca de la deuda externa bajo el "Plan Brady", reducción del principal o de los intereses.
1990 jun.	Los presidentes G. Bush y C. Salinas apoyan un tratado de libre comercio.
1991 jun.	La legislación mexicana incorpora mejoras para la protección de los derechos de propiedad intelectual.
1992 ene.	Se modifica el artículo 27 de la Constitución mexicana permitiendo la compraventa de tierras ejidales.
1992 dic.	Los presidentes de los tres países norteamericanos firman el TLCAN.
1993 dic.	Entra en vigor la nueva Ley de inversiones extranjeras.
1994 ene.	Inicia la operación del TLCAN.

La cronología anterior permite evidenciar que el TLCAN es mucho más que un tratado de libre comercio y que las necesidades estadounidenses aparecen satisfechas.

IV. Los problemas de la economía mexicana y la apertura comercial

La economía de México presentó una estabilidad mayor que la de Estados Unidos y Canadá durante varias décadas. Aunque durante los ochenta la gravedad de los problemas ha hecho olvidar ese pasado. Los síntomas de agotamiento del crecimiento estable se presentaron en tiempos distintos; por ejemplo, en la agricultura los problemas fueron evidentes desde mediados de los sesenta y en la industria automotriz diez años más tarde. Las dificultades se generalizaron en 1976 y en 1982 y México fue obligado a seguir una política de estabilización por el Fondo Monetario Internacional. La crisis de la economía mexicana de 1982 ha sido la más fuerte del período de Posguerra.[9] El control del déficit gubernamental, la contención salarial y la apertura externa han sido piezas clave de la estrategia neoliberal para recuperar la senda de la expansión capitalista. En el pasado la economía mexicana se desarrolló sustituyendo importaciones. Es decir los capitales asentados en México empezaban a producir algo que antes se importaba y para ello era imprescindible limitar las importaciones. La restricción a las importaciones se hacía principalmente mediante los permisos previos. Según José Córdoba, uno de los principales autores de la estrategia neo-

[9] El 13 de agosto de 1982, México declara la moratoria en el pago de la deuda externa. El acontecimiento hizo tambalear al sistema financiero mundial, pues en toda la posguerra ningún país con una deuda como la mexicana (86 811 millones de dólares) había suspendido sus pagos de deuda.

liberal mexicana, "sólo el 1% de las importaciones se encontraba sujeto a restricciones cuantitativas en 1947; esta proporción creció a 50% en 1966, 68 en 1970 y 100% en 1975. esto implicó ineficiencias en el proceso de asignación de recursos y, en gran medida, explica la falta de competitividad de la exportación manufacturas aún hoy día."[10]

Los organismos financieros internacionales, los gobernantes mexicanos y la burguesía asentada en México acordaron abrir la economía mexicana a la competencia externa. Ha sido un proceso complejo, con avances y retrocesos, y que se intentó desde hace algún tiempo. La ley para desarrollar la industria maquiladora mexicana fue promulgada en 1965,[11] pero no fue hasta principios de los años ochenta que dicha industria se expandió de manera notable. Las propuestas para liberalizar el comercio exterior mexicano fueron hechas desde principios de los años setenta por Bela Balassa, el economista que más ha influido en la revolución liberal en el Tercer Mundo, y otros.[12] Recuérdese que la primera propuesta de ingresar al GATT data del período de López Portillo. La imposibilidad de que el capitalismo mexicano se siguiera expandiendo y los factores internacionales se conjuntaron para impulsar las políticas neoliberales en este país en los ochenta. "El gobierno de México inicia a partir de 1983 una nueva política de comercio exterior. Se transita rápidamente de una política proteccionista de importaciones, a una política de liberalización comercial, que persigue el incremento y la diversificación de exportaciones y una mayor competitividad

---

10 José Córdoba (1986), "El programa mexicano de reordenación económica 1983-1984", en SELA, *El FMI, el Banco Mundial y la crisis latinoamericana*, México, Siglo XXI, p. 319.

11 Véase, Raney, D. (1993), "NAFTA and the new transnational agenda", *Review of Radical Political Economy*, vol. 25, (4), diciembre, pp. 1-13.

12 Véase el capítulo VI de Guillén Romo, H. (1990), *El sexenio de crecimiento cero: México, 1982-1988*, México, ERA.

de la planta productiva."[13] México ingresó al GATT en 1986, lo que elimina las prácticas proteccionistas del pasado y las sustituye sólo por aranceles. "México fue más allá de lo estipulado por el GATT en su apertura comercial; el GATT exige que los impuestos a la importación no sobrepasen el 50% —del valor del producto—, en México ningún artículo tiene actualmente un arancel mayor al 20%; el GATT exige que la tasa promedio de impuestos a la importación no rebase el 30%, en México, esa tasa es actualmente de sólo un 9.78%.[14] "Los últimos dos gobiernos mexicanos han impulsado entusiastamente una política de apertura comercial y se han enfrentado al proteccionismo estadounidense. Estados Unidos ha restringido el comercio mexicano de cemento, de acero y de otros productos. El GATT restringe los subsidios a las exportaciones y el "*dumping*", la venta de productos en un mercado externo por debajo del "valor justo". Estados Unidos ha sido el país más activo del mundo en los últimos años aplicando impuestos compensatorios en tales casos. Entre enero de 1987 y junio de 1990 Estados Unidos se enfrascaron en 48 casos de subsidios y 137 casos de dumping. Las víctimas de las acusaciones estadounidenses fueron principalmente países latinoamericanos y de la Cuenca del Pacífico. En el caso de dumping la legislación estadounidense exige "la prueba del daño" y tratándose de subsidios sólo se requiere prueba cuando el país involucrado haya firmado el Código de Subsidios del GATT u otro acuerdo equivalente. Estados Unidos tienen el poder para obligar a sus socios comerciales a acceder a sus peticiones.[15]

---

[13] Caballero Urdiales, E. (coord. (1991). *El Tratado de Libre Comercio: informe para la Comisión de Comercio de la Cámara de Diputados, Facultad de Economía,* México, UNAM , p. 18.

[14] *Ibid.*, p. 19

[15] También se previene en el GATT una vía de escape cuando debido a "acontecimientos imprevistos" las importaciones afecten seriamente el desarrollo.

Ésta es una de las principales razones de los capitalistas asentados en México para establecer acuerdos con Estados Unidos. Como todo reglamento el GATT no elimina las disputas sino que las restringe, de todos modos quedan muchas posibilidades de conflictos que se resuelven según la fuerza de los contendientes. La búsqueda de acuerdos adicionales a los del GATT buscará limitar más las posibilidades de conflicto tomando en cuenta la especificidad de los firmantes.

El TLCAN considera la eliminación de aranceles entre los tres países, un resumen de cómo se pactó esto se muestra en el cuadro 3.

a) Importaciones que se desgravarán con el TLCAN entre México y Estados Unidos

Cuadro 3

Categoría	Importaciones estadounidenses desde México	Importaciones mexicanas desde Estados Unidos
A la firma	53.8%	31.0%
5 años después	8.5%	17.4%
10 años después	23.1%	31.8%
15 años después	0.7%	1.4%
Permanecen sin arancel	13.9%	17.9%
Otros		0.5%

Fuente: United States International Trade Comission, *Potential impacts on the U.S. economy and selected industries of the North American Free-Trade Agreement*, USITC, Pub., núm. 2956, 1993.

Pero como ya vimos antes, el TLCAN es más que liberalización del comercio norteamericano; es un marco que contempla las necesidades del capitalismo desarrollado representado por Estados Unidos. Veamos con un poco más de detalle algunos aspectos del TLCAN que evidencian esto.

1. Derechos de propiedad intelectual

En mayo de 1989 Estados Unidos puso a México junto con otros siete países en una lista de observación que lo hacían acreedor a sanciones comerciales por no proteger adecuadamente, según Estados Unidos, los derechos de propiedad intelectual. México se ganó su derecho a salir de esa "lista negra" porque en 1990 promulgó la Ley sobre el uso de y explotación de patentes y marcas que satisfizo a los estadounidenses. En 1991 se promulgó una nueva ley de promoción y protección industrial que, entre otras cosas: alargó el período de vida de las patentes de 14 a 20 años; volvió patentables los productos químicos, los farmacéuticos, algunos productos biotecnológicos y muchos otros productos desprotegidos por la ley previa. La ley de derechos de autor de 1963 fue modificada y ahora protege la autoría de programas de cómputo y las grabaciones sonoras.

Con el TLCAN los derechos de propiedad intelectual quedan protegidos superando a cualquier otro acuerdo comercial.[16] Se establece con el TLCAN una norma internacional acerca del registro de marcas y de derechos de autor. Se ponen límites muy estrictos al otorgamiento obligatorio de licencias para explotar patentes. En general el TLCAN incorpora y acentúa los cambios que ya han introducido Canadá y México en sus respectivas legislaciones; Estados Unidos no tiene exigencias del TLCANpara introducir cambios en sus leyes sobre propiedad intelectual. Pasemos a ver el otro aspecto importantísimo del TLCAN

---

[16] United States International Trade Comission, Potential impact on the US economy and selected of the North American Free Trade Agreement, publicación 2596, enero de 1993.

2. Inversión

La movilidad del capital productivo es una de las exigencias de Estados Unidos en el proceso de integración que nos lleva al TLCAN México modificó su posición frente a las inversiones extranjeras (la ley vigente hasta 1993 databa de 1973) para equiparar su legislación con las de sus dos vecinos mucho más liberales en la materia. Los cambios se introdujeron al nivel de los reglamentos en mayo de 1989 y amplió considerablemente las posibilidades de inversión foránea. Desde antes del cambio legal la interpretación más laxa de los reglamentos vigentes propició una entrada de inversión extranjera, principalmente estadounidense, sin precedentes, tal como se aprecia en el cuadro anterior. No obstante que ya se habían introducido cambios reglamentarios y se había favorecido la entrada de inversión foránea, Estados Unidos consideraba insuficientes los cambios, pues un reglamento es más fácilmente modificable que una ley. La negociadora estadounidense Carla Hills dijo sin ambages que México debía modificar su ley de inversiones extranjeras.[17] En el TLCAN, México convino en darle tratamiento de nacional a las inversiones de Canadá y Estados Unidos, en eliminar los requisitos de desempeño, tales como exigencias de exportación o de creación de empleos, y en permitir la remisión de utilidades en divisas sin restricciones. Las mayores facilidades a la inversión extranjera obligaron a cambios en la Ley sobre inversiones extranjeras, los que fueron instrumentados por la administración salinista en diciembre de 1993.[18]

[17] Testimonio de junio 14 de 1990 ante el Subcomité de medios y procedimientos de la Cámara de representantes, citado en United States International Trade Comission, *The likely impact on the United States of a Free Trade Agreement with Mexico*, USITC publication 2253, núm. 36, Washington, DC, 1990.

[18] El 28 de diciembre de 1993 apareció en el Diario Oficial de la Federación el edicto anunciando que entraba en vigor, al día siguiente, la nueva ley de inversión extranjera tal como lo demandaba Estados Unidos.

El TLCAN parece ser un buen medio para que las inversiones estadounidenses estén protegidas en México. Como en otros casos, el TLCAN es la culminación de un proceso que ya se había iniciado. La entrada de inversiones extranjeras a México se dio concediéndoles a los estadounidenses lo que pidieron y constituye uno de los pasos más firmes para que se integre México a la economía de Estados Unidos. Veamos un último ejemplo de cómo están contempladas las necesidades estadounidenses en el tratado comercial.

3. Comercio agrícola

Vimos que entre las prioridades estadounidenses para la Ronda Uruguay está extender el GATT a los productos agrícolas. Ese ha sido uno de los puntos que dilataron más dichos acuerdos. La razón del retraso es simple, Estados Unidos tiene enormes ventajas en la producción agrícola y desean penetrar el mercado europeo. Para ello requieren que la ex Comunidad Económica Europea modifique su política de subsidios. Por muchos años Estados Unidos ha seguido una política de precios y subsidios para restringir la oferta ya que no desean que la producción excesiva deprima los precios de sus productos de exportación. Los europeos han tenido una política de estímulo a la oferta para autoabastecerse. Con el tiempo la CEE tuvo excedentes en muchos renglones agropecuarios y se creó la posibilidad de modificar sus políticas. En la Ronda Uruguay se dirimió la modificación de la política de precios y subsidios y tanto Estados Unidos como la CEE trataron de sacar las mayores ventajas.

En cambio, una agricultura mucho más atrasada, como la mexicana, no temió la competencia con la agricultura más poderosa de la Tierra. En 1992 se modificó el Artículo 27 constitucional para permitir la compraventa de tierras ejidales, la formación de sociedades para poseer y explotar tierras agrícolas y toda una serie de medidas que pretenden impulsar un acelerado desarrollo capitalista en el campo mexicano. Se esperaba incluso una nueva modificación del Artículo 27 para permitirle a extranjeros la propiedad agrícola.[19]

El TLCAN desgrava el comercio de todos los productos agrícolas entre los tres países. El maíz y el frijol se incorporarán a dicha política en un plazo de 15 años. Los efectos de la competencia estadounidense y canadiense para la agricultura mexicana son difícilmente previsibles cuantitativamente pero con seguridad serán muy intensos.

V. Comentario final

El siguiente cuadro muestra algunas de las previsiones que se hicieron sobre los impactos del TLCAN sobre los tres países.

Cuadro 4

Efectos probables de largo plazo del TLCAN

(cambios porcentuales)

Concepto	México	Estados Unidos	Canadá
Salarios	0.7	0.1	0.04
medios	16.2	0.3	0.5
Empleo total	0.1	0.03	0.6
	6.6	0.08	
PNB real	0.1	0.02	0.1
	11.4	0.50	0.4
Ingreso nacional	0.1	0.07	0.03
real	5.0	0.3	0.7

Fuente: USITC, publicación núm. 2596, *ed. cit.*

19 "Leyes del Tratado de Libre Comercio", *El Financiero*, marzo 13 de 1993.

Es evidente de los pronósticos la gran incertidumbre, si bien todos son positivos, que había sobre los efectos del TLCAN dentro de los círculos oficiales. Los incrementos estimados en el empleo de largo plazo son de menos de 1% para Estados Unidos y para Canadá, pero de hasta 7% para México. Los aumentos esperados en los salarios medios reales eran de 0.3% o menos para Estados Unidos, 0.5% o menos para Canadá y de entre 0.7 y 16.2% para México.[20]

Koechlin y Larudee estimaban una pérdida neta de empleos mexicanos de entre 120 mil y 1 millón 600 mil entre la instrumentación del TLCAN y el año 2000.[21] Koechlin y Larudee utilizan en el análisis de algunas variables información de lo ocurrido con España e Irlanda al integrarse a la Comunidad Económica Europea. México debe tratar de entender los efectos de la integración de países menos desarrollados con un bloque económicamente más avanzado si se ve que el desempleo español (16.1% en 1991) y el irlandés (17.0% en el primer trimestre de 1992)[22] eran y todavía son con mucho los más elevados de la CEE. Contrariamente a lo que decía la propaganda que nos hablaba de puras bondades de la integración económica, los casos de España e Irlanda hacen ver lo contradictorio de los procesos de integración económica.

Si dentro de los círculos oficiales había una gran incertidumbre sobre los efectos del TLCAN y si fuera de ellos se preveían efectos negativos. ¿Por qué se decidió instrumentar ese acuerdo?

---

[20] United States International Trade Comission, *Potential impact on the US economy and selected industries of the North American Free-Trade Agreement*, USITC publication 2596, Washington, enero de 1993, p. viii.

[21] Koechlin, T. y M. Larudee, "The high cost of NAFTA", *Challenge*, septiembre-octubre de 1992, p. 21.

[22] Datos tomados de OCDE, *Main Economic Indicators*, mayo de 1992, París.

Creemos haber dado elementos suficientes para sostener lo siguiente:

a) El proceso de integración se dio de acuerdo con las prioridades del capitalismo estadounidense: facilidades a sus inversiones foráneas, protección de derechos de propiedad intelectual, etcétera.

b) Algunas de las necesidades del capitalismo estadounidense fueron satisfechas, parcialmente durante el proceso, previo al TLCAN, de apertura de la economía mexicana.

c) El proceso de integración económica en que están involucrados los tres países norteamericanos es mucho más amplio que el asunto del libre comercio: tiene que ver con el fortalecimiento de frentes donde Estados Unidos considera tener ventajas sobre sus competidores.

d) Las concesiones que ya había logrado Estados Unidos en su trato con México limitaban el interés estadounidense acerca del Tratado. Por el contrario, el interés de los capitalistas asentados en México aumentó con el proceso. Sus ambiciones parecen ser sólo de conseguir mejores condiciones dentro de un proceso en el cual asumen un papel subordinado.

e) Hubo gran incertidumbre acerca de los efectos del tratado, lo que plantea que se trató de un experimento conducido por los poderosos.

Es obvio que para México las consecuencias del TLCAN son enormes: su comercio se ha expandido mucho, la inversión extranjera ha fluido en grandes cantidades. Ello está relacionado con la intensidad de la crisis de 1994-1995 y con la brevedad de la misma. Parece que esa crisis se precipitó cuando fueron inmanejables los déficit comerciales mexicanos. Por varios años dichos déficit pudieron cubrirse con inversiones directas y de cartera. Ello no eliminó la necesidad de devaluar para tratar de equilibrar la balanza comercial. Así se precipitó la peor crisis de la Posguerra, la que sin embargo fue breve porque el mercado externo palió la contracción del mercado doméstico.

Parece, entonces, que desde el punto de vista de México, el TLCAN agudizó la crisis de 1994-1995 y al mismo tiempo facilitó una recuperación pronta de ella. Queda mucho por analizar sobre este tratado. Un traje hecho para tres países pero con las medidas del más grande de ellos: Estados Unidos.

Gráfica 1
Participación de los EUA en la producción manufacturera mundial 1948 y 1978

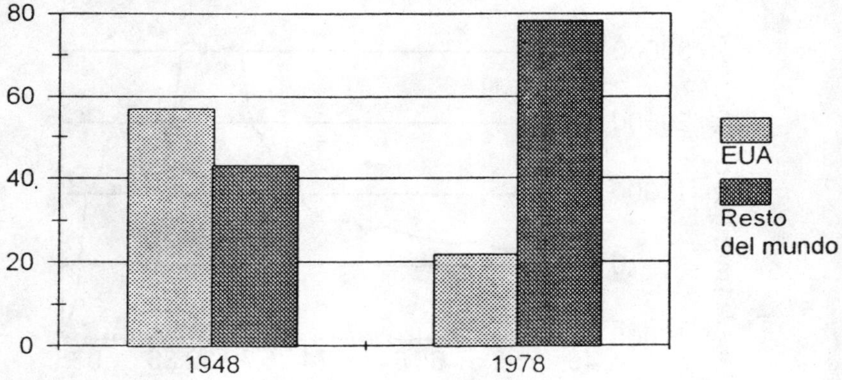

Gráfica 2
EUA balanzas comercial y de cuenta corriente 1949-1995

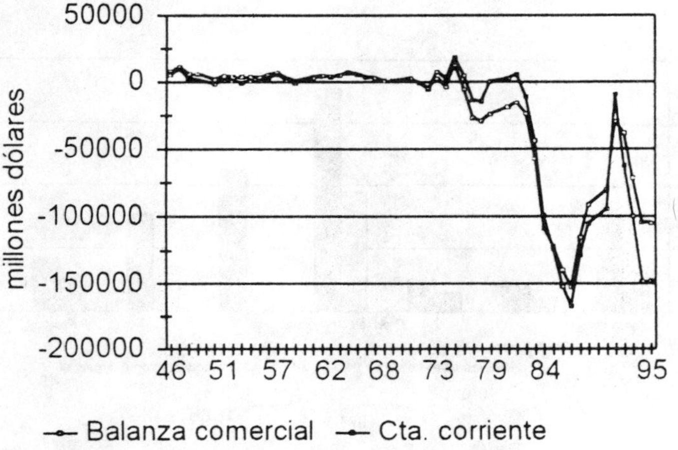

Gráfica 3
EUA Ingresos netos inversiones 1947-1995

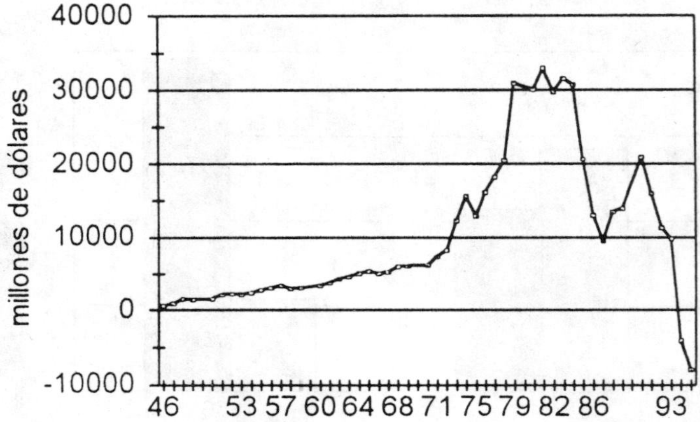

Gráfica 4
Estados Unidos importación de productos (porcentaje del mercado de EUA) 1972-1986

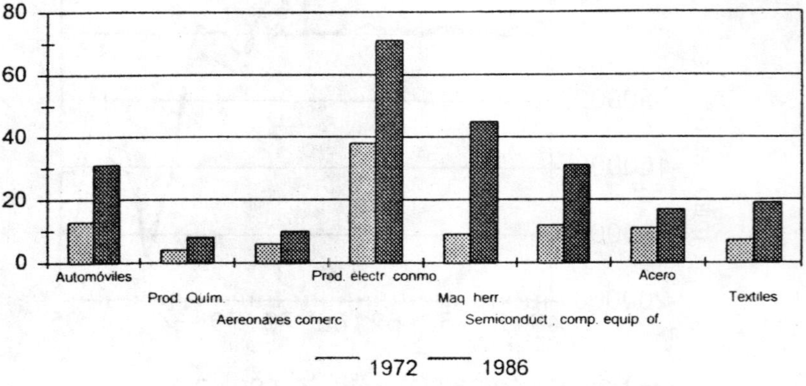

Gráfica 5
Estados Unidos exportación de productos
(porcentaje del mercado de OCDE cada producto)

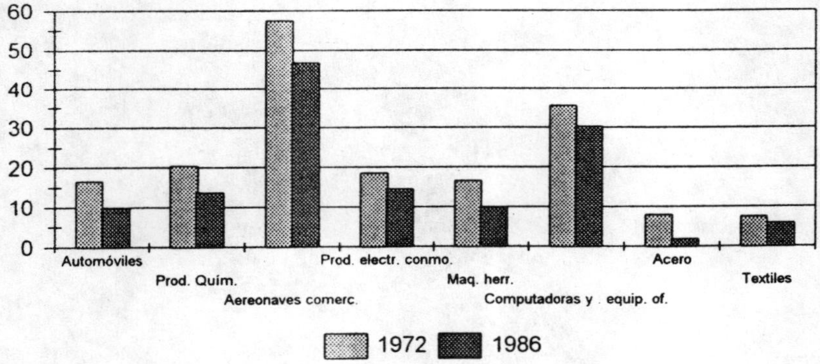

LA CRISIS DE ASIA Y LA POLÍTICA CAMBIARIA EN MÉXICO

Francisco Carrada-Bravo

Introducción

No hay una fecha precisa para determinar cuándo se inicia la crisis de Asia, que después se tranformó en una recesión intercontinental. Pudo haber sido en julio de 1997, cuando Tailandia devaluó, o quizá en octubre 1997, cuando se dio el ataque de especulación contra el dólar de Hong Kong. Independientemente de cualquier consideración al respecto, el impacto de estas dos devaluaciones se extendió posteriormente a Indonesia, Corea del Sur, Malasia, Japón,Taiwán, Rusia, Venezuela, y Brasil.

Propósito

Este artículo tiene tres objetivos fundamentales: *1)* describir los antecedentes de la crisis de Asia, *2)* presentar un marco de referencia teórico que permita analizar las posibles causas y consecuencias de esta crisis, y *3)* indicar qué se puede aprender en México, por lo que a política cambiaria se refiere, del desequilibrio financiero de Asia.

Tabla 1
Cambio porcentual en la paridad de las monedas de asia, julio-marzo, 1998

País	Moneda	Variación %
Indonesia	Rupia	-72.6
Tailandia	Baht	-44.2
Korea	Won	-42.6
Filipinas	Peso	-33.6
Malasia	Ringgit	-30.5
Taiwan	Dólar	-12.7
Singapur	Dólar	-11.5
Japón	Yen	-8.5
Hong Kong	Dólar	-0.1

Fuente: Bank of América, *US Economy, Economic and Business Outlook*, septiembre 18, 1998.

Los Antecedentes

Muchos economistas asiáticos han sugerido que el desajuste financiero de este continente es un fenómeno de nuevo cuño. Sin embargo, estudios elaborados por el Fondo Monetario Internacional (Fisher, 1998), la Reserva Federal de los Estados Unidos (Chang and Velasco, 1998), y el Banco de América (Garrety, O'Conel, and Sidhu, 1998), revelan que hay una gran similitud entre las crisis de Asia y América Latina, especialmente con la de México en 1995, por lo que se refiere al origen del desequilibrio y sus consecuencias. Un aspecto novedoso de esta crisis, sin embargo, lo constituye el hecho de que los desajustes económicos, siguieron el mismo patrón de comportamiento en cada país, a pesar de diferencias notables en el grado de desarrollo económico y el perfil socio-económico de las diferentes entidades afectadas. Esto es, la crisis siguió el mismo patrón, por ejemplo, en Japón que en Indonesia.

Las crisis de Asia y México en perspectiva

Hasta antes de 1994, las crisis económicas se habían dado mayoritariamente en América Latina. Éstas se caracterizaron por lo abrupto de la devaluacion de las monedas locales y el desplome de la demanda interna. Esta dicotomía se atribuyó a la carencia de ahorro interno para apoyar la inversion, a la imprudencia fiscal de los gobiernos latinoamericanos, y al financiamiento del déficit gubernamental con la emisión de circulante.[1] Esta combinación de políticas se describe en la Figura 1, donde se presenta, en el punto 1, la situación inicial de equilibrio entre el ingreso real (Y1) y la tasa de intercambio (/$1) para un país imaginario.

Dada la carencia de ahorro interno requerida para sostener la relación entre el ingreso y la tasa de intercambio descrita en el punto 1, la inversión disminuye. Esta disminución de la inversión produce un deslizamiento de la función DD, de DD1 hacia DD2. A su vez, el excesivo gasto público financiado con la emisión de circulante induce un deslizamiento de la de la función AA, de AA1 a AA2.[2] El resultado final de esta combinación de factores es un nuevo punto de equilibrio 2, que refleja una disminución del ingreso real de Y1 a Y2 y una devaluación de la moneda local (¥) con respecto al dólar. Como ya se ha indicado anteriormente, esta caracterización teórica de las crisis en Latinoamérica fue ampliamente justificada por una abundante evidencia empírica. Esta congruencia entre teoría y evidencia empírica generó el

---

[1] Para mayor detalle sobre este punto, consultar P. Krugman, "A model of balance of payments crises", *Journal of Money, Credit, and Banking*, 1979, pp. 311-325.

[2] La función AA describe la reacción del sector financiero a variaciones en la oferta monetaria mientras que la función DD representa la respuesta del sector real a los cambios en en las políticas fiscal y cambiaria.

paradigma de política económica que en Mexico se ha denominado popularmente como Modelo Neoliberal.

Figura 1
Las consecuencias sobre el ingreso real (Y) y la paridad (¥/A$) de una disminución en la inversión y un aumento en el circulante

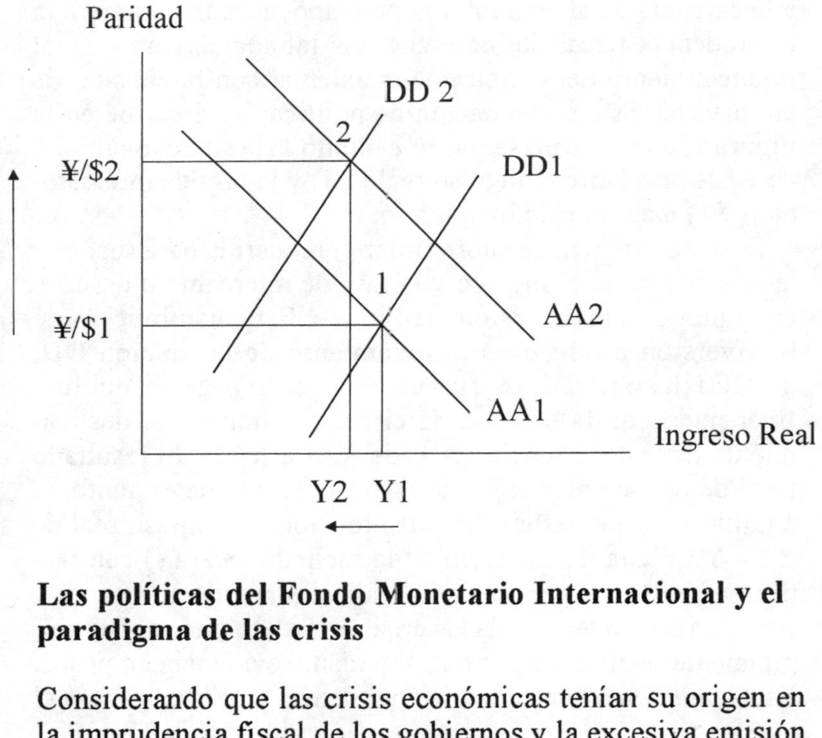

Las políticas del Fondo Monetario Internacional y el paradigma de las crisis

Considerando que las crisis económicas tenían su origen en la imprudencia fiscal de los gobiernos y la excesiva emisión de circulante, las medidas lógicas para erradicar estos desajustes era revertir estas tendencias. El más ardiente defensor de estos principios fue el Fondo Monetario Internacional, quien se convirtió en el adalid de este paradigma. Desde el punto de vista del Fondo, la recuperación económica debería tener como base la implementación de políticas dirigidas a recuperar la confianza de los inversionistas en la de las monedas en crisis. Para tal motivo recomendaba aumentos en la tasa de interés o disminución del circulante y una revisión del gasto gubernamental para ejecutar los cortes presupuestales requeridos para generar un ahorro interno sano.

En el contexto de las políticas del FMI, el aumento temporal en las tasas de interés estaba dirigido a hacer más atractiva la readquisición y retención de las monedas bajo presión cambiaria. Los cortes presupuestales tenían el propósito de eliminar los déficit gubernamentales e inducir el ahorro interno requerido, a través de la relocalización de los recursos financieros del gobierno, para sufragar el déficit en cuenta corriente. Los efectos de estas políticas sobre el ingreso real y la paridad se describen en la Figura 2.

Figura 2
Las consecuencias sobre el ingreso real (Y) y la paridad (¥/A$) de una reducción en el circulante y un recorte presupuestal

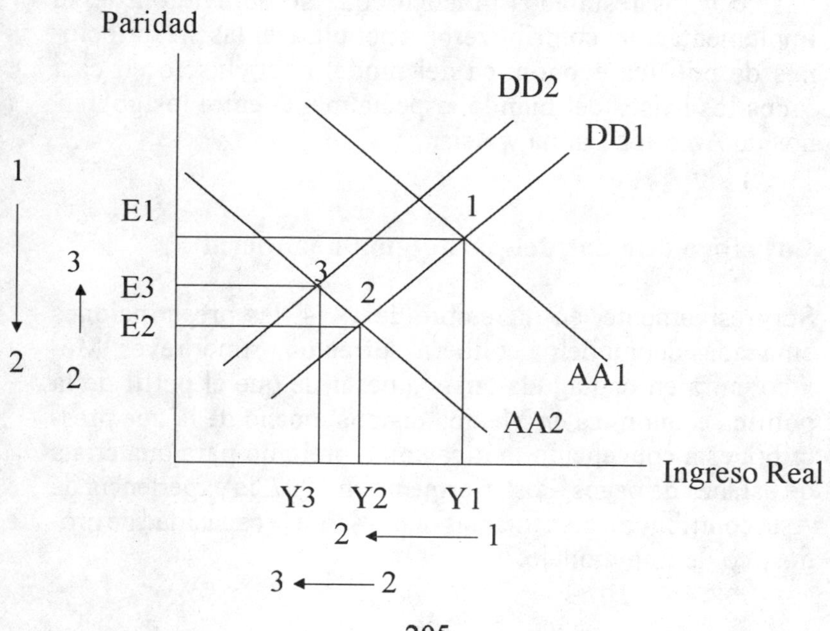

La política de disminución del circulante se refleja por el deslizamiento de la función AA, de AA1 hacia AA2. Esta política inicialmente aprecia la moneda local en los mercados de divisas de E1 a E2. Asimismo, produce una disminución del ingreso de Y1 a Y2. La implementación de los recortes presupuestales, se explica por el deslizamiento de la función DD, de DD1 hacia DD2. Esta política de equilibrio del gasto público induce una ligera depreciación de la moneda local de E2 a E3. Asimismo profundiza la recesión, ya que el ingreso disminiuye aún más al desplazarse de Y2 a Y3. Esta combinación de elementos de política económica se conoce popularmente como la "medicina amarga" del FMI. Obviamente, los resultados teóricos y prácticos de su implementación justifican la caracterización de este enfoque como una medicina incruenta.

El apoyo del Fondo Monetario Internacional al paradigma anteriormente descrito, así como la coherencia racional del mismo y los resultados prácticos que se obtuvieron de su implementación, contribuyeron a popularizar las prescripciones de política económica del modelo neocláscio en casi todos los países del mundo, especialmente entre los gobiernos de América Latina y Asia.

Los cinco dilemas del paradigma neoliberal

Sorpresivamente, en diciembre de 1994, las prescripciones emanadas del modelo neoliberal sufren un primer revés. México entra en una aguda crisis a pesar de que el perfil de la política económica en México distaba mucho de la que prescribía esta concepción teórica como preludio para una crisis de balanza de pagos. Posteriormente en 1997, la experiencia de Asia contribuye a aumentar las dudas sobre la capacidad de pronóstico de este modelo.

Tabla 2
La actividad económica en cuatro países de Asia en Términos porcentuales del PNB, 1990 1996

	Indonesia	Corea	Malasia	Tailandia	Promedio
Crecimiento de PNB					
1990-1996	7.30	7.70	8.80	8.50	8.08
1996	8.00	7.10	8.60	5.50	7.30
Inflación					
1990-1996	8.60	6.40	4.00	5.10	6.03
1996	6.40	4.90	3.60	5.90	5.20
Presupuesto					
1990 1996	-0.20	-0.50	-0.40	2.60	0.38
1996	0.00	0.20	-0.50	1.50	0.30
Ahorro					
1990 1996	28.40	35.40	34.60	28.60	31.75
1996	30.60	33.90	40.60	31.50	34.15
Inversión					
1990 1996	33.40	36.50	37.00	40.30	36.80
1996	32.70	36.80	42.20	42.50	38.55

Fuente: *International Financial Statistics*, Fondo Monetario Internacional, y J. P. Morgan.

El análisis casual de la información presentada en la Tabla 2 revela que en cuatro de los países más golpeados por la crisis que afectó Asia, no existieron las condiciones que tradicionalmente habían antecedido a las crisis financieras en América Latina. Por ejemplo, los montos de ahorro e inversión observados en estos cuatro países son substantiacialmente superiores a los que había exhibido Latinoamérica en particular y la mayoría de los países emergentes en general. Asimismo, el déficit gubernamental en Asia era muy pequeño, o no existía. Concomitantemente, el crecimiento del circulante era moderado. Esta última aseveración la confirman los modestos niveles de inflación observados en Indonesia, Corea, Tailandia, e Indonesia, que eran muy similares a los que prevalecían en la mayoría de los países de la OECD. Por si todo lo anteriormente descrito no fuera suficiente para cuestionar la validez práctica del paradigma de las crisis, la tasa de crecimiento en los cuatro países incorporados en la Tabla 2, fue muy superior a la observada entre los países de la OECD, y del mundo en general, durante la década de los noventa.

Para agregar aún más fuego a la caldera de la duda, la situación económica de los países anteriormente descritos, se juzgó como envidiable por sus niveles de excelencia en términos del paradigma neoliberal. De hecho la base de datos presentada en las Tablas 2 y 3 confirma que hasta 1996 Indonesia, que fue el país más afectado por la crisis, no tenía déficit fiscal, poseía un excelente récord en cuenta corriente y disfrutaba de un programa envidiable de exportaciones.

Tabla 3
Resultado en cuenta corriente, proporción del PNB, 1990 1996

Periodo	Indonesia	Corea	Malasia	Filipinas	Tailandia
1990	-2.8	-0.9	-1.9	-6.1	-8.5
1991	-3.7	-3	-8.5	-2.3	-7.7
1992	-2.2	-1.5	-3.4	-1.9	-5.9
1993	-1.2	0.1	-4.2	-5.5	-5.3
1994	-1.4	-1.2	-5.7	-4.8	-8.1
1995	-3.2	-2	-7.7	-2.6	-7.6
1996	-3.3	-4.8	-6.5	-3.5	-7.5

El nuevo reto

Los desajustes cambiarios de México y Asia no fueron el producto de déficit recurrentes en cuenta corriente, sino el resutado de la apertura económica y las incipientes reformas bancarias introducidas por estos países que dieron pábulo a la falta de liquidez internacional. Ésta, eventualmente motivó la especulación en México, Indonesia, Corea, Tailandia, y

Malasia, que se vio reflejada en enormes pérdidas por parte de la banca comercial de estos países.

En México, por ejemplo, el costo del rescate bancario ascendió a 67 000 millones de dólares, o a 17.5% del producto nacional bruto. Este resultado, como claramente lo indica la información estadística presentada en la Tabla 4, no fue un evento aleatorio, sino un fenómeno que se repitió en forma recurrente en México y Asia.

Tabla 4
Los pasivos incobrables de la banca comercial en México y Asia

País	Costo del Rescate Dólares millones	Costo del Rescate % del PNB
México	67 000	18
Indonesia	28 000	48
Malasia	14 000	22
Corea	97 000	33
Tailandia	55 000	48
Japón	1 121 000	30

Source: Handley, P., and Orr, D., "Reconstructive Surgery", *Institutional Investor*, august 1998, p. 21.

Para obtener el apoyo financiero requerido para el rescate de las economías en crisis, así como sus respectivas bancas comerciales, los países de Asia recurrieron a solicitar el apoyo financiero del Fondo. Éste les requirió, además de la implementación de las políticas neoliberales económicas anteriormente descritas, la introducción de cambios estructurales.

Las demandas del Fondo crearon fricciones entre esta institución y los países de Asia. En este continente se acusó al Fondo de aplicar en forma indiscriminada medidas de austeridad, independientemente de los síntomas; de ignorar el contexto cultural del continente, especialmente el de Japón, donde la generosidad y la caballerosidad son una parte esencial de la política económica; de violar la soberanía nacional al exigir excesivas reformas estructurales; y de inducir a los gobiernos a incurrir en actos de inequidad fiscal que tendían a fomentar el riesgo moral (*moral hazard*) y la irresponsabilidad administrativa en el manejo de las instituciones de crédito.

Los cuestionamientos de Asia, en contraste con lo que había ocurrido anteriormente, encontraron eco en foros importantes, tales como el Congreso de los Estados Unidos y la Academia norteamericana, quienes han sugerido cambios estructurales en la organización administrativa del Fondo, dirigidos a mejorar la transparencia en el manejo financiero de las crisis, así como una restructuración al modelo de política económica.

¿Qué se ha aprendido de estas crisis?

De la comparación entre teoría y práctica se puede hacer una primera reflexión: el equilibrio fiscal y la moderación en la administración de la política monetaria son una condición necesaria, pero no suficiente, para evitar una crisis de balanza de pagos. De ahí que convenga investigar la causa real de estas crisis. Para lograr este objetivo, conviene cerrar el desfasamiento que existe entre teoría y realidad.

Para cerrar el vacío teórico creado por los últimos desajustes financieros, se ha creado una nueva generación de modelos basados en la existencia de múltiples situaciones de equilibrio, donde las expectativas de los agentes económicos pueden variar la posición de equilibrio. Esta nueva categorización introduce la posibilidad de que las crisis sean el resultado del autocumplimiento de las expectativas de los agentes (*self-fulling crises*). Si los agentes consideran viable un desajuste cambiario, entonces, lo lógico es que adopten medidas precautorias para protegerse de una eventual devaluación. Esta acciones de autoprotección ejecutada en forma masiva ultimadamente, conducen al desajuste cambiario, y por ende a la crisis (*herding behavior*).

Una segunda linea de desarrollo teórico enfatiza la posibilidad de un contagio económico. Una primera variante de este enfoque, relaciona la situación cambiaria de un país con la situación de su socio comercial (Gerlach y Smets, 1995). Si el socio devalúa su moneda, esta situación pone en riesgo la moneda del socio más estable y lo convierte en el blanco de un posible ataque de especulación, independientemente de sus fundamentos económicos.

Una segunda variante de esta línea de pensamiento se relaciona con el principio de equilibrios múltiples. La crisis cambiaria de un socio comercial aumenta la probabilidad de una crisis en alguna otra parte del orbe. De ahí pues, que la crisis inicial apunta al hecho de que otra devaluación es posible como resultado de la primera. Este señalamiento, puede a su vez , conducir a un ataque especulativo basado en la autosatisfacción de las expectativas, previamente mencionada.

Crisis y política económica en México

A la luz de la evidencia presentada, resulta claro que de momento no existen criterios confiables que permitan predecir el comportamiento del peso basados en los resultados macroeconómicos del país. Los índices que se aceptaron como norma durante las dos últimas décadas, ni fueron útiles para pronosticar las crisis de Asia y México ni tienen ahora el suficiente valor teórico para explicarlas. De ahí pues que la implementación de políticas de austeridad no son garantía de estabilidad cambiaria. Todo ello sugiere la conveniencia de una revisión profunda de las prácticas y criterios usados para diseñar la política cambiaria en México.

En este renglón se debe dar prioridad a la búsqueda de análisis del papel que juegan en la economía moderna, la monopolización en la toma de decisiones financieras, la desregulación del sistema financiero, la apertura económica. Dentro de estos tres aspectos, conviene examinar críticamente las políticas de apoyo a la banca comercial. Asimismo, conviene revisar las políticas de liberalización de las tasas de interés, la disminución en la reserva legal, y el aumento en los niveles de competencia interbancaria, puesto que el comportamiento de estas tres variables incide en la determinación de la liquidez del sistema, y por ende, en la estabilidad del peso en los mercados de divisas.

Bibliografía

Chang, R., y A. Velasco (1998), "The asian liquidity crisis", Federal Reserve Bank of Atlanta, Working Paper Series, *Working Paper*, 98, 11, julio.

——— y A. Velasco (1998), "Financial crises in emerging markets: A canonical model", Federal Reserve Bank of Atlanta, Working Paper Series, *Working Paper*, 98, 10, julio.

Esquivel G. y F. Larrain (1998), "Explaining currency crises", mimeografiado, Harvard Institute for International Development (HID), junio.

Financial Times, "Bailing Out Japan's Banks", septiembre, 18.

Fisher, S. (1998), "The asian crisis, the IMF, and the japanese economy", International Monetary Fund, Tokyo, abril 8, 1998, www.Imf.org/external/up/speeches/1998/040898.htm.

Garretty, J, B., O'Conel y N. Sidhu (1998), "1988 economic and business outlook", Bank of América, mimeografiado, septiembre, 18.

Gerlach, S. y F. Smets (1995), "Contagious speculative attacks", *European Journal of Political Economy*, vol. 11, pp. 45 63.

Krugman, P. (1979), "A model of balance of payments crises", *Journal of Money, Credit, and Banking*, pp. 311-325.

——— (1998), "What happened in Asia?", mimeografiado, MIT.

Rubin, R, Treasury Secretary Robert E. Rubin, Testimony before the House Banking Committee on the global economy, http://www.ustreas.bov/press/releases/pr2683.htm.

Salant, S., y D. Henderson (1997), "Market anticipation of Government Policy and the price of gold", *Journal of Political Economy*, vol. 86, pp. 627-648.

Warn, K. (1998), "Buenos Aires confident of fending off currency shocks", *The Financial Times*, septiembre 24.

Valenzuela, A. (1998), "Perspectives on the mexican economy", mimeografiado, Banco de México, julio 23.

Von Furstenberg, G. (1998), "From worldwide capital mobility to interntional financial integration: A review essay", *Open Economies Review*, vol 9, pp. 53-84.

LOS CAMINOS DE LA "OCUPACIÓN PACÍFICA"

Jorge Basave Kunhardt

Presentación

En 1970 se editó por primera ocasión un libro cuyo título era una anticipación del "tono" general de la obra y de la importancia de la misma: *México en la órbita imperial*, de José Luis Ceceña. En él se analizaba la presencia del capital transnacional en nuestro país desde 1821 hasta 1969, así como su peso específico en la economía mexicana.

Este trabajo de investigación era la continuación natural de otra obra de Ceceña publicada siete años antes por la editorial Cuadernos Americanos, menos extensa pero igualmente importante, sobre la concentración de capital en México, bajo el título de *El capital monopolista y la economía mexicana*.

Ambos trabajos abrieron espacio para que, durante los años setenta, se despertara en México el interés por la temática de los grupos de capital financiero y su expansión hacia los países latinoamericanos, especialmente hacia el nuestro. En 1972, Ceceña publicaría otra obra relevante acerca de la dinámica expansiva transnacional de los monopolios norteamericanos bajo el título de *El imperio del dólar*.

Otro antecedente de una obra amplia y al detalle sobre las inversiones del capital extranjero en México, en este caso relativa al porfiriato, lo encontramos en el tomo II del volumen VII de la *Historia Moderna de México* de Daniel Cosío Villegas, publicado en 1965. En conjunto, los trabajos mencionados, constituyen la investigación pionera sobre un tema de importancia cardinal en nuestro país, que ha sido de referencia obligada para todos los investigadores que después procuramos seguir sus pasos.

En el mundo entero, los temas relativos al capital financiero y a los grupos transnacionales han estado desde fines del siglo pasado en el centro del análisis económico como un eje explicativo de la dinámica de expansión del capital industrial, ocupando el lugar preponderante que anteriormente tenía el análisis sobre las vías comerciales y crediticias de penetración extrafronteras del capital, sin que por esto se hubiera minimizado la inversión extranjera directa (IED) de los monopolios mineros, ferrocarrileros y bancarios, entre otros.

Los trabajos de Ceceña a los que nos hemos referido tienen a la vez carácter histórico, económico y político, develando las estrategias emprendidas entre los monopolios norteamericanos y su gobierno para conquistar mercados más allá de sus fronteras y para consolidar la hegemonía de la economía más poderosa del mundo.

En su expansión hacia México, como proceso de "ocupación pacífica", en palabras del autor, destacan las diferentes formas de presión política y diplomática que el gobierno norteamericano ejerció desde los inicios de la época independiente del país hasta finales de los años sesenta para facilitar la penetración del capital de sus empresas.

Igualmente se analizan los entrelazamientos de propiedad que se llevaron a cabo con el capital privado nacional, también monopólico.

Sin embargo, como el autor advertía: "La política de dominación de las grandes potencias no es un hecho circunstancial o caprichoso, que se derive de los malos designios de algún gobernante o de algún empresario, sino que corresponde a la dinámica del desarrollo del capitalismo" (Ceceña 1970: 241). Esta aseveración de la más pura raigambre marxista establece su distanciamiento con las posiciones subjetivistas y nos sitúa en el rigor científico-social del análisis de las leyes del desarrollo del capital.

Asimismo, la investigación sobre las diversas formas de expansión de las transnacionales no permanecía atrapada en sí misma como finalidad autosuficiente, sino que se relacionaba permanentemente con el impacto sobre la economía y las sociedades de los países a los que se dirigía.

A este método de investigación debemos igualmente añadir, destacándolo, otra de las características de la obra de Ceceña, que consiste en su permanente compromiso social y político con los pueblos mexicano y latinoamericanos, estableciendo también distancias con cualquier supuesta neutralidad del análisis científico social.

En México, siguiendo la línea de investigación de esta obra, desde los años setenta se generó una buena cantidad de trabajos. Recientemente, con la globalización y la apertura de las economías por todo el mundo a las diversas formas de inversión del capital foráneo, se ha puesto un interés aún más marcado en el tema.

En este breve trabajo describiremos algunas de las tendencias actuales de expansión del capital transnacional y de las nuevas características que asume, intentando mantener un hilo conductor de carácter histórico con la obra de Ceceña relativa al caso mexicano.

1. Capital extranjero y reorientación de la economía mexicana

Cuando revisamos la presencia del capital extranjero en México a finales de los años sesenta, acudiendo a los datos del autor de *México en la órbita imperial*, encontramos resultados contundentes: Considerando el capital total de 15 ramas consideradas, entre las más dinámicas de la economía nacional, la participación del capital foráneo representaba el 55%.

> Solamente escapan al control extranjero las actividades dominadas por el gobierno (electricidad, ferrocarriles, siderurgia, petróleo y gas) y algunas en las que el sector privado mexicano tiene relevancia (bancos, financieras, seguros, acero) así como la agricultura, que se encuentra bajo el control de grandes empresarios agrícolas y ejidatarios (Ceceña, 1970: 197-198).

Además de la inversión directa, otra forma de inversión extranjera sobre la que Ceceña llamó la atención advirtiendo sus riesgos, era la financiera (indirecta) que hasta nuestros días continúa gravitando críticamente sobre la economía nacional. Después de analizar los desequilibrios estructurales que originan el endeudamiento en "los países que se encuentran en una situación de dependencia respecto a las grandes naciones capitalistas", establecía que si bien las inversiones extranjeras directas alcanzaban en 1969 un total de 2 700 millones de dólares, la deuda exterior lo hacía en 2 832 millones. De tal forma, los pagos por concepto de deuda externa y los envíos de utilidades al exterior representaban en un solo año la cantidad de 1 000 millones de dólares. Esto, con un déficit de más de 600 millones de dólares en las transacciones de cuenta corriente, derivaba en que "la situación de la Balanza de Pagos puede considerarse angustiosa. Es el resultado del mantenimiento del *statu quo*, del desarrollo capitalista subordinado" (Ceceña 1970: 238).

Como sabemos, trece años después, en 1982, la crisis de deuda externa se convirtió en el principal detonador de los desequilibrios en la mayoría de los países en desarrollo, entre ellos de México.

En el notoriamente insuficiente ahorro interno mexicano, combinado con la plétora de capital en los países desarrollados que buscaban ganancias financieras ante la tendencia a la disminución de la tasa de ganancia industrial de fines de los años 60, se encuentran las causas del sobrendeudamiento externo que haría crisis en 1982.

Precisamente un año antes de aquél para el cual Ceceña nos proporciona las cifras totales de la deuda externa mexicana, es decir durante 1968, el mercado internacional de eurodivisas inició un crecimiento impresionante: se triplicó en tan sólo tres años para después disminuir su ritmo de crecimiento pero de cualquier forma incrementarse de manera considerable, tomando en consideración la recesión mundial de los años setenta: de 1974 a 1977 creció en 76.7% y entre 1977 y 1979 en 93.5% (De Grauwe 1975: 5).

Dado que México fue uno de los países en desarrollo a los que se dirigieron preferentemente los flujos de inversión indirecta contratados con la banca internacional, mayoritariamente norteamericana, para 1982 dicha deuda había sobrepasado los 86 000 millones de dólares que representaban cerca del 30% del PIB (Green 1988: 101).

La situación efectivamente continuó siendo "angustiosa" pues el pago de utilidades más intereses al exterior entre 1973 y 1981 fue de 17 400 millones de dólares (Pérez y Meraz 1998: 51), es decir el doble en promedio al año de la cifra de cuyos riesgos inminentes advertía Ceceña.

Si bien las abundantes entradas de capital al país superaban a las salidas, con lo que el renglón de transferencias netas de recursos nacionales resultaba positivo, en el momento en que, hacia finales de 1981 cesaron de fluir, la crisis financiera estalló de inmediato.

Como bien sabemos, los grupos empresariales privados tuvieron que ser rescatados de su insolvencia de pagos (la deuda externa privada era aproximadamente una cuarta parte del total) por el gobierno, la inversión productiva se redujo a su mínima expresión y sobrevino para México, América Latina y el conjunto de los países en desarrollo lo que se conoce como la "década perdida".

Con objeto de remontar la crisis y el agotamiento del modelo protegido, sustitutivo de importaciones en el que México se había sustentado por más de 40 años, a finales de los años ochenta el Estado mexicano hizo explícitos los dos pilares fundamentales en los que sustentaría su política económica para el crecimiento: los flujos de inversión extranjera (que prácticamente se habían interrumpido durante esa década) y la producción exportadora de los grandes grupos económicos privados nacionales.

Sin embargo, resulta paradójico el hecho de que, si bien es cierto que el gran capital estaba en condiciones de proyectarse a los mercados internacionales y que la inversión extranjera directa en cuanto complemento al ahorro interno crea fuentes de empleo, se convierte en una correa transmisora de nuevas tecnologías y contribuye al crecimiento económico, en el nuevo "modelo" de crecimiento impulsado por el Estado mexicano no aparecía una política decidida de fomento a los sectores empresariales pequeños y medianos que representaba, y lo sigue haciendo, la mayor deficiencia estructural de la economía y, en este sentido, un evidente "cuello de botella" para el crecimiento pretendido.

Igualmente, tampoco se establecían directrices de política económica que fomentaran el encadenamiento productivo de estos sectores con los grandes grupos empresariales para que se propiciara una reorientación exportadora integral y no selectiva y concentrada, como permanece hasta el día de hoy. La experiencia de los países del sudeste asiático con una fuerte participación inductiva de sus gobiernos estaba a la mano y se desechó, dejando por el contrario, la suerte de estos sectores a las fuerzas del mercado como lo recetaban el FMI y el Banco Mundial.

Adicionalmente tampoco se diferenció entre la desregulación a la inversión extranjera directa y la inversión financiera especulativa de corto plazo, cuya salida masiva en 1994-1995 devastó a la economía nacional.

El nuevo modelo económico se había perfilado desde mediados de los años ochenta, cuando dieron inicio los procesos de privatizaciones para adelgazar al Estado, de desregulación y de fomento a las exportaciones para reorientar la producción de los grupos económicos de mayor dinamismo en el país. Todo ello en preparación de la apertura económica.

Las transformaciones internas respondían también a los cambios en la economía mundial en cuanto a las nuevas formas de competencia empresarial y al papel predominante que adquirían los flujos de capitales. Dentro de éstos, sobresalían las inversiones financieras que se movilizan a gran velocidad durante las 24 horas del día sustentadas en la revolución de la informática y las telecomunicaciones.

Los principales agentes de estos cambios son precisamente las compañías transnacionales, con el apoyo estratégico de sus respectivos gobiernos, el FMI y el Banco Mundial.

Si bien durante los años ochenta el grueso de los flujos de IED se mantuvieron entre los países desarrollados, en la presente década las economías emergentes recibieron de forma creciente una mayor proporción, pasando de representar el 14.9% de la IED total en 1990 al 37.8% en 1996 (CEPAL, 1998: 22). Aunque la mayor parte se ha dirigido hacia los países del sudeste asiático también lo han hecho hacia Latinoamérica.

Y dentro de la región, México sobresale hasta la fecha con una participación del 20% y tasas de crecimiento anual promedio de la IED acumulada del 9.6% entre 1990 y 1996 (CEPAL, 1998: 31).

En México, por ejemplo, durante los años ochenta, las transnacionales automotrices ya habían desplegado un intenso proceso de inversión directa, que constituyó un giro en sus estrategias de expansión. Cuando realizaron sus primeras inversiones, de las cuales dan cuenta los trabajos de Ceceña, aprovechaban el carácter protegido de la economía nacional para colocar su producción en el mercado interno.

En cambio, durante los años ochenta se transformaron en plataformas de exportación para surtir los mercados globales. De tal forma, entre 1981 y 1987 se instalaron 9 nuevas plantas de motores y ensamble automotrices de Ford (Estados Unidos), Chrysler (Estados Unidos), General Motors (Estados Unidos), Nissan (Japón), Volkswagen (Alemania) y Renault (Francia: su primer planta en México) y la producción anual promedio del sector pasó de 456 005 unidades en los años ochenta a 1 053 836 unidades entre 1990 y 1996 (Camacho, 1997).

A las automotrices siguieron las inversiones directas de transnacionales como la IBM, Xerox, Hewlett Packard, Sony y otras de similar envergadura que representan a las industrias de punta del nuevo ciclo expansivo del capital.

Con el nuevo modelo se han alcanzado algunas de las metas previstas. Efectivamente, por ejemplo, se ha logrado un boom exportador mexicano, pero éste se ha dado fundamentalmente en base a la producción del capital extranjero. Para 1996 en la estructura exportadora del país las plataformas de exportación extranjeras (de diversas ramas manufactureras) representan aproximadamente el 26.0%, que sumado al 38.5% representado por el sector maquilador con mayoría de empresas de capital también extranjero, tenemos que el conjunto exportador de México depende, conservadoramente, en más de un 55.0% de la inversión foránea (Basave, 1998a).

Debe reconocerse que los grandes grupos empresariales de capital nacional han incrementado sus exportaciones de manera importante a partir de 1993, llegando a representar en 1996 un 12.9% de la estructura exportadora nacional. Pero se trata de un sector muy concentrado, no mayor de 40 grupos, de los cuales sólo 12 tienen más de la mitad del total (Basave, 1998a), observándose un crecimiento muy lento para el resto de los sectores empresariales exportadores del país. Esta situación no es muy diferente en el resto de los países de Latinoamérica.

Ahora bien, los cambios en la economía mundial y el desarrollo del capital privado oligopólico en México durante las últimas dos décadas ha generado, por una parte, la consolidación de la presencia del capital extranjero en determinados sectores de la economía mexicana y, por la otra, desplazamientos hacia el control en otros sectores por parte de los grupos nacionales privados de mayor dinamismo. Veremos algunos ejemplos en el siguiente apartado.

Algunos cambios en la estructura de la inversion extranjera en México y sus tendencias recientes

El Tratado de Libre Comercio de América del Norte (TLC) fue el primer paso hacia la consolidación del bloque regional en América en competencia con los bloques europeo y asiático dentro de esta nueva división del comercio y las inversiones mundiales. Aunque, como sabemos, las empresas transnacionales, principales actores en el proceso de globalización, se ubican en todas las regiones del mundo incluyendo alianzas estratégicas entre compañías que hace unos cuantos años eran competidores acérrimos en todos sus productos y en todos los mercados.

México, que geográfica e históricamente se encuentra dentro de la órbita de los Estados Unidos, con una balanza comercial en más del 90% ligada a ese país y con importantes inversiones directas norteamericanas en nuestro territorio, parece destinado a una cada vez mayor integración económica dentro de este bloque. Esta relación, como sabemos, se ha venido estrechando desde hace varios años, aun antes del proceso de apertura.

La colindancia, por ejemplo ha propiciado que la presencia norteamericana en el sector maquilador instalado en el país sea mayoritaria.

Para efectuar un repaso sucinto de las tendencias recientes de la IED en el país deberemos diferenciar entre los sectores de gran empresa y el resto. La apertura económica y la tendencia mundial a la conformación de extensas redes empresariales son el entorno general del que partimos (ONU, 1996 y 1997).

La situación particular de la economía mexicana al momento de la apertura provenía de un modelo protegido con un patrón sustitutivo de importaciones inacabado e ineficiente. Por este motivo los sectores empresariales medianos y pequeños, especialmente en algunas ramas manufactureras como la del juguete, el zapato y la confección, sufrieron inmediatamente la competencia comercial externa que en algunos casos les llevó a la desaparición.

Por su parte, el atraso tecnológico y organizativo y la supresión de las limitaciones a la IED impide de manera inmediata la competencia en varias ramas adonde en los últimos cinco años aproximadamente han fluido inversiones de empresas medianas de Estados Unidos y países del sudeste asiático.

Aunque sólo contamos con información dispersa al respecto, es posible detectar, por ejemplo, montos de inversión extranjera considerable hacia la rama de electrónicos en el estado de Jalisco. Otro tanto sucede con la rama textil, a partir del desplazamiento de empresas de Asia, debido a la crisis imperante en esa región del mundo.

Otro caso relevante relativo a la formación de cadenas productivas, lo tenemos en la red de proveedores de la empresa automotriz Nissan en Aguascalientes. Debido al sistema de seguimiento de las empresas proveedoras a las grandes transnacionales japonesas, Aguascalientes es uno de los estados del país que ha recibido mayor IED, localizada alrededor de la planta ensambladora automotriz (Camacho 1997).

Es precisamente con respecto a estos sectores empresariales en donde la política económica mexicana ha sido más deficiente, ya que ante la carencia de un plan industrial integral que debió haberse previsto ante la apertura, las capacidades nacionales para competir con las inversiones externas son críticamente insuficientes.

En cuanto al sector de gran empresa (grupos de capital financiero), la situación es variada, debido a las capacidades financieras y competitivas desarrolladas por los grupos empresariales mexicanos desde los años ochenta y por la modalidad de alianzas estratégicas que sigue el capital transnacional para ubicarse en nuevos mercados (Pozas 1997).

Daremos algunos ejemplos al respecto, retomando casos representativos en base a los sectores y ramas manufactureras que analizó Ceceña para los años sesenta: banca, minería, automotriz, cemento y tabaco. Los datos que se citarán, previos a los años setenta provienen de *México en la órbita imperial*.

Banca

Un sector con notables cambios en cuanto a su propiedad a lo largo de la historia moderna de México ha sido el bancario. Siempre ha sido considerado por el capital extranjero como un destino de inversión altamente redituable

En el porfiriato, el 76.5% del capital de los principales bancos era extranjero, predominando el capital francés, seguido por el norteamericano y el inglés. Después de la Revolución y con el cambio en la legislación del sistema financiero nacional, solamente se permitió permanecer en México al First National City Bank. La banca se mantuvo desde entonces en manos nacionales, privadas hasta 1982, públicas hasta 1991, para retornar paulatinamente al sector privado nacional a partir de ese año.

Pero por más que en las negociaciones sobre el TLC el sector bancario fue el más protegido a la inversión externa, la crítica descapitalización y el atraso en su conducción, a los que debe agregarse la corrupción en varios casos, condujeron al gobierno a girar hacia una apertura gradual al capital extranjero desde 1995.

De tal forma, el capital extranjero, principalmente español y canadiense, tienen una posición importante en el sector. Y todo parece indicar que con el tiempo, a excepción tal vez de los dos mayores bancos, Banamex y Bancomer, el resto será penetrado hasta su control por la banca transnacional, a menos que surjan algunas fusiones importantes entre algunos bancos medianos.

Por lo pronto, para finales de 1998 la posición accionaria del capital extranjero en el sector es la siguiente:

a) Asociaciones: el Bank of Montreal (Canadá) con 16% en Bancomer, el Shangai Bank of Hong Kong (Hong Kong) con 20% en Serfín, El Banco Central Portugués (Portugal) con 20% en Bital, 35 diferentes Fondos de Inversión extranjeros con 24% en Banorte.

b) Control por medio de compras: Banco Bilbao-Viscaya (España) controlando el 70% de BBV-Probursa, resultante de la fusión de Multibanco Mercantil, Cremi y

Banorte; Bank of Nova Scotia (Canadá) controlando el 55% de Multibanco Comermex (Inverlat); y Banco de Santander (España) controlando el 51% del Banco Santander-Mexicano que anteriormente era el Grupo Invermexico (Morera, 1998: 17).

Automotriz

Un caso de plena consolidación de la IED está en la rama automotriz.

Es notable, por ejemplo, ver la importancia que ya adquiría a finales de los años sesenta y su pleno control actualmente, es decir 30 años después. Para entender este proceso debemos enmarcarlo en las transformaciones recientes de la economía mundial.

En 1968 ya estaban operando en México las cinco empresas transnacionales automotrices norteamericanas, japonesa y alemana que mencionamos anteriormente, pero competían en el monto de su inversión con la inversión nacional.

Las dos empresas con mayor capital invertido eran Fabricas Automex y Ford. Esta última 100% propiedad de Ford Motor Co., Estados Unidos, pero en Automex capitales mexicanos controlaban el 60% del capital. Diesel Nacional, Fábrica Nacional de Automóviles y Vehículos Automotores Mexicanos (VAM) eran las que seguían en orden de importancia por capital invertido, pero sólo en VAM había una participación relevante (no mayoritaria) de capital extranjero (American Motors).

General Motors era la sexta en importancia con 100% de capital extranjero y VW y Nissan ocupaban respectivamente el séptimo y el onceavo lugar.

El gobierno Federal, con una política de participación directa en ramas estratégicas para el crecimiento económico nacional mantenía inversiones importantes en el ramo, lo mismo en Diesel Nacional que en VAM a través de la Sociedad Mexicana de Crédito Industrial (Somex).

Actualmente toda la producción terminal automotriz se encuentra en manos extranjeras y, como ya mencionamos anteriormente, su peso en la balanza comercial del país es determinante.

Minería

Éste es un caso en el que ocurrió algo muy distinto: La inversión extranjera en el ramo, de enorme importancia en el siglo pasado y a inicios del presente, tuvo una declinación considerable desde la posguerra para pasar al control de grupos privados nacionales durante los años setenta.

Efectivamente, Ceceña se refiere a los primeros estudios que señalan las inversiones originales inglesas en minería hacia 1924 y 1925. En Londres se organizaron 7 compañías para explotar minas de metales preciosos en México. A inicios de la Revolución Mexicana, en 1910, el 98.2% de la propiedad minera se encontraba en manos extranjeras y ahí ya figuraban preponderantemente 16 empresas norteamericanas. En la preguerra tres empresas de esta nacionalidad controlaban la actividad: La American Smelting Co., American Metal Co. y la Anaconda Cooper. En cambio, para los años sesenta, las inversiones extranjeras en minería, según nos indica el autor, tuvieron una baja considerable cayendo hasta el 16% de la actividad.

Pero, durante los años setenta, la combinación de dos factores propiciaron un proceso de mexicanización del sector minero. Por una parte, las inversiones norteamericanas en el ramo, se reorientaron hacia la región de Oceanía en búsqueda de mejores condiciones de inversión y de mayores tasas de ganancia. Por la otra, los mayores grupos bancarios del país, operando como grupos de capital financiero en el sentido más ortodoxo del término, tendieron a adquirir el control de varias industrias, entre ellas el sector minero en su totalidad. De tal forma, de 4 compañías extranjeras presentes en 1974, para 1979 lo hacían solamente dos teniendo como principal socio al gobierno.

Fue así como los mayores bancos privados nacionales sustituyeron al capital extranjero en el control de la minería en México: Bancomer en Frisco (actualmente propiedad del grupo Inbursa de Carlos Slim), y Banamex en Industrias Luismín (que años después pasaría al control de la familia Madero Bracho). Para los años noventa, Peñoles quedaría bajo el control de la familia Bailleres (que controlaba a Banca Cremi antes de su expropiación) y Minera México del grupo Larrea y Alemán (Basave 1996: 176).

Cemento

Un caso más de mexicanización es el de la industria del cemento, que durante los años treinta estaba controlada por los intereses británicos de la British Cement Manufacturers y producían en Cementos Tolteca y Cementos Mixcoac el 90% del total del país. Para mediados de los años sesenta el capital británico en el ramo ya competía con el capital norteamericano, que controlaba cuatro compañías cementeras y con el capital suizo, que controlaba Cementos Apasco, la cuarta más grande del país. Pero para esas fechas las tres mayores cementeras en México eran de capital nacional: Anáhuac, Cruz Azul y Cementos Mexicanos. Esta última se ha convertido actualmente no sólo en el monopolio del ramo más grande del país, propiedad de la familia Zambrano, sino en una de las tres más grandes del mundo.

Tabaco

Uno más en este mismo sentido es el de la industria tabacalera, que en los años sesenta estaba controlada en un 100% por los intereses norteamericanos: La Moderna, por Brown & Williamson; Cigarros El Águila, por British American Tobacco; Tabacalera Mexicana, por Ligget Myers Tobacco y Cigarrera Nacional, por Philips Morris, por mencionar a las cuatro mayores.

En los años setenta sobrevendría un proceso de centralización de capital en el sector y para los años noventa los dos monopolios resultantes, La Moderna y Tabacalera eran controlados por empresarios mexicanos: Alfonso Romo y Carlos Slim respectivamente.

Sin embargo, recientemente, en 1997, Romo vendería su participación mayoritaria a los socios extranjeros conservando la división de agrobiotecnología de La Moderna bajo su control.

Durante los años ochenta, en que se dio un fortalecimiento financiero de los grupos empresariales mexicanos, también fue adquirida la participación de capital extranjero en varias empresas de importancia. Así sucedió en los casos de Cifra (comercio), Condumex (conductores eléctricos), Camesa (cables), Nacobre (cobre) y Negromex (química) que para 1984 mantenían participaciones de capital extranjero que fluctuaban entre el 36 y el 48% y para 1988 habían sido adquiridas en su totalidad por los socios mexicanos, con la excepción de Condumex, en donde permanecía capital extranjero en el 17% de su capital (Basave 1996: 193).

Ahora bien, en este trabajo debemos también dar cuenta del nuevo perfil que han adquirido los grupos empresariales nacionales más dinámicos: su transnacionalización.

Después de su fortalecimiento financiero durante los años ochenta y con el reingreso de México a los mercados financieros internacionales en 1989-1990 (Girón 1997), han desplegado una estrategia de inversiones directas en el exterior. Ya durante los años setenta, algunos grupos lo habían hecho, pero esa tendencia incipiente abortó con la crisis de 1982.

En 1989 dos grupos marcaron el rumbo: Cemex con la adquisición de varias empresas en el sur de Estados Unidos y Vitro con la compra de Anchor Glass, que era la segunda mayor productora de envases de vidrio en Estados Unidos.

De entonces a la fecha, alrededor de 40 grupos tienen inversiones directas en el exterior ubicándose en tres áreas del mundo: Estados Unidos, Centroamérica y el Caribe y Sudamérica. En menor medida también en Europa (Basave, 1998b).

Se trata, en general, de inversiones importantes, al grado de que siete grupos se encontraban en 1996 entre los cincuenta con más activos en el exterior de entre los grupos con sede en países en desarrollo, solamente superados en número por China y Corea del Sur, con ocho cada uno (ONU, 1996: 34-35).

Esto ha permitido a los grupos diversificar sus riesgos de inversión y paliar las crisis internas que afectan al resto de los sectores empresariales mexicanos.

En la mayoría de estos casos la capacidad de expansión ha sido reforzada por estrategias de alianzas estratégicas con capital extranjero (Pozas, 1997).

Sólo nos restaría decir que lo anterior configura un cuadro de escisión muy marcada entre el sector de la gran empresa mexicana, internacionalizada, y el resto de la economía nacional, con escasas posibilidades de encadenarse a las redes empresariales internacionales, a menos que surgiera una política industrial que fomentara decididamente estos objetivos.

Conclusiones

La presencia de la IED en nuestro país es un tema de la mayor relevancia para la economía mexicana. La obra de Ceceña mostró una metodología de análisis que cobra gran importancia hoy en día.

Al pasar a una economía abierta, todos los sectores de la economía son destinos potenciales de la inversión extranjera, ya sea de inmediato o en el corto plazo, en el caso de una apertura gradualista. El que no todos los sectores se conviertan en destinos indudables depende de tres circunstancias, relativa la primera a las disposiciones legales del país y las otras dos a las condiciones competitivas del mercado.

La primera se refiere a los sectores económicos que el Estado considera estratégicos y se reserva al control nacional público, mixto o privado con cláusulas de exclusión al capital extranjero.

En México, el petróleo y la energía eléctrica han sido considerados hasta ahora, todavía, como integrantes de un sector estratégico. Hasta el pasado reciente lo fueron, de *facto*, los bancos y también la petroquímica. Pero actualmente se están haciendo consideraciones serias por parte de un sector del gobierno y la iniciativa privada respecto a la privatización y la apertura al capital externo de la perforación petrolera y la producción de hidrocarburos al igual que a la generación de energía eléctrica.

La segunda se refiere a aquellos sectores en los que el capital privado nacional ocupa una posición oligopólica, con tecnologías avanzadas que volverían relativamente incierto el intento de competir de forma directa por parte del capital extranjero, especialmente cuando se trata de sectores que requieren cuantiosas inversiones de capital.

Sin embargo, la forma de penetración de mercados para el capital extranjero en estos casos se ha resuelto con las nuevas modalidades de inversión en base a la formación de alianzas estratégicas con los capitales nativos. El conocimiento del mercado y la posición oligopólica en él son aportados por los capitales nacionales, y las nuevas tecnologías, fuentes financieras y *know-how* empresarial, por el capital extranjero.

Un indicador clave en este sentido es que todos los grupos transnacionalizados de capital mexicano cuentan con alianzas estratégicas con capital foráneo (Basave, 1998b).

La tercera se refiere a aquellos sectores de bajo rendimiento o de pocas posibilidades de expansión, que no interesan a las empresas transnacionales. Se trata en general de ciertos sectores manufactureros tradicionales que pudieron incluso ser ejes de crecimiento económico en su momento pero que tienden a ser desplazados por industrias sustitutivas que son los nuevos ejes de expansión del capital.

En cambio, los sectores de punta que requieren tecnologías avanzadas son de inmediato campos de inversión extranjera, y no solamente por parte de las grandes transnacionales, sino de empresas medianas de países desarrollados o de nueva industrialización. Tal es el caso ya mencionado de las inversiones en el sector electrónico en el Estado de Jalisco adonde siguen arribando empresas norteamericanas, japonesas y coreanas.

Coyunturas internacionales muy específicas también causan desplazamientos de inversión extranjera aun en sectores tradicionales como es el caso de la rama textil en México, destino de las inversiones de los países del sudeste asiático desde los inicios de la crisis en esa región del mundo.

Para las empresas medianas y pequeñas mexicanas, la oportunidad de sobrevivir a la competencia cada vez mayor del capital externo por la vía del comercio o la IED y adaptarse a los cambios internacionales, radica en constituirse en un eslabón de las cadenas empresariales que se extienden por el mundo entero. Pero esto sólo lo podrán alcanzar quienes cuenten con la tecnología adecuada para hacerlo, ya que la competencia a nivel mundial, si bien no anula la ventaja competitiva de los bajos salarios, la vuelve en muchos casos insuficiente.

Por todas estas razones, a menos que la recesión mundial que potencialmente tenemos actualmente en puerta se materialice y los flujos de inversión decaigan, o todas las economías tiendan a desacelerar su apertura, son cada vez más los sectores potencialmente receptores de inversión extranjera.

Las economías avanzadas, además de no ser totalmente abiertas (como dolosamente lo publicitan los voceros neoliberales), cuentan con fortalezas indiscutibles en varios de sus sectores económicos para competir con la inversión externa. Y en algunos casos como Japón, Corea y otros asiáticos, incluida desde luego China, cuentan también con gobiernos que imponen de manera abierta o indirecta, en concertación con sus propios sectores empresariales, restricciones a la entrada de capital extranjero en ramas determinadas para proteger a sus empresarios medianos y pequeños. En ninguna de estas situaciones se puede considerar al caso de México.

Ante una situación de indefensión en términos de la carencia de una política económica incluyente del conjunto de los sectores y de una política industrial de largo plazo, la situación en cuanto a la penetración de la IED y al agobio de la deuda externa sigue siendo extremadamente preocupante, o si se prefiere, en los términos de Ceceña, "angustiosa".

Bibliografía

Basave, Jorge (1996), *Los grupos de capital financiero en México, 1974-1995*, México, IIEc-El Caballito.

——— (1998a), "Alcances y limitaciones del proyecto exportador mexicano, 1990-1997", de próxima publicación en Latin American Perspectives.

——— (1998b), "La Inversión Extranjera Directa de las corporaciones mexicanas"; ponencia presentada en el Congreso Anual de la Allied Social Science Associations, 1998, Chicago.

Camacho, Fernando (1997), "La industria automotriz en Aguascalientes, 1980-1997", *Cuadernos de Trabajo*, núm. 75, Gobierno del Estado de Aguascalientes.

Ceceña, José Luis (1963), *El capital monopolista y la economía mexicana*, México, Cuadernos Americanos.

——— (1970), *México en la órbita imperial*, México, El Caballito.

——— (1972), *El imperio del dólar*, México, El Caballito.

CEPAL (1998), *La inversión extranjera en América Latina y el Caribe*, Santiago de Chile, ONU.

De Grauwe, Paul (1975), "El desarrollo del mercado de eurodivisas", en *Finanzas y Desarrollo*, septiembre, Nueva York, FMI.

Girón, Alicia (1995), *Fin de siglo y deuda externa: historia sin fin*, México, IIEc-Cambio XXI.

Green, Rosario (1988), *La deuda externa de México: 1973-1987*, México, Nueva Imagen.

Morera, Carlos (1998), "Transnacionalización de los grupos de capital financiero en México, límites y contradicciones", ponencia presentada en el Seminario Internacional Reforma Financiera, Crecimiento Económico y Globalización. México en la Perspectiva Internacional, México, UAM

Pérez, J. L. y Sergio Meraz (1998), *La deuda externa en el marco de la reestructuración económica en México: 1982-1996*, tesis profesional, Facultad de Economía, UNAM

Pozas, María de los Ángeles (1997), "Competitividad emergente y capital internacional: el caso Monterrey", ponencia presentada en el XX Congreso de Latin American Studies Association, Guadalajara.

World Investment Report (1996), Nueva York, UNCTAD, ONU.

——— (1997), Nueva York, UNCTAD, ONU.

CORPORACIONES MULTINACIONALES Y EL DESARROLLO ECONÓMICO: LA INVERSIÓN EXTRANJERA DIRECTA Y LAS CONDICIONES DE SU EFICIENCIA PRODUCTIVA

Raúl Conde Hernández*

El debate sobre la contribución de las Corporaciones Transnacionales (CT) al crecimiento económico de naciones como la mexicana fue por más de dos décadas, desde mediados de los años cincuenta hasta mediados de los sesenta, uno de los temas principales de los investigadores comprometidos con la problemática del desarrollo económico. En un texto reeditado en 1994, pero que vio la luz en 1963, José Luis Ceceña establecía las premisas del análisis del papel que jugaban las CT en los procesos de desarrollo económico:

> Primero, el carácter monopolista de las operaciones de las empresas extranjeras en cada rama en que actúan, y segundo,

* Departamento de Economía de la Universidad Autónoma Metropolitana-Iztapalapa.

la calidad de ser filiales o apéndices de grandes monopolios con matriz y dirección en Estados Unidos y con amplias ramificaciones en otras partes del mundo (Ceceña, 1994: 143).

Estas premisas del análisis que en general eran los rasgos definitorios de la inversión extranjera directa (IED en lo sucesivo), en el caso mexicano se concretaban, según nuestro mismo autor y en un texto que data de 1955 y que se recoge en una antología de sus trabajos publicada a principios de la década de los noventas, en las siguientes características:

> Primero: (la inversión extranjera) tiene una importancia decisiva en la economía mexicana por su cuantía y por el control que ejerce en la más importantes actividades económicas del país.
>
> Segundo: El grueso está representado por empresas filiales de grandes negociaciones de Estados Unidos y constituyen apéndices dirigidos desde fuera.
>
> Tercero: Las empresas operan como monopolios en la producción y venta y como monopsonios en la compra, y
>
> Cuarto: ejercen toda clase de presiones ante las autoridades mexicanas para obtener tal o cual ventaja, que con frecuencia adoptan la forma de intervenciones diplomáticas (Ceceña, 1992: 33).

A partir de estas características se derivaba una evaluación de la contribución de las corporaciones transnacionales al desarrollo económico claramente negativa. La naturaleza monopólica de la (IED) en un contexto de estrechez del mercado interno, determinaba sus efectos inhibidores de una industrialización más intensa y homogénea desde el punto de vista tecnológico y, además, de ser una IED poco creadora de empleo. Se trataba pues de una inversión extranjera, de una implantación productiva que estaba lejos de responder a la problemática planteada por la dotación de factores productivos con que contaba nuestro país y con una dinámica que agudizaba los desequilibrios existentes: la heterogeneidad tecnológica de la estructura productiva. En cuanto al señalamiento del carácter extranjero de esa inversión, se pretendía indicar con ello el hecho de que la estrategia productiva de la CT, su articulación con otras empresas o procesos productivos locales, dependía de estrategias definidas a escala global, en función de objetivos de corporaciones situadas en mercados de alto poder adquisitivo y prácticas de consumo muy diversificadas, con gran capacidad de absorción tecnológica, rasgos muy diferentes de las características del mercado mexicano. Las exigencias del desarrollo industrial nacional no eran, por tanto, necesariamente coincidentes con las estrategias de expansión y funcionamiento de las corporaciones transnacionales.

La presencia de las corporaciones multinacionales era vista como factor distorsionador de la industrialización. Debe subrayarse aquí que la evaluación de las CT se inscribía dentro de un marco de conclusiones teóricas más generales. La mayor parte de esas conclusiones nos remitían a las principales enseñanzas de la teoría del desarrollo económico dominante de la época, es decir, a las contribuciones hechas por la escuela latinoamericana del desarrollo en sus diferentes corrientes como la Cepalina o por la llamada Escuela de la Dependencia, y también por las diferentes contribuciones hechas por autores como R. Nurkse o A. Hirshman,[1] cuyo prestigio era ple-

[1] Hoy día, ante las dificultades de la industrialización latinoamericana, sería muy aleccionador recordar el debate que sostuvo Nurkse sobre la estrategia del crecimiento equilibrado como medio para superar la estrechez del mercado interno, considerado en su momento como uno de los obstáculos mayores para el desarrollo industrial autosostenido. La aportación de la teoría de los enlaces generalizados de Hirschman abogaba en el mismo sentido, aunque su aportación precisaba la necesidad de incidir sobre aquellas ramas productivas con mayor capacidad de irradiación al resto de la economía.

namente reconocido en los medios internacionales de la disciplina económica.

Estas enseñanzas pueden ser sintetizadas en la afirmación de que el desarrollo económico debía sustentarse de manera fundamental en el logro de una coherencia del aparato productivo nacional, es decir, en la integración de los distintos sectores que componen la economía, en particular entre la agricultura y la industria, pero también en la integración de las cadenas productivas en todos sus eslabones hacia atrás y hacia delante. El desarrollo económico debía sustentarse y consistía en un proceso por el cual el tejido industrial debía volverse cada vez más denso y en el que la heterogeneidad tecnológica debía tender a ser cada vez menos un rasgo general del aparato productivo nacional. La profundización del mercado interno como base del desarrollo era el corolario de la teoría. Esta profundización, cabe aclararlo se concebía como lo contrario de una especialización en términos de la teoría de las ventajas comparativas y más bien buscaba promover la multiplicación de las unidades productivas manufactureras y con ello la consecuente diversificación de la planta productiva. Esta era la manera como se planteaba la posibilidad de superar el círculo vicioso de la pobreza sustentado en la falta de ahorro interno. Por otro lado, no debemos olvidar que el mismo paradigma latinoamericano del desarrollo económico había sido construido a partir precisamente de la experiencia de las economías más industrializadas. La noción de desarrollo autocentrado que se atribuye como el rasgo propio de las economías más industrializadas nos habla de cómo fue la profundización del mercado interno la base ese crecimiento. Los países en vías de desarrollo al proponer basarse para su desarrollo en la consolidación y profundización del mercado interno sólo seguían ese paradigma histórico.

Bajo las anteriores conclusiones era natural que las corporaciones multinacionales fueran vistas como factores que destruían las trayectorias de una industrialización integradora que debía seguir las directrices que proponía lo que podíamos llamar la escuela latinoamericana del desarrollo económico. No era difícil calificar a esas fuerzas económicas transnacionales como prolongaciones de otro modelo de desarrollo, plenamente maduro y con otras exigencias: uso intensivo en capital, producción en gran escala para grandes mercados con alto poder adquisitivo, gran capacidad de generación e incorporación de tecnología; un mercado donde predominaba la competencia oligopólica, pero que en la escala de los mercados de las economías desarrolladas no implicaba necesariamente un poder de monopolio incuestionable, como sí lo podía significar en nuestras economías (Fajnzylber, 1980). Por otra parte, no era tampoco difícil sospechar acerca de lo limitado que podían ser, en realidad, los aportes en capital provenientes de las corporaciones transnacionales, lo que se calificaba como su mayor virtud. El debate sobre la direccionalidad efectiva de los flujos de recursos se agregaba al anterior sobre la capacidad industrializadora de las CT. La discusión sobre las prácticas contables de las CT de sobrefacturación o subfacturación, según lo requiera las circunstancias fiscales de las economías que recibían a esos capitales, ponía en duda el aporte real de capital de las CT. En un estudio de la UNCTAD de 1978 citado por Marinho (1981) se describen los propósitos de la utilización de los precios de transferencia de las CT:

> ...reducir al mínimo los pagos por concepto de dividendos e impuestos a los accionistas y a las autoridades locales; para sacar el máximo provecho de las subvenciones y bonificaciones del Estado; para eludir los controles nacionales sobre la repatriación de utilidades; para la protección o especulación cambiarias, o para acumular saldos de caja en determinados países; o como instrumento de política de mercado para eliminar la competencia local (p. 18).

Pero sin duda, una de las críticas más radicales a las CT fue en el terreno de los agentes económicos, de los grupos sociales que históricamente tenían la función de dirigir el proceso de desarrollo. Celso Furtado es concluyente en cuanto a los resultados de la penetración de los conglomerados de Estados Unidos después de la Segunda Guerra Mundial, cuando afirma que esta penetración se realiza en todas partes de modo independiente del grado del desarrollo industrial, interrumpiendo la formación de una clase de empresarios con claro sentido nacional. En palabras del autor:

> ...no es que los empresarios nacionales hayan desaparecido, sino que fueron progresivamente impedidos de formarse con una visión de conjunto del desarrollo industrial del país e impedidos de tener acceso a los sectores de vanguardia de la actividad industrial (Furtado, 1990: 149).
>
> El empresario local dejó de tener acceso a los sectores que estaban ligados a las transformaciones estructurales, los sectores que requerían una rápida asimilación del progreso tecnológico fueron abandonados paulatinamente por ese empresariado (*Ibid.*: 150).

Endeudamiento internacional, CT y globalización

Es a partir de mediados de los años setenta que la preocupación por el seguimiento teórico de los impactos de las CT en las economías latinoamericanas comenzará a declinar. La actitud de los gobiernos de la región hacia la IED será también menos reticente que antes, hasta llegar, en los ochenta, a ser declaradamente pro IED. Pueden mencionarse varias razones de esos cambios de signo.

[2] La asociación estrecha entre endeudamiento vía préstamo directo, flujos de capital de corto plazo e IED, tiene que ver con un rasgo estructural de la economía

En el caso latinoamericano, se encontraba la decepción por el relativo fracaso de la industrialización por sustitución de importaciones (ISI), que en mucho, precisamente representaba la estrategia de desarrollo económico basada en la profundización del mercado interno. En cuanto a las condiciones internacionales, el desprestigio de la ISI coincidiría con la constitución y consecuente expansión de una economía de endeudamiento internacional. Recordemos muy brevemente sus rasgos. Un conjunto de cambios radicales de la economía internacional tales como: el hundimiento del orden monetario internacional regido por los principios de Bretton Woods, la pérdida de competitividad de Estados Unidos que propicia el déficit comercial y el déficit presupuestario del gobierno estadounidense, a lo que se sumará el embargo petrolero de 1974, provocaron que la economía mundial conociera un crecimiento de las reservas internacionales en una cuantía nunca antes vista. Estábamos frente al surgimiento del llamado mercado internacional de capitales. Con ello, más que nunca, la posibilidad de sustituir el ahorro interno con el ahorro externo se planteaba como la opción inmediata para financiar el crecimiento. Los préstamos directos predominaban sobre la inversión directa, aunque ambos se convertirían en una pareja indisociable.[3] La banca internacional, la

mexicana. Las fases de crecimiento económico tienen por contrapartida un incremento más que proporcional del déficit comercial (por deficiencias de la estructura productiva nacional); su financiamiento, obliga a la economía a depender de las entradas en la cuenta de capital. De tal modo que el sostenimiento de los periodos de crecimiento, que son precisamente los estímulos para la entrada de los flujos de IED, se apuntala con el endeudamiento de los flujos de corto plazo.

3 La insultante desigualdad en la distribución del ingreso, el creciente endeudamiento, el gasto suntuario de minorías son hechos que hacen que a la pregunta de por qué fracasó la estrategia del desarrollo autecentrado en las economías del Sur subdesarrollado, la respuesta sea hecha en los siguientes términos: "[El fracaso] es fundamentalmente imputable a una perversión del sistema. Es la deriva hacia un Estado depredador en el que las élites se apropian de las riquezas

red de las CT y los gobiernos que podían ofrecer garantías de amplios recursos naturales para respaldar su endeudamiento, constituyeron el triángulo que dio vida a una economía internacional que parecía autonomizarse de las situaciones de crisis que caracterizaban a las naciones desarrolladas en esa época: los países de la OCDE comenzaron a inicios de los setentas a tener un crecimiento del producto que será en promedio la mitad de lo obtenido en las tres anteriores décadas. En breve, se trata de los inicios de la globalización y de toda su ideología: un solo modelo de desarrollo y una sola manera de obtenerlo, el capital internacional.

Por el lado de las economías que buscaban consolidar su desarrollo, crecía la convicción de que a partir de este circuito o más precisamente de la circulación libre de los flujos internacionales de capital, el proceso de desarrollo económico podría ser financiado. Es en este periodo que se habla del estallamiento de la periferia en el sentido de que los Nuevos Países Industrializados (NIC) y más tarde calificados de economías emergentes, podían ser los indicadores de una tendencia de paulatina industrialización del Tercer Mundo.

producidas quitándoles todo efecto de estímulo sobre el resto de la economía. Es también por la protección dada a esas mismas élites contra la sanción del mercado" (Cohen, 1997:8). Debemos completar esta afirmación precisando que el proteccionismo es en relación a un cierto comercio, la importación de bienes de consumo, al mismo tiempo que se permite en los hechos una plena libertad a la inversión extranjera. Podríamos pensar, incluso, en una élite constituida por una coalición entre una fracción del empresariado local y los representantes del capital foráneo. Esta visión del problema no deja de tener sus antecedentes: "En un influyente artículo publicado en 1952 Paul Baran sostuvo que el crecimiento económico era imposible en estos países sin una revolución social: el capital privado era exportador; las élites nacionales, parásitas o compradoras, no podían ni querían invertir productivamente, y la ayuda extranjera sólo servía para fortalecer la estructura del poder existente, opuesta al crecimiento" (Hirschman, 1984:84).

La justificación de la apertura generalizada al capital internacional volvió a recurrir a los antiguos argumentos teóricos que tenían que ver con las propuestas analíticas que hacían de la "falta de ahorro interno, la falta de capital", la razón de la reproducción del subdesarrollo. Las propuestas para corregir tal escasez venían en línea directa de las derivaciones del modelo de desarrollo dualista a la Lewis. Recordemos que este modelo consistía en lo esencial en el proceso de transferencia al sector moderno de la economía del excedente generado en el sector agrícola, el único *surplus* posible por definición dadas las condiciones de subdesarrollo. Pero dados los límites que esta política conllevaba, en la práctica se debía recurrir a los flujos de capital foráneo, al ahorro externo. El recurso de este tipo de ahorro, dentro de la teoría económica tradicional, no era otra cosa que el proceso de asignación óptima de factores productivos; transferirlos de donde eran abundantes a donde escaseaban, siempre y cuando la libertad de flujos comerciales y de capitales se mantuviera. Los críticos de esta posición buscaron mostrar que los países en vías de desarrollo sí eran capaces de generar de manera creciente ahorro interno en la medida que se corrigieran aquellos factores que impedían movilizar el ahorro potencial como el gasto suntuario propiciado por la creciente inequidad en la distribución del ingreso y, sobre todo, controlar la transferencia de recursos al exterior que implicaba los diversos tipos de endeudamiento.[4] La CEPAL puso especial cuidado en

[4] Algunos datos que muestran estos logros son: la participación del comercio de México en el total del comercio de los países de la OCDE pasa de 1980 a 1993 de 1.26% a 1.77%, en particular en las manufacturas de 0.71% a 1.68%. Las manufacturas representan cerca de dos tercios de las exportaciones mexicanas, contra un tercio que representaban en 1980.

México se encuentra entre los pocos países que han ganado al menos un 1% en la participación de las importaciones de los países de la OCDE en el periodo de 1971-93.

señalar los peligros de recurrir en exceso a los recursos externos: no olvidemos que la inversión extranjera directa es también endeudamiento. A esto se agregó el creciente abandono de los principios de política económica keynesiana, y con ello la utilización de las políticas de expansión crediticias como medio de compensar la falta de ahorro interno.

Es en este periodo cuando nuevamente se vuelve a una caracterización de las CT en la que ellas se concebían como el medio por el cual la economía nacional podría beneficiarse de:

- Capital fresco para el financiamiento de la nueva etapa de industrialización;
- la incorporación de tecnología de punta que diera competitividad a la economía nacional;
- el acceso de la economía nacional a los mercados mundiales.

La apertura, la desregulación de los mercados se conjuntarán para explicar que los debates económicos a lo largo de los ochentas queden centrados en otros temas lejanos a la evaluación de la IED.

Sin embargo, hoy día, paradójicamente en el momento de auge de la ideología de la globalización y de un predominio de los dictados de los mercados internacionales de capital,

Japón, China, Corea del Sur, Taiwan, Singapur y España se encuentran en ese grupo, pero al mismo tiempo debe precisarse que ocho de los diez principales exportadores de México se encuentran entre los 50 grupos industriales más dinámicos del comercio internacional en 1980-1993, esto es, son CT (véase, Mortimore, 1998).

vuelve a tomar relevancia el debate sobre cuáles son los impactos efectivos de los flujos internacionales de capital en las economías emergentes, las que estaban un paso adelante de aquellas en vías de desarrollo. La discusión del tema ha adquirido gran intensidad en el último lustro de este siglo en función de la crisis mexicana de 1995, reforzado por lo sucedido en las cuatro economías del sureste asiático en 1997 y 1998. Pero con todo, en la actualidad, la radicalidad del debate se ha atemperado en relación a la discusión de los años sesenta y la pregunta que se hace es sobre cuáles son las condiciones que permitirían que los flujos internacionales de capital tuvieran una efectiva contribución a los procesos de crecimiento económico de la nación receptora de esos flujos.

El nuevo debate tiene como punto de partida la constatación ampliamente aceptada hoy por hoy de la desconexión que se viene operando entre los flujos internacionales de capital y la inversión real. Esta desconexión significa que las entradas de capital no han contribuido efectivamente al desarrollo de la capacidad productiva del país receptor, canalizándose más esos flujos de capital hacia el aumento del consumo. La razón de lo anterior estriba en que partes importantes de esos flujos se dirigen a la compra de valores, es decir, a operaciones de corto plazo, lo que determina su volatilidad y su escasa o nula contribución a la producción. Como lo señala Ffrench-David y Reisen (1998: 10):

> En un estudio de 34 países en desarrollo deudores que habían elevado rápidamente el nivel de sus obligaciones externas en la década de los setenta se observó que la acumulación de capital era en realidad menor que la de otros países en desarrollo.

Esta constatación, explican los autores, no responde a factores endógenos como el producto *per cápita* y el *stock* de capital iniciales, sino que "más bien, la acumulación de capital no era vigorosa porque gran parte de las entradas de recursos externos se habían desviado al consumo". (*Ibid.*)

En este marco de discusión, la globalización se da como un hecho irreversible y se considera que son los movimientos de los capitales su rasgo distintivo. El debate se centra por tanto en la distinción de las dinámicas diferenciadas de los flujos internacionales de capital. La diferencias se establecen a partir de los flujos de capital de corto plazo y los de largo plazo; en los primeros tenemos las colocaciones bursátiles fundamentalmente, y en los segundos el capital que se cataloga como inversión extranjera directa (IED). Serían los capitales de largo plazo los que tendrían la capacidad de contribuir efectivamente a la actividad productiva. Precisemos aquí que parte de lo que se considera en la definición de la IED consiste en la adquisición de acciones, inversión cuyo comportamiento al final de cuentas es similar a las colocaciones de corto plazo. Pero incluso se precisa, los flujos de capital de largo plazo sólo podrían contribuir al crecimiento económico si cumplen las siguientes condiciones de acuerdo a French-Davis y Reisen (1998):

a) Los flujos foráneos de capital deben invertirse de manera sistemática en el incremento de una nueva capacidad de producción en bienes y servicios, evitando su desviación hacia el consumo.

b) Cuidar que la inversión se haga de manera eficiente.

c) La inversión debe privilegiar la producción de bienes exportables. El objetivo de ello es el de generar un excedente que permita enfrentar el servicio de la deuda externa.

d) Se requiere de políticas económicas que permitan elevar el ahorro interno.

e) Los flujos de capital deben ser estables y predecibles y que esa inversión se haga de acuerdo con la productividad de los factores que país receptor.

Ahora bien, si analizamos el significado y los alcances de las anteriores condiciones, veremos que consideradas en su conjunto, ellas nos indican, nuevamente, que es la situación de la economía receptora (su infraestructura, la calidad de la mano de obra, experiencia empresarial, la estructura de la distribución del ingreso, la integración interindustrial, el marco institucional) lo que determina los resultados de la IED. Este análisis nos remite, de modo inevitable, a la propuesta de M. Porter (1991) que se resume en las preguntas que guían su investigación a la que nos estamos refiriendo: "¿por qué las empresas asentadas en determinada nación pueden crear y mantener una ventaja competitiva contra los mejores competidores del mundo en un campo en particular? ¿Por qué una nación es frecuentemente la sede de tantos líderes mundiales de un sector?" (p. 23). En estas preguntas queda implícita una respuesta, que el autor desarrollará a lo largo de esta obra citada, en donde se subraya la preeminencia histórica de las condiciones productivas nacionales como los factores principales de una articulación virtuosa con el mercado mundial. Porter recoge esas condiciones en los elementos que conforman su famoso diamante que explica cómo interactúan esas condiciones productivas de la nación para lograr la ventaja nacional: estrategia, estructura y rivalidad de la empresa; condiciones de la demanda; sectores conexos y de apoyo, y condiciones de los factores productivos. A partir de estos elementos se gestará el desarrollo de empresas que articulen favorablemente la economía nacional al mercado mundial.

Las consideraciones anteriores califican de manera más precisa los aportes a la economía nacional de los flujos de capital internacionales, reconociendo, primero, las dinámicas distintas de los flujos de corto y de largo plazo, y, segundo, estableciendo claramente que el aporte efectivo de la IED está condicionado por las características de la economía receptora. Sin embargo, todo ello aún sigue siendo un análisis parcial. Expliquémonos.

Segmentación de los mercados y corporación transnacional

Cuando se habla de los factores que determinan los resultados en la economía nacional de la IED, no podemos hacer abstracción de la forma concreta que adopta la inversión foránea directa. Ella llega bajo la forma y por el intermedio de empresas concretas, de CT que poseen su propia dinámica y estrategias definidas a escala global y por las características de sus mercados de origen y por la estructura misma de la empresa transnacional.

Analizar las formas concretas que adopta la IED, implica redefinir el espacio mundial, dejar de considerarlo un mercado global homogéneo en donde los flujos internacionales de capital, la IED en particular, se comportan de la misma forma como lo harían las corrientes comerciales según la teoría tradicional del comercio internacional. En el momento que la IED adquiere concreción en la CT, debemos trasladarnos a un mercado mundial que responde a un modelo de competencia monopolística. Esta carcaterística llevará a un cuestionamiento radical de la teoría de las ventajas comparativas (Michalet, 1994). En este modelo se destacan dos rasgos: el primero tiene que ver con la segmentación de los mercados y su jerarquización y, el segundo, con las formas de competencia entre las corporaciones, formas que poca relación tendrían con la teoría económica ortodoxa y que estarían explicando a su vez la dinámica y la movilidad de la IED. En este punto podemos decir que ya sea que analicemos esta segmentación y las nuevas formas de competencia por el lado de las llamadas imperfecciones del mercado (Krugman, 1991) o por medio de la teoría del ciclo del producto de R. Vernon (1974) completada por él mismo con los desarrollos sobre las maneras como la empresa busca luchar contra las tendencias a la desorganización y descomposición, la gestión del factor tecnológico por la empresa y las estrategias de búsqueda de la estabilidad (Vernon, 1984), en ambos casos puede concluirse que "el comportamiento de la gran empresa en su proceso de expansión ya sea a través del comercio o mediante la inversión foránea, busca reproducir, administrar diferencias, aprovechándolas en el interior del espacio, ese sí homogéneo de la red organizacional de la gran corporación transnacional" (Conde, 1997: 20).

Podemos afirmar que el llamado mercado mundial es en realidad un espacio fragmentado y jerarquizado, tanto por la acción propia de los intereses internos y externos de los gobiernos nacionales manifiestos en las políticas comerciales discriminadoras, como por la estructura de la red de corporaciones transnacionales que convierten al mercado mundial en un tejido de segmentos controlados y manejados por las grandes corporaciones.

Los trabajos pioneros de Hymer (1990) fueron muy claros en este sentido: el resultado final de la expansión de las grandes empresas sería una red mundial de corporaciones superpuesta al tejido de relaciones económicas internacionales. Esta red mundial estaría estructurada en tres grandes niveles jerarquizados. El nivel inferior correspondería a las actividades de las corporaciones transnacionales que menos requieren tecnología, donde se pagarían los más bajos salarios a mano de obra poco calificada y con los mayores efectos negativos al medio ambiente. Pero quizá la parte importante del análisis de Hymer fue el mostrar que esa estructura contenía en ella misma sus propios mecanismos de reproducción, es decir, de mantenimiento y profundización de esas diferencias.

Nos hacemos cargo de lo extremo que resulta esta posición y su carácter esquemático. Sin embargo, el mensaje es definitivo, la corporación transnacional por ella misma no tiende a homogeneizar condiciones de producción y de remuneraciones salariales y de generación tecnológica. La corporación transnacional aprovecha la heterogeneidad, la integra a sus estrategias de expansión y con ello profundiza la diferencia.

No podemos soslayar esta propuesta teórica cuando observamos las evaluaciones recientes del desempeño de las corporaciones transnacionales en la reestructuración industrial de las cuatro economías más importantes de América Latina, desde finales de la industrialización por sustitución de importaciones a comienzos de los años noventa (Bielschowsky y Stumpo, 1995).

En este trabajo se muestra que, a lo largo del periodo estudiado, se da un deterioro del grado de complejidad en los sistemas industriales de esos cuatro países, lo que los aleja de la estructura industrial de los países de la OCDE. Desde luego, el deterioro es diferenciado. "El caso de México es especial porque el deterioro se produjo simultáneamente con el fortalecimiento de algunos sectores de gran dinamismo comercial y tecnológico, en particular la industria automotriz" (*Ibid.*: 162). Aunque no olvidemos que esta industria se encuentra totalmente en manos de las corporaciones transnacionales. Prosigue el estudio: "La actuación de las empresas transnacionales fue decisiva en la evolución de las cuatro estructuras productivas [...] se puede concluir que dicha actuación fue más favorable o menos desfavorable para las perspectivas futuras de desarrollo industrial de México y Brasil, que de Chile y Argentina" (*Ibid.*).

Este estudio insistirá que si bien la reestructuración industrial de estos últimos años alejó a estos países de los perfiles industriales de las economías desarrolladas, lo grave son las consecuencias negativas para el futuro desarrollo económico de esos países latinoamericanos.

Las conclusiones de esta investigación citada se sustentan en las transformaciones que en las tres últimas décadas han sufrido las formas de implantación de las CT en economías como la mexicana. Como sabemos, en este sentido, la CT presenta dos grandes tipos de estrategia. La primera es la estrategia comercial o fase de la filial-relevo:

> El primer estadio del desarrollo de las firmas transnacionales consiste en reemplazar la exportación de mercancías por la exportación de su fabricación misma a los lugares de comercialización (deslocalización de la producción). Las filiales creadas para este efecto reproducen fielmente, todo o en parte, producciones de la casa matriz a través de algunas adaptaciones eventuales a los gustos o las normas del país de implantación (Sandretto, 1993: 170).

Esta estrategia de la CT es la que liga más estrechamente el destino de la filial al del mercado interno nacional. Es este tipo de estrategia la que estudia Vernon en su Teoría del ciclo del producto proyectado a escala mundial (Vernon, 1994). En este caso, la CT busca aprovechar un mercado interno en crecimiento y, aprobado además, mediante las exportaciones que antes realizaba en ese mercado. Sin embargo, se trata de reciclar localmente una producción estandarizada, que se encuentra en su etapa madura en los mercados mundiales, es decir, la de los países más desarrollados y cuya tecnología no es la de punta. Este tipo de producción no es competitiva y ubica a las economía nacionales, en las que predomina, en un lugar subordinado dentro del mercado mundial.

Cuando el mercado interno deja de ser atractivo para las CT debido a las crisis recurrentes que han afectado a las economías latinoamericanas, en particular la mexicana, las corporaciones tienen las siguientes alternativas: vender o cerrar; racionalizar la operación de la empresa, manteniendo una participación mínima en el mercado con las consecuentes reducciones en personal e inversión y, finalmente, adoptar "una estrategia ofensiva para reestructurar las operaciones que implican nuevas inversiones orientadas a ajustar a la subsidiaria a un nuevo sistema de producción internacional de la matriz, en el contexto de su estrategia de globalización" (Mortimer, 1998: 401).

Esta "estrategia ofensiva" se traduce muchas veces en adoptar una forma de implantación productiva que puede denominarse la filial-taller. Esta forma de producción busca una especialización extrema al limitarse a un segmento del proceso global de producción. De este modo

> ...se produce para un mercado más vasto y más lejano, que desborda ampliamente los solos mercados del país en los que ella está implantada y del que, en el extremo, se autonomiza totalmente. Como consecuencia, la circulación de materias primas, de productos semiterminados o terminados se intensifica de un país al otro entre las filiales las cuales se transforman en una suerte de taller de un complejo industrial integrado, cuya coherencia sólo existe a escala mundial (Sandretto, *op. cit.* : 171).

Este tipo de implantación es el que conocemos como maquiladora; estrategia productiva que cuando se acompaña, además de la baratura de la mano de obra, de otras ventajas como la cercanía al mayor mercado del mundo, puede adquirir gran dinamismo. Pero también conocemos sus limitantes.

Éstas residen en la escasa integración de la maquiladora al mercado interno que determina su baja capacidad para irradiar la incorporación tecnológica e impulsar al aparato productivo local. Es prácticamente del dominio común que en promedio sólo el 2% de los insumos de las maquiladoras provienen del mercado nacional después de casi 24 años de funcionamiento en el país.

Es muy evidente el vigor exportador de la economía mexicana y la transformación de la estructura de sus importaciones. Este dinamismo hizo pensar que la economía mexicana estaba bajo una revolución productiva similar a la de los países del sureste asiático. Pero también es claro que dicho vigor está concentrado en unas cuantas empresas, la mayoría de ellas transnacionales, y en muy pocos mercados. Cerca de cuatro quintas partes del comercio mexicano es con Estados Unidos. A este respecto, Mortimore, en una reciente investigación, busca poner en relación los logros exportadores mexicanos con el posible papel que han jugado las CT en esas transformaciones, además de comparar las procesos de industrialización entre México y Corea. Este autor concluye en su estudio comparativo que la "variante de Asia representa un tipo auténtico de industrialización y desarrollo de base nacional, un tipo de desarrollo desde dentro" (Mortimore, 1988, p. 427), variante que contrasta con lo que él llama el proceso de industrialización de México centrado en las corporaciones transnacionales, en donde la economía mexicana se acerca a ser una plataforma exportadora de las CT. Las consecuencias que esto arroja para el crecimiento económico son claras: una industrialización más pobre en la experiencia del aprendizaje, con muchas menores repercusiones positivas en el resto de la economía, menor capacidad de innovación tecnológica nacional; y más dependiente del capital y estrategias foráneas que agregan un elemento más de fragilidad a la economía mexicana y la hacen menos dueña de su futuro.

¿Qué hacer?

Esta pregunta es el título del capítulo final del libro del maestro José Luis Ceceña: *El capital monopolista y la economía mexicana* (1994). Lo retomamos aquí puesto que el contenido de ese capítulo, aborda varios puntos fundamentales que debieran rescatarse en una estrategia de reindustrialización orientada a integrar activamente a la economía mexicana al mercado mundial, y no de modo pasivo a través de las corporaciones transnacionales. Esos puntos conciernen al financiamiento del crecimiento y a la creación de condiciones favorables para la expansión industria local. Estos aspectos comprenden reforma fiscal integral y política monetaria y crediticia orientada prioritariamente al desarrollo económico; recuperación productiva del campo mexicano; mecanismos de renegociación con el capital foráneo (leyes, reglamentos). Todo esto es claro que implica un cambio social de gran alcance donde la democratización deberá ser el hilo conductor. El debate queda abierto.

Bibliografía

Bielschowsky, R. y Stumpo, G. (1995), "Empresas transnacionales y cambios estructurales en la industria de Argentina, Brasil, Chile y México", *Revista de La CEPAL*, núm. 55, abril, Santiago de Chile.

Ceceña, José Luis (1992), *Antología*, México, UNAM-IIEc.

——— (1994), El capital monopolista y la economía mexicana, México, UNAM-IIEc.

Cohen, Daniel (1997), "La mundialisation, un bouc emissaire?", *Problémes économiques. La Documentation Française*, num 2, 544, noviembre, Paris.

Conde, H. Raúl (1997), "Globalización y política económica: los límites del crecimiento", Colección *Cuadernos del Seminario, Instituto de Estudios Educativos y Sindicales de América*, México.

Fajnzylber, Fernando (1980), "Oligopolio, empresas transnacionales y estilos de desarrollo", en Fajnzylber, Fernando (comp.), *Industrialización e internacionalización en la América Latina*, México, FCE.

French-David, R. y Reisen, H. (1997), *Flujos de capital e inversión productiva, lecciones para América Latina*. Santiago de Chile, McGraw-Hill.

Furtado, Celso (1990), *Economía mundial; transformación y crisis*, Bogotá, Colombia, Tercer Mundo Editores.

Hirschman, Albert O. (1984), *De la economía a la política y más allá*, México, FCE.

Hymer, Stephen (1980), "Las empresas transnacionales y la ley del desarrollo desigual", en Fajnzylber, Fernando (comp.), *Industrialización e internacionalización en la América Latina*, Capítulo 1, México, FCE.

Krugman, Paul (1991), *Una política comercial estratégica para la nueva economía internacional*, México, FCE.

Marinho, Luis Claudio (1981), "Las empresas transnacionales y la actual modalidad de crecimiento económico en América Latina", *Revista de la CEPAL*, agosto, Santiago de Chile.

Michalet, Charles-Albert (1994), "Transnational corporations and the chaning international system", *Transnational corporations*, vol. 3, núm. 1, febrero, ONU.

Mortimore, Michael (1998), "Mexico's TNC-centric. Industrialization Process", en Kozul-Wright, R., y Rowthorn (1998), *Transnational corporations and the global economy*, Gran Bretaña, Macmillan Press Ltd.-The United Nations University.

Mucchielli, Jean-Louis (1998), *Multinationales et Mondialisation. Économie*, Paris, Éditions du Seuil.

Nurkse, Ragnar (1968), *Comercio internacional y desarrollo económico*, Buenos Aires, Amorrortu.

Porter, E., Michael (1991), *La ventaja competitiva de las naciones*, Buenos Aires, Vergara.

Sandreto, René (1993), *Le commerce international*, Paris, Armand Colin.

Vera-Vassallo (1996), "La inversión extranjera y el desarrollo competitivo en América Latina y el Caribe", *Revista de la CEPAL*, num. 60, diciembre.

Vernon, Raymond (1974), *Les consequences économiques et politiques des entreprises multinationales*, Paris, Éditions Robert Laffont.

——— (1980), *Tormenta sobre las multinacionales; las cuestiones esenciales*, México, FCE.

MÉXICO 1999-2000: CONTEXTO ECONÓMICO Y ESTRATEGIAS ELECTORALES*

Alejandro Álvarez Béjar

Introducción

El presente ensayo es una versión corregida y aumentada de una conferencia originalmente presentada por el autor en la Universidad Autónoma de Sinaloa, dentro de un ciclo de conferencias en homenaje al Maestro José Luis Ceceña.

Pretende ser un ejercicio de economía política para el análisis de coyuntura y está organizado en cinco partes: la primera, hace una revisión de los problemas y los rasgos más característicos de la economía internacional, con la idea de plantear las posibles líneas de afectación de ese entorno sobre la economía mexicana.

La segunda parte, hace una caracterización amplia del desempeño de la economía mexicana en este año y en el pasado

---

*Este trabajo está dedicado con entrañable afecto al maestro, amigo y compañero de luchas, José Luis Ceceña Gámez, nacionalista con visión universal, sembrador de inquietudes y ejemplo de integridad personal, mentalidad crítica y espíritu constructivo.

inmediato, con la idea de intentar una explicación de cómo se han entrelazado esos elementos distintivos.

En la tercera parte, se hace una reconstrucción un poco más detallada del desempeño macroeconómico y se plantea una explicación de porqué el predominio de las políticas monetarias sólo agrava el quebrantamiento del sistema bancario y aumenta el riesgo de volatilidad financiera.

En la cuarta parte, se examina el contenido y la lógica del famoso "blindaje financiero" pactado por el gobierno mexicano con los organismos financieros internacionales, para probar que, aunque no suprime en modo alguno la volatilidad financiera, sienta bases para "ordenar" la transición de gobierno a favor del PRI.

En la última parte, se aborda la problemática de las fuerzas electorales y sus proyectos de alianzas.

Parte I

Muchos analistas coinciden en señalar que la economía internacional enfrentaba para 1999 un escenario de corte recesivo, muy similar al ocurrido en las tres recesiones internacionales más recientes, la de 1975-76, la de 1981-82 y la de 1990-91, cuando el PIB mundial alcanzó sólo 1.5% en promedio. En la actualidad, la situación real de la economía mundial es que creció sólo 2% en 1998, cuando había registrado niveles de 4% en los cuatro años anteriores. Y para 1999, los pronósticos anunciaron un crecimiento del PIB mundial no muy superior al 1.5% (Mantey, 1999, pp.25-26).

En términos resumidos, podemos decir pues, que aunque la economía internacional enfrentaba en este año las peores condiciones globales desde los años treinta, básicamente por la tendencia a la desaceleración y la acumulación de graves problemas financieros en varios puntos del globo que introdujeron como asunto central la volatilidad financiera: Japón y una parte de las economías del Este y Sureste de Asia se encontraban sumidos en una profunda recesión, por ejemplo Japón estaba esperando una caída de 2% del PIB para 1999, tenía el Yen sobrevaluado y su sistema bancario estaba en graves problemas; Indonesia registró una caída del PIB de 15% en el año pasado y las de Corea y Tailandia, registraron en ese mismo año caídas del PIB de 6% y 7% respectivamente, aunque el resultado final es que en 1999 hubo una mejoría relativa en el desempeño de dichas economías (WB, GEP, 1998/99, cap.I).

Por otro lado, aunque Rusia representa apenas el 2% del PIB mundial, el hecho de que se hubiera colocado en suspensión de pagos de su deuda y de que se hubiera resistido a aplicar puntualmente las reformas recomendadas por el FMI, así como el agravamiento de la crisis política y la bancaria, son indicios de que ahí todavía se concentra otro eslabón débil de la economía internacional.

Un factor que también podía eventualmente desencadenar un recrudecimiento de la crisis financiera asiática y con ella la volatilidad financiera global, era que tanto la República Popular China como Hong Kong se encontraban con sus monedas al borde de una devaluación, lo que podría reavivar las disputas monetarias y comerciales en todo el mundo. Sin haber explotado, esa contradicción sigue latente.

En el caso de Latinoamérica, vista en conjunto, los tres países que concentran el 75% del PIB de la región (Brasil, México y Argentina) se encuentran en problemas fiscales, cambiarios, comerciales, de endeudamiento y de crecimiento. Estados Unidos, Gran Bretaña y Canadá, tres de las economías claves del poderoso grupo del G-7, están frenando su crecimiento y en el caso de Estados Unidos, eso se combina con los problemas de la "exhuberancia" de su mercado accionario y los procesos financieros de apuntalamiento de las mega-fusiones. En los mercados financieros maduros, existe pues una importante situación potencial de inestabilidad financiera (Mantey, 1999, pp.38 - 41).

Por ello, conviene insistir en que los problemas de las economías a las que Estados Unidos dirige la mayor parte de sus exportaciones, indican que el impacto de la desaceleración internacional puede ser mayor sobre las cuentas externas de Norteamérica que sigue siendo la principal economía del mundo: es el caso de los problemas de Canadá, México, Japón, Gran Bretaña, China, Corea y Brasil.

Para terminar, digamos que este contexto coyuntural que hemos caracterizado como de volatilidad financiera, opera sobre el telón de fondo de una economía "globalizada" que ha ahondado las desigualdades entre países, entre regiones, entre sectores y dentro de los países entre los diferentes estratos sociales, lo que ha segmentado y comprimido los mercados internos, dejando como pavoroso saldo 35 millones de parados tan sólo en las economías más ricas del planeta que son las economías de la OCDE, cifra que sube a 55 millones de personas si consideramos el desempleo encubierto.

Estamos pues en una economía global en la que se percibe que están muy inflados los precios de los activos accionarios (lo cual se expresa en la relación de su valor de mercado respecto a su valor en libros y en la relación precio/utilidad) y de los mercados de bienes raíces, al grado de que en los ajustes accionarios de mediados de 1998 se esfumaron en un par de meses (julio y agosto) cuatro millones de millones de dólares de la riqueza financiera mundial, una cifra fabulosa cuyas dimensiones reales sólo se entienden si decimos que es equivalente al PIB de Japón (IMF, WEO, Dec.1998, cap. III).

Por cierto que una eventual ruptura de la burbuja accionaria casi seguramente afectaría de manera diferencial el comportamiento del consumo mundial, pues en Estados Unidos los hogares tienen acciones por el 100% de su ingreso anual disponible, en Gran Bretaña por el 65% y en Alemania y Francia por el 20% del ingreso anual disponible de los hogares.

Además, esta economía global ya tiene clarísimas señales de sobreproducción en ramas como la de productos electrónicos, la de autos, la de acero, la química-farmaceútica, la del vestido, la de textiles, la aeronáutica y otras, lo cual explica la caída del precio internacional de muchos de esos productos y los de ramas asociadas a ellas, como las industrias metálicas. Esto configura el escenario conflictivo que combinaría eventualmente una caída de los precios de las mercancías de consumo más sofisticado por un lado, y por el otro, mercados accionarios sobrevaluados.

La Reserva Federal Norteamericana está clara respecto a los peligros de que la especulación financiera pueda llevar a un estallido violento del mercado de valores, por eso, a lo largo de 1999 ha desarrollado un manejo sofisticado de las tasas de interés para hacer correcciones graduales. Sin embargo, esas decisiones "nacionales" pueden tener efectos indeseados sobre las economías latinoamericanas más fuertemente endeudadas como son Brasil, México y Argentina. El aumento del costo del servicio de la deuda es sólo una cara de la moneda, la otra, es el recrudecimiento de la disputa sobre los flujos de fondos externos.

Es cierto que en esa economía global han proliferado las inversiones extranjeras directas, pero es mucho más cierto que la inestabilidad general se ha profundizado por la existencia de un flujo masivo de capitales de corto plazo, especulativos, que se mueven como inversión de portafolio con bruscas fluctuaciones: fueron 277 mil millones de dólares en 1997, 186 mil millones de dólares en 1998 y se estima que sólo serán de 119 mil millones de dólares en 1999. La disputa internacional por esos fondos escasos es más fuerte; la presión sobre las cuentas externas de muchas de las economías emergentes, brutal (IMF, WEO, 1998, parte - I, cap.2).

En la economía global, el recrudecimiento de la competencia está llevando al fortalecimiento de estructuras oligopólicas, construidas mediante el mecanismo de las mega-fusiones entre compañías y bancos de nivel transnacional (notablemente en el sector de la informática, en el bancario, en el automotriz, en la aeronáutica y en la química). Eso ya establece sin duda, las condiciones objetivas de sobrevivencia de los grandes oligopolios ante un eventual "crack" del mercado de valores, como ocurrió en la crisis de 1929.

Todas esas condiciones internacionales son particularmente adversas para México, estructural y coyunturalmente, pues el modelo económico neoliberal que se viene aplicando no consigue resolver el problema de la sustentabilidad del crecimiento y los problemas de empleo más los problemas sociales acumulados por las políticas de austeridad, son cada día más acuciantes. ¿Se expresará ese descontento electoralmente o entraremos al espacio de la "segunda generación de reformas" sin mayores dislocaciones? La moneda está en el aire, aunque los actores internacionales están apostando a resultados predecibles.

Parte II

Hay tres rasgos que han definido la situación de la economía mexicana a lo largo de 1999: la incertidumbre productiva con inflación, la vulnerabilidad bancaria y la volatilidad financiera, que se han mantenido pese a la aplicación de severas políticas gubernamentales de estabilización.

Ciertamente no se trata de ningún rasgo novedoso, pues los tres la han venido caracterizando desde tiempo atrás, en concreto, desde el estallido de la crisis financiera de 1995; pero al final del milenio y de cara a una compleja coyuntura electoral, adquieren significación especial y deben ser cuidadosamente ponderados porque pueden dar lugar a recaídas graves.

Asimismo, hay que advertir sobre el peso notable que ha adquirido el cambiante entorno internacional para el país desde finales de la década de los ochenta, dadas las condiciones de apertura casi completa, comercial y financiera, que ya hoy identifican a la economía mexicana.

Por eso finalmente, hay que explicitar que la volatilidad financiera para México ha estado asociada al impacto de severos "shocks externos" provenientes de cuatro factores específicos: en primer lugar, de la evolución de los precios internacionales del petróleo y del precio de otras materias primas básicas en las exportaciones de México; en segundo lugar, por el comportamiento de las tasas de interés en Estados Unidos, que es nuestro principal socio comercial y financiero; en tercer lugar, por las variaciones en el flujo disponible de capitales externos (tanto de inversiones de portafolio como de inversión extranjera directa), cuyas oscilaciones internacionales conllevan riesgos de provocar devaluaciones competitivas entre las economías "emergentes", descomponiendo la eficacia de los programas de estabilización macroeconómica (Mendoza, 1999, pp. 180-199).

Hay que insistir además en el hecho de que, aunque hasta ahora la inestabilidad financiera no ha aparecido asociada a la presencia de factores políticos internos, éstos constituyen sin duda otra fuente potencial de desajustes que más adelante deberá ser considerada, sobre todo por la perspectiva de los avatares de la lucha electoral que ya comenzó desde 1999.

Para entender la lógica de las articulaciones de todos estos rasgos, trataremos de examinar ahora los factores internos para sugerir algunas de sus repercusiones posibles sobre el comportamiento general de la economía mexicana.

Parte III

Comencemos pues por recordar que en el pasado reciente, la actividad productiva en México se recuperó de una dramática caída de -7.0% del PIB en 1995, al pasar a 5.2% en 1996 y alcanzar un espectacular crecimiento de 7.0% en 1997, sólo para volver a caer a 4.6% en 1998 y eventualmente bajar con alta probabilidad a 3% en 1999, pues en el primer semestre de este año se acumuló un crecimiento de 2.5% del PIB y los indicadores muestran que se mantiene la tendencia al crecimiento en el segundo semestre.

La persistencia de las presiones inflacionarias también ha sido notable, aunque a últimas fechas pareciera que la política del Banco de México ha comenzado a contener el crecimiento de los precios con mayor eficacia, por supuesto con cargo a la desaceleración general de la economía.

En efecto, los porcentajes de variación anual del Indice Nacional de Precios al Consumidor se mantuvieron alrededor de 35% en 1995 y 1996, bajaron luego a 20% en 1997, bajaron de nuevo a 16% en 1998 y casi seguro se alcanzará la meta gubernamental de 13% en 1999. Tendencialmente pues, las presiones inflacionarias parecen bajo control, pero éste se consigue a costa de sacrificar el crecimiento.

El predominio de una política monetaria fuertemente restrictiva como estrategia para combatir las persistentes presiones inflacionarias durante 1999, se refiere a la presencia de dos mecanismos fundamentales que ha utilizado el Banco de México recientemente y que con seguridad seguirá usando en el futuro inmediato: el llamado "corto", que es un mecanismo para reducirle liquidez a la economía y cuyo monto ha ido subiendo hasta alcanzar 160 millones de pesos diarios (aproximadamente 16 millones de dólares) que se retiran del circulante monetario.

Adicionalmente, ese mecanismo de sustracción de pesos en el circulante monetario se ha complementado con la "inyección" de dólares al mercado cambiario, colocados para frenar los ataques especulativos contra el peso, inyección que en las emergencias ha llegado a alcanzar los 200 millones de dólares diarios.

El saldo concreto de esta política monetaria fuertemente restrictiva en 1999 es una tendencia a la desaceleración de las actividades productivas, porque se combina con la presión a la elevación de las tasas de interés internas, lo cual tiene por lo menos tres implicaciones sumamente negativas para la economía nacional: la fuerte contracción del crédito empuja a la desaceleración productiva, provoca una acumulación de cartera vencida en los bancos por el alto costo financiero de las deudas y además, ahonda la retracción de la inversión general y del consumo, sobre todo de bienes durables, aunque más recientemente, se ha detectado también una importante caída en el consumo de bienes alimenticios básicos, cosa nada extraña si consideramos que el poder adquisitivo del salario mínimo en 1999 sólo alcanzará para obtener alrededor del 57% de los bienes que con el mismo se podían adquirir en 1994.

La incapacidad de la banca para impulsar proyectos productivos, el desfasamiento entre la capacidad de pago de los deudores y las oscilaciones de las tasas de interés internas, la caída del poder adquisitivo de amplios sectores de la población y la fragilidad de las finanzas públicas para impulsar al sector productivo por el alto costo del rescate bancario, son pues los factores que explican la combinación de incertidumbre productiva con deterioro bancario.

Como hemos dicho, esta incertidumbre productiva ha estado asociada a un contexto de crisis del sistema bancario, y esta última ha sido identificada como un acelerado crecimiento de la cartera vencida, que se desbordó a partir de 1994 cuando el alza de las tasas de interés volvió impagables prácticamente todos los créditos que se dieron en una fase de expansión y plena confianza, para llegar ahora al punto en el que el rescate bancario le costará al país aproximadamente el 16% del PIB.

Pero lo peor, es que el rescate se intentará sin ninguna garantía de que los problemas de fondo hayan quedado resueltos (esto es, el problema de las altas tasas de intermediación con que operan los bancos), pues la creación del Instituto de Protección al Ahorro Bancario a finales de 1998 (IPAB) no ha hecho otra cosa que intentar sanear financieramente a los bancos aumentando notablemente la deuda pública interna para proveerlos de liquidez, pero dejando sin resolver el problema de los deudores, que quedaron a merced de un enésimo programa de quitas y descuentos que han intentado infructuosamente reducir el monto de la cartera vencida, aunque el programa más reciente en el nombre lleva más la pretensión que la posibilidad de ser deveras el "Punto Final".

Finalmente, hablemos de otros dos factores que habían coadyuvado al aletargamiento de la producción nacional de bienes y servicios pero cuya evolución ha cambiado de signo: el deterioro presupuestal del Gobierno Federal y las modificaciones en la paridad cambiaria. Según los voceros oficiales, en el 2000 no habrá recaída financiera por tres razones: una, porque no hay desequilibrio en las cuentas externas, ya que es pequeño el déficit de la cuenta corriente de la balanza de pagos; dos, porque no se está financiando el crecimiento con inversiones de portafolio como en 1994, sino con inversión extranjera directa de largo plazo y tres, porque el gobierno hoy no está comprometido a mantener un tipo de cambio fijo.

Ciertamente, el deterioro presupuestal en 1998 estuvo justificado por la caída del precio internacional del petróleo, pero en 1999 se registró un viraje radical, que nos da como saldo una evidente mejoría en esos precios hasta generar 17% de ingresos adicionales a los esperados para este año, pese a lo cual siguió aplicándose la política monetaria restrictiva esencialmente como una política antiinflacionaria y de ahorros públicos forzados para cubrir con el costo del endeudamiento adicional que supuso el rescate bancario.

La estrategia es clara, ya que dentro del proyecto de Presupuesto Federal para el 2000, se anuncia un costoso apoyo destinado al pago de intereses del IPAB por 59 mil millones de pesos. En palabras de los voceros de Hacienda, sólo 17 centavos de cada peso de gasto se dedican al servicio de la deuda; y como porcentaje del PIB, el endeudamiento interno y externo del Gobierno Federal asciende a 120 mil millones de dólares, esto es, alrededor del 27% del PIB, cifra tolerable dentro de los estándares internacionales de endeudamiento. Pero si consideramos que el saldo base para calcular el costo del rescate bancario es de 725,260 millones de pesos, esto equivale al 14% del producto y es una cifra demasiado alta para una economía que no ha logrado sostener tasas de crecimiento significativas en los últimos diecisiete años.

La fragilidad financiera de las finanzas públicas reside en que dentro del Presupuesto para el 2000, el gasto programable como porcentaje del producto es de 15.11%, mientras que la parte no-programable del gasto, es decir, la que se destina mayormente al pago de intereses sobre la deuda pública representa el 7.22% del producto

De manera que con el rescate bancario, la carga sobre el presupuesto es grande y sigue aumentando, aparte de que se está convirtiendo en un pesado fardo político, difícil de legitimar socialmente, asunto que hay que considerar muy en serio cuando se sabe que dicha carga pesará presupuestalmente a lo largo de los próximos diez años, pues aunque las autoridades de la Secretaría de Hacienda han argumentado que los pagos de intereses irán reduciéndose paulatinamente como porcentaje del PIB, lo cierto es que esa baja se basa en dos supuestos "heroicos": que las tasas de interés bajarán al ritmo de una inflación alineada con la de Estados Unidos y que la economía mantendrá un crecimiento sostenido de 5 % entre el 2000 y el 2010. Como todo el mundo sabe, en el desempeño macroeconómico de México en los ochentas y noventas, no hay evidencia estadística que valide dicha proyección.

Parte IV

Ahora bien, con alto sentido de oportunidad y capacidad de adelantarse a los acontecimientos de otra debacle financiera como la de 1995, dadas las condiciones de debilidad bancaria, hacia la tercera semana de junio del presente año el gobernador del Banco de México Guillermo Ortiz y el secretario de Hacienda, Angel Gurría, anunciaron que el gobierno había concretado con el Fondo Monetario Internacional (FMI) un "Programa de Fortalecimiento Financiero 1999-2000", por 23 mil millones de dólares, elegantemente bautizado como "blindaje financiero anti-crisis" para garantizar un cambio ordenado de gobierno.

Pero si atendemos al contenido financiero real, el supuesto blindaje resulta más bien sólo una válvula de alivio temporal, pactada por el régimen priísta de Ernesto Zedillo con la Reserva Federal Norteamericana y el Banco Central de Canadá, el Departamento del Tesoro Norteamericano, varios organismos multilaterales y el Eximbank, a cambio de compromisos de nuevas privatizaciones, apertura al capital extranjero en sectores antes asignados exclusivamente al Estado y procesos de reforma estructural en el sector bancario, en el sector de la salud y en el sector educativo, aunque este último no se haya mencionado explícitamente en la "carta de intención" entregada por el Gobierno al FMI.

El monto que aportará el "Acuerdo Financiero de América del Norte (NAFA en Inglés)"será de 6 mil 800 millones de dólares, pero sólo se podrá usar por parte del gobierno de Ernesto Zedillo, no por el gobernante que salga electo en las elecciones del 2000, y sólo será utilizable en condiciones de volatilidad financiera. La apuesta por seguir apoyando al PRI es evidente, así como también es evidente la intención de poner de rodillas a cualquier gobernante surgido de una "sorpresa electoral", dejándolo sin "blindaje" y a merced de la volatilidad financiera.

El aporte del FMI será de 4 mil 200 millones de dólares, lo que equivale al 120% de la cuota de México en ese organismo, pero lo único que hace es permitir que se cubran los vencimientos de deuda pendientes entre julio de 1999 y diciembre del 2000, deuda que México tiene pactada con el FMI. Aquí está el "alivio".

Del total de recursos pactados, 12 mil 700 millones de dólares son líneas de refinanciamiento o líneas comerciales. Esos recursos los aportarán de la siguiente manera: 5 mil 200 millones por el Banco Mundial, 3 mil 500 por el Banco Interamericano de Desarrollo y 4 mil millones de dólares por el Eximbank.

Explícitamente, los 5 mil 200 millones de dólares que aportará el Banco Mundial serán asignados a "apoyar" programas dirigidos a "mejorar las condiciones de vida de los mexicanos de menores ingresos", apuntalar las medidas que preserven la estabilidad económica y consolidar las reformas en el sistema de gobierno mediante renovados impulsos al "cambio estructural". Aquí está el "apoyo" a la estrategia del PRI para ganar votos.

El papel de los créditos del BID supuestamente será apuntalar el desarrollo financiero e institucional de los estados y municipios, cuestión sumamente importante en un esquema de afirmación del PRI sobre los distritos electorales, eje de la reforma que ha llevado a la selección de su candidato mediante elecciones en todo el país.

Finalmente, hay que decir que las líneas de financiamiento comercial en realidad van a servir para financiar la adquisición de importaciones de bienes y servicios procedentes de Estados Unidos. La política monetaria restrictiva es fuertemente promonopólica, las líneas de crédito comercial también.

De modo que si se espera una política expansiva para el año electoral que se avecina, la negociación real entre el gobierno zedillista y el de Clinton en Estados Unidos ha consistido en asegurarle su tajada económica dentro de la recuperación que viene, pues el rasgo clave del actual modelo es que cada vez que la economía mexicana se "recupera", tenemos una avalancha de importaciones.

Hay pues dos aspectos centrales en esta complicada negociación: uno, que los riesgos de otra crisis financiera sólo fueron atenuados, no eliminados; pero dos, que en realidad se ha negociado una recuperación económica que caerá como anillo al dedo para apuntalar al PRI en el poder, de cara a las elecciones del 2000.

Parte V

En el México de finales de milenio, después de 70 años de predominio incontestado del PRI, el panorama de opciones electorales aparece sensiblemente modificado, al punto de que hoy preocupa a los politólogos como problema de gobernabilidad el hecho de que los tres grandes partidos, el PRI, el PAN y el PRD, se distribuyen entre sí aproximadamente el 30% de los votos cada uno, de modo que sin el mecanismo de la segunda vuelta electoral legalizado, ese esquema real podría desembocar en una ingobernabilidad flagrante.

Que la búsqueda por construir bloques sociales no es una situación nueva, lo explica el hecho de que desde que se iniciaron las reformas estructurales sugeridas por los organismos financieros internacionales, esto es, desde 1982, tenemos en realidad la construcción de un bloque social de centro-derecha con las bases programáticas comunes del PRI y del PAN operando en la Cámara de Diputados y alternando el poder en varios estados del país, en tanto que el PRD desde su surgimiento como Frente Democrático Nacional en 1988 hasta hace poco tiempo había más bien apostado a un bloque social de centro-izquierda con los movimientos sociales y las organizaciones que resistieron las embestidas de la política neoliberal, o eventualmente atrayendo a políticos priístas que encontraban bloqueadas sus posibilidades de ascenso político a nivel estatal y discrepaban de las políticas neoliberales.

No se piense que al hablar de ese bloque social de centroderecha lo que hacemos es simplemente una hipótesis atrevida, pues la realidad lo ha demostrado: desde el pacto del PRI con el PAN para quemar las boletas electorales de las elecciones de 1988 en que se dio el triunfo a Carlos Salinas después de que a la Secretaría de Gobernación se le había "caído el sistema de cómputo" a la mitad del conteo de votos, para escamotear el triunfo a Cuauhtémoc Cárdenas, hasta la aprobación del Instituto Bancario de Protección al Ahorro (IPAB) en la Cámara a finales de 1998, esto es, diez años después, la alianza tácita ha operado puntual y efectivamente en todas las cuestiones económicas relevantes respecto a privatizar, desregular y abrir más la economía nacional.

Esto ha marcado la trayectoria del PAN como opción electoral, pues después de haberse identificado como la fuerza de oposición más antigua de México, en los últimos diez años su compromiso de "co-gobernar" le ha acarreado severos cuestionamientos sociales. Así el panorama, recientemente ha tratado de deslindarse de la alianza con el PRI y durante varios meses a lo largo de 1999 hasta jugó con la idea de integrar una gran fuerza de oposición con el PRD, llamada

"Alianza por México" basado en que no tiene fundamento la idea de que el PRI puede ser vencido por uno solo de los contrincantes .

La famosa alianza reventó a finales de septiembre de 1999 cuando el PAN formalmente rechazó la propuesta de método de selección de candidato recomendado por una Junta Ciudadana, que combinaba el uso de diversas encuestas y una votación directa. Dos personajes carismáticos, Vicente Fox por el PAN y Cuauhtémoc Cárdenas por el PRD, quedaron pues de nueva cuenta como contendientes en lugar de como aliados.

Una parte novedosa del contexto electoral mexicano es que además de las tres grandes opciones, han proliferado varios partidos pequeños, que en la lógica de acumular fracciones menores del electorado pueden jugar un papel estratégico en las condiciones descritas más arriba.

Así, tenemos agrupamientos como el Partido de Centro Democrático del expriísta Manuel Camacho, el Partido de la Democracia Social, del ex-comunista Gilberto Rincón Gallardo, el Partido de Convergencia Democrática, del ex-priísta Dante Delgado y el viejo agrupamiento para-estatal del Partido Auténtico de la Revolución Méxicana (PARM) que ahora postula al ex-perredista Porfirio Muñoz Ledo, son toda una gama de fuerzas que admiten y postulan posiciones programáticas más avanzadas, pero con el problema de que a estas alturas todavía no tienen claro quiénes habrían de formar la alianza y bajo qué circunstancias.

Sin propuestas programáticas claras, sin procedimientos políticos perfectamente definidos para integrar la alianza y sin criterios estratégicos sobre la lucha electoral que se avecina y aún sin precisar los alcances de las transformaciones centrales que aplicaría una eventual coalición gobernante, la perspectiva de un triunfo de la oposición difícilmente cristalizará, pues del lado del PRI y del PAN, por encima de la contienda electoral está clarísimo el panorama de que la segunda generación de reformas estructurales que recomiendan los organismos financieros internacionales al país, sólo será posible si ese bloque social de centro-derecha asienta sus convergencias programáticas manteniéndose formalmente separados y hasta eventualmente enfrentados en la Cámara de Diputados, pero con bases sociales firmes y practicando la alternancia electoral a nivel de los estados y los municipios.

Entre las apuestas a que todo siga bajo control y las incertidumbres propias de todo período electoral, hay un espacio importante que no puede ser valorado cabalmente, pero que puede dar vuelcos a las tendencias que aquí hemos delineado. Siempre mucho más rica que los esquemas analíticos que tratan de explicarla, la realidad pronto nos dirá qué tan adecuados eran dichos esquemas.

Bibliografía

Corre la Voz, semanario de información y análisis político, México, DF, núms. 465, 478, 479, 480 y 481, todos de 1999.

International Monetary Fund, "Turbulence in Mature Financial Markets", en *World Economic Outlook*, December 1998, cap.III. http://www.imf.weo.dec98 /toc.htm

Indicadores Económicos, Banco de México.

Mantey de Anguiano, Guadalupe, "Especulación, endeudamiento público y desempleo mundial: urgen reformas al sistema monetario internacional", en Mantey de Anguiano y Levy Orlik, compiladoras, *Desorden Monetario Mundial y su Impacto en el Sistema Financiero Mexicano*, UNAM, DGPA-ENEP Acatlán, México, 1998.

Mendoza Pichardo, Gabriel, "Financiamiento y Crecimiento: la experiencia de México en los años noventa", en

Mantey de Anguiano y Levy Orlik, compiladoras, *Desorden Monetario Mundial y su Impacto en el Sistema Financiero Mexicano*, *op.cit.*, pp. 180 a 199.

Pérez Moreno, Lucía, "Tratado de Libre Comercio, entre festejos y lamentos", en *Expansión*, México, diciembre 2, 1998, pp. 38 a 69.

Principales Indicadores de Finanzas Públicas, Secretaría de Hacienda y Crédito Público.

Sistema de Cuentas Nacionales de México, Instituto Nacional de Estadística, Geografía e Informática, INEGI.

World Bank, *Global Economic Prospects, 98/99*, capítulo I. http://www.worldbank.org/prospects/gep98-99/toc.htm.

DILEMAS DE LA GLOBALIZACIÓN

Carlos Javier Maya Ambía

Introducción

Nadie podría decir a ciencia cierta si está emergiendo un nuevo régimen de acumulación, si la revolución de 1989 marca la victoria final de la economía de mercado y el inicio de un nuevo "siglo americano", o bien si la caída del muro de Berlín, sin que en Occidente se haya tomado conciencia de ello, es sólo el principio del "colapso de la modernización". Si aceptamos lo primero, entonces sólo queda cantar loas al dios mercado y piadosamente volver los ojos al cielo musitando: "*In God we trust*". Si, por el contrario, es correcta la segunda interpretación, entonces estamos viviendo tiempos de conmoción y enfrentamos el desafío de analizarlos profundamente. Elmar Altvater, Jürgen Habermas, Immanuel Wallerstein, entre otros, son autores que destacan una serie de indicios que hablan del fin de un largo ciclo político, que permiten interpretar la historia actual como un periodo de profundas rupturas y de la constitución de un nuevo modo de regulación de las relaciones sociales. Estos indicios son por ejemplo el hecho de que la globalización, después de haber irrumpido en todo el orbe, se vuelve hacia adentro, hacia espacios vitales que representan refugios muy importantes para la identidad individual y social. Igualmente puede mencionarse que, cuando el crecimiento ya no tiene posibilidades de expansión espacial, busca salida como aceleración en el tiempo. Se hace necesaria la permanencia de la aceleración a causa de la presión de la competencia de los mercados globales, jugando un papel especialmente fatal la desrregulación de los mercados financieros internacionales. La permanente innovación, el cambio de la moda, la competencia que obliga a hacer todo más rápido, echan por la borda todas las seguridades de la conformación del futuro. La expansión de la globalización hacia los espacios vitales trae como consecuencia la erosión de las bases de la solidaridad, imprescindible para toda sociedad.

Parece no existir alternativa a la globalización, pero también debe reconocerse que ella nos conduce directamente a la catástrofe social y ecológica. De ahí la urgente necesidad de una alternativa política. Evidentemente los dos mecanismos centrales de socialización de las décadas pasadas, el mercado y el Estado, ya no son apropiados para garantizar un puesto de trabajo a todos los que quieran y deban trabajar.

El siglo XX ha sido, como dice Hobsbawm, del crecimiento económico, pero también es verdad que éste ha llegado a topar con determinados límites y el siglo XXI tendrá que ser de la distribución. De aquí se derivan una serie de consecuencias institucionales en la economía, la sociedad y la política. Los límites al crecimiento son elementos de un proceso social cuyo resultado será una transformación de las relaciones sociales con la Naturaleza. Siempre se supuso que mediante el crecimiento sería fácil resolver la cuestión de la distribución. Al final del siglo XX debemos admitir que éste no es una solución con futuro en el próximo siglo. En algunas sociedades individuales es verdad que se han reducido las disparidades en la distribución, pero en el sistema global éstas han aumentado extremadamente y la "buena vida" de las clases altas de los países ricos es definitivamente inalcanzable para la mayoría de la población mundial.

Si bien sería un proyecto sin futuro hacer reversible la globalización, ésta, como una capitalización del mundo, que es lo que reclama el fundamentalismo del mercado y sus adeptos neoliberales, desembocaría en una catástrofe social y ecológica. Así, sólo queda en pie la perspectiva de la regulación social de los procesos globales en la política y en la economía. Sin embargo no podemos negar el encontrarnos en un dilema entre las exigencias de la regulación, por un lado, y por el hecho de que a nivel global no existen actores que pudieran intervenir como lo podían hacer los estados nacionales en el ámbito de la política nacional e internacional. Los impulsos para encaminarse por vías alternativas de desarrollo sólo podrían provenir de una sociedad civil global. Pero ésta, a pesar de ser necesaria, es muy poco viable en las condiciones actuales. Sus gérmenes se encuentran en las localidades, en las sociedades nacionales, en las redes internacionales de las ONG y en organizaciones e instituciones internacionales, que dan nacimiento a nuevos actores que deberán recurrir a nuevas formas de la política para dar solución a los nuevos problemas a nivel global. Indudablemente los vientos huracanados de la globalización amenazan de muerte día a día tales gérmenes, como amenazan todo aquello que no se traduzca en beneficios monetarios y, además, en monedas fuertes.

¿Qué es la globalización?

Al hablar de globalización nos referimos fundamentalmente a la globalización del mundo de las mercancías y con ello se alude a cuatro procesos:

1) Una creciente integración de regiones y naciones en el mercado mundial hasta llegar al sometimiento a cierto modo de producción y de vida.

2) La tendencia del mercado a unificar económicamente las sociedades.

3) La apertura de los estados nacionales frente a las tendencias del mercado mundial.

4) La desregulación y debilitamiento de los estados nacionales frente al mercado.

La globalización es un fenómeno altamente complejo y con impactos de tal magnitud en todos los órdenes de nuestras vidas, que pueden desarrollarse profundas reflexiones de carácter no sólo económico, sino político, ético, filosófico. Aquí me limitaré sólo a apuntar algunos elementos para su discusión, siguiendo fundamentalmente el enfoque de Elmar Altvater, plasmado en sus obras más recientes sobre el tema.

Causas y condiciones de la globalización

Los procesos que actualmente se conceptualizan bajo el término de globalización tienen una larga historia. Rastrearlos nos llevaría por lo menos al estudio de la economía mundo, esfuerzo emprendido admirablemente por ejemplo por Wallerstein y plasmado también en las obras de los años noventa de André Gunder Frank. Nos limitaremos a apuntar las causas más inmediatas, así como las condiciones que la han hecho posible. Estas causas son los procesos de autonomización de ciertos ámbitos de actividad con respecto a otros más extensos, que han sido llamados por Elmar Altvater "desempotramientos" o "dislocaciones", siguiendo el concepto y la idea introducidos hace años por Karl Polanyi.

Los desempotramientos que desembocan en la actual globalización son fundamentalmente tres:

a) La economía se separa de la sociedad (Polanyi).

b) El mercado se separa de la economía.

c) El dinero lo hace del mercado, o sea, el sistema financiero se independiza de los procesos económicos reales.

Todo lo anterior es posible gracias al uso intensivo de combustibles fósiles.

Los mecanismos de desempotramiento se convierten en un proyecto histórico: la contrarrevolución neoliberal.

Otros elementos que han propiciado la globalización son los siguientes tres:

a) Los altos intereses, posibles sólo gracias al uso intensivo de los combustibles fósiles que elevan la productividad del trabajo. Aquí debe advertirse que surgen serios problemas cuando los intereses crecen más rápidamente que la productividad.

b) Los bajos costos de transporte, gracias a combustibles baratos y bajos salarios en el sector, entre otras cosas.

c) El amplio uso de las modernas telecomunicaciones y la computadora, que han sido lo que el ferrocarril fue para la industrialización.

Efectos

Por el lado de los efectos, innegablemente la globalización cubre un amplísimo arco de fenómenos. Entre ellos desearía mencionar sólo algunos, como son los siguientes:

1) La formación de bloques regionales o macrorregiones, junto con microrregiones dentro de los estados nacionales e incluso regiones supranacionales, todo bajo la presión de la priorización de la estabilidad monetaria y paralelo al amurallamiento de las unidades nacionales contra otras (fragmentación).

2) La conformación de un planeta compacto espacial y temporalmente, bajo el dominio de la racionalidad competitiva y la imposición de un solo tiempo mundial que norma todo.

3) La erosión del estado del bienestar, pues cuenta como factor de costos y la destrucción del consenso social básico, en un contexto que reproduce la desigualdad de oportunidades, no sólo de resultados. Lo cual expresa sólo la imposición de la competencia global sobre la cooperación social y el consenso político.

4) Fragmentación (ejemplo: monedas nacionales, marginación de ciertas regiones del comercio mundial, como el frica subsahariana), fraccionamiento (o lucha por el reparto de la plusvalía global) y fractalización (los mismos movimientos se repiten en forma similar a distintos niveles y grados, por ejemplo: empresas transnacionales, bancos, etcétera).

5) Expansión de los servicios y del comercio informal y los negocios ilegales (ejemplo: en comercio mundial primer lugar armas; segundo, drogas; tercero, petróleo).

6) Pauperización selectiva, en particular empeoramiento de la situación de las trabajadoras mujeres, junto con el surgimiento de dudas sobre la identidad de los ciudadanos nacionales y erosión de la esencia de los derechos y procedimientos democráticos, lo cual se agudiza por la migración internacional.

7) Disolución de los nexos tradicionales entre tasa de interés y tasa de ganancia, entre la esfera monetaria y la economía real y una autonomización del dinero, que escinde a la sociedad en dos: una de deudores y otra de acreedores. A lo apuntado se agrega la globalización financiera, que ha llevado a la crisis del estado de bienestar.

8) Desterritorialización del espacio y sobrepeso del presente en el tiempo. Nodalización de las ciudades (sólo plazas dentro de la red global).

9) Destrucción ecológica.

Límites y dilemas de la globalización

Pero a pesar de efectos tan impactantes y de dimensiones tan difíciles de percibir en toda su magnitud, la globalización es un proceso contradictorio, lo cual se hace evidente en los límites con los que inevitablemente choca y los dilemas que irremediablemente enfrenta.

La globalización es un proceso y como tal, lógicamente debería alcanzar cierta situación, la situación de globalidad.

Lo cuál, sin embargo, por su naturaleza contradictoria, es imposible, en particular por razones sociales y ecológicas, como las siguientes:

Es imposible una homogeneización social del trabajo y de las condiciones de trabajo y vida en todo el planeta. La unificación civilizadora o cultural de la Tierra no sólo no se ha alcanzado, sino que parece ser que se avecina un choque de civilizaciones (Huntington). Si a pesar de todo emergiera una "sociedad" mundial, ésta no podría incluir a todos los habitantes de la Tierra. Por otra parte, el castigo de la competencia es la desaparición del mercado. Pero éste no se puede aplicar a las naciones o regiones. En consecuencia, el castigo de la competencia queda como amenaza vacía y ella pierde sentido.

La globalización promueve desigualdades y conflictos, por lo que la sociedad mundial no deja de ser una utopía. Razones que impiden la constitución de una sociedad civil global son cuatro, a saber:

a) La utilización de los recursos sociales requiere cercanía real (física y espacial), no suplantable por el espacio virtual.

b) Las distancias físicas, sociales y culturales entre regiones y países son todavía muy grandes.

c) Las relaciones económicas tienen una dimensión en valor y dinero y otra material y social. La globalización sólo es posible en la primera dimensión.

d) La globalización del mundo de las mercancías exige poder de compra, pero éste no lo tiene todo mundo, ni está (ni puede estar) distribuido equitativamente. Si lo estuviera, desaparecería el motor de la globalización.

El gran límite ecológico deriva de la imposibilidad de un uso ilimitado de materiales y energías limitadas.

Por lo que concierne a los dilemas, destacan particularmente dos. Uno es el que emerge de la contradicción entre competencia *versus* competitividad. El segundo es el de la incoherencia de los espacios funcionales. Además existen otros que mencionaré brevemente al final.

El dilema de la competencia *versus* competitividad consiste en lo siguiente. El principio de la competencia domina el mercado mundial en su conjunto; sin embargo, la competitividad sólo se puede producir en localidades. Sin duda, las empresas obedecen al principio de la competencia global, pero de la competitividad de las unidades locales son responsables numerosos actores (empresas, bancos, instituciones políticas nacionales, redes de la sociedad civil, etcétera). Por consiguiente, mantener la competencia global y producir la competitividad local dependen de lógicas de acción diferentes e incluso contradictorias: la competencia se rige por el principio de equivalencia; la competitividad lo hace también por él, pero igualmente por el principio de reciprocidad.

Además, debemos considerar que la conformación de la competitividad bajo las condiciones de la competencia global se limita a una política de reducción de costos salariales, procedimiento que en nada promueve la competitividad local. Asimismo sucede que en la medida que los otros sistemas de conducción (estado, sociedad) son organizados para los procesos del mercado, se encuentran bajo la presión de renunciar a su propia lógica y adaptarse al mercado.

Si los actores responden a las necesidades urgentes, siempre a corto plazo, de la competencia global, reduciendo costos y deshaciéndose de cargas inútiles, entonces se adelgazará el colchón social, económico y político que es indispensable a largo plazo para la competitividad. Si, por el contrario, se toman medidas para incrementar la competitividad, éstas pueden a corto plazo ser muy costosas y superfluas a la luz de la racionalidad microeconómica.

La competencia se hace más intensiva en todas partes. La competitividad en la competencia global sólo puede ser producida localmente. El estado nacional competitivo responde con su política a los desafíos de la globalización económica y la política se subordina a la economía. El dilema surge porque los estándares de la competencia económica vienen dados cada vez más por el mercado mundial y éstos sólo pueden satisfacerse en el lugar donde las mercancías son producidas o los servicios proporcionados, en competencia con otras localidades. Donde en el espacio económico la competencia entre los actores del mercado determina sus acciones, ahí se requeriría en el espacio político cooperación, consenso, reconocimiento entre ciudadanos en la sociedad civil (mundial). Esto es difícil y quizá imposible. Primero: porque la competencia global mina al estado de bienestar, pues él cuenta como factor de costos. Segundo: el desmantelamiento de las prestaciones sociales ocurre en forma muy desigual. Aquí entran criterios de exclusión como raza, etnia, religión, etcétera, que son extraordinariamente conflictivos. Tercero: las leyes de la competencia en los mercados globales exigen reducción de costos, la que siempre significa despidos de trabajadores. Cuarto: la consolidación estructural del desempleo en todos los países representa una amenaza para la sociedad civil. La "sociedad de trabajo" gratifica sólo a quienes disponen de ingresos derivados del tener un puesto de trabajo. Quinto: las necesidades de adaptación producen una movilización de las personas y una flexibilización de su ocupación que afectan la conformación de espacios urbanos y sistemas de tráfico. Sexto: con lo anterior se relaciona una destrucción de los servicios públicos. Séptimo: el individualismo y el debilitamiento de los lazos interpersonales fomentados por la globalización, alimenta la criminalidad, ya que el fin del enriquecimiento individual es incuestionable, los medios son los cuestionables. Octavo: el combate a lo anterior conduce a medidas represivas que desembocan en un nuevo autoritarismo y en la búsqueda de nuevas identidades, como raza, nación, etnia, religión.

Por todas estas razones resulta incompatible aceptar el libre mercado, organizar la economía nacional en forma eficiente y competitiva, cultivar la cultura democrática y al mismo tiempo fortalecer al Estado de derecho y a las instituciones políticas.

El segundo dilema de gran importancia concierne a los espacios funcionales y cómo, bajo la dinámica de la globalización, llegan a ser incoherentes.

Recordemos antes que existen tres formas de regulación social: el mercado, las jerarquías (Estado) y las redes sociales. Cada una tiene su lógica de acción, su ámbito de acción y su dimensión temporal y cada una es adecuada a ciertas metas.

Los espacios funcionales se definen por su lógica de acción y funcionamiento: el espacio funcional económico está caracterizado por el cálculo monetario de la rentabilidad, que además dirige la incorporación del trabajo. El espacio funcional político obedece al cálculo del poder, con el cual se asegura el dominio en y sobre el espacio —también en el sentido de territorio. El espacio social es la arena de articulación de intereses, de reglamentaciones de conflictos y de la búsqueda de un consenso, siempre precario, a través de la comunicación, bajo condiciones de reciprocidad y equivalencia. El espacio ambiental está dominado por restricciones ecológicas, que se pueden formular termodinámicamente.

Los espacios funcionales son abiertos, se interpenetran e interinfluyen. Por ejemplo, el trabajo es dirigido por el cálculo de la rentabilidad y la restricción presupuestaria: los intereses establecidos en los mercados financieros globalizados requieren de una tasa de ganancia mínima, misma que depende de la distribución entre beneficios y salarios, de la productividad del trabajo y de la intensidad de capital. Aquí no juega un papel importante sólo el espacio económico, sino también otros. El trabajo siempre es transformación de la naturaleza. Determinados materiales son separados y/o agregados consumiendo cierta energía. Mientras más elevada sea la productividad a causa del insumo de fuentes fósiles de energía, tanto más rápido se transformará y degradará el ambiente. Estas modificaciones a su vez influirán sobre el trabajo con los recursos naturales. Éste jamás será independiente de las condiciones naturales. Pero también entre economía, ecología, política y espacio social ocurren interferencias. Sin estabilidad social se pone en peligro la rentabilidad económica y los conflictos políticos, sobre todo si son violentos, destruyen todo: personas, relaciones sociales y la naturaleza.

El conjunto de los interpenetrantes espacios funcionales se puede designar como la relación natural social, que está abierta para la gestión social-cultural y que subyace a la regulación política. Si se lograra la coherente conformación de los espacios funcionales, podría hablarse de un estado o situación sustentable.

En unidades geográficas pequeñas es más fácil lograr la coherencia entre los espacios funcionales, pues mientras más pequeño el espacio físico, tanto más grande *ceteris paribus* el mundo exterior al cual se pueden exportar elementos perturbadores del orden y la coherencia. Estas externalizaciones pueden involucrar personas, desechos y en general todo lo que represente "*poena naturales*" (castigo de la naturaleza). Sin embargo, la globalización es un proceso que abarca al planeta entero, con lo cual la lógica expansiva de la economía se encamina a hacer estallar las limitadas lógicas que rigen a los demás espacios funcionales. La lógica de precios de la economía es inadecuada para comprender lo que ocurre en los demás espacios funcionales. El problema de la sustentabilidad sólo puede abordarse tomando en cuenta las complejas interrelaciones entre los diversos espacios funcionales y haciendo un gran esfuerzo de teorización al respecto.

Sólo se puede hablar de coherencia cuando se tiene claridad sobre las restricciones que se imponen al sistema. Así tenemos que al subsistema economía se imponen como restricciones la escasez de recursos, las tasas de interés y los tipos de cambio, la tasa de ganancia. Al subsistema sociedad corresponden como restricciones la división del trabajo, la competencia, los conflictos y la cooperación. A la política corresponden la legitimación de las instituciones y la creación del consenso. La naturaleza tiene como restricciones las condiciones termodinámicas y los valores límite de la toxicidad. De acuerdo con estas restricciones, para cada subsistema existen ciertas condiciones de coherencia. Para la economía son, por ejemplo, las tecnologías de la producción y la distribución, así como condiciones institucionales. Para la sociedad serían la institucionalización de los conflictos, las redes de la sociedad civil y el bienestar. Para la política, la racionalidad procesal y los resultados materiales de los procesos políticos (Estado social). Para la naturaleza, la conservación de los flujos de energía y materiales y un balance entre el incremento de la entropía y su eliminación, junto con la adición de energía. Cada subsistema tiene sus códigos que permiten a sus actores comunicarse entre sí.

Es posible que mediante esfuerzos a nivel de los Estados Nacionales, los espacios funcionales lleguen a adquirir cierta coherencia. Pero a nivel mundial estos intentos sólo pueden quedar en manos de instituciones como el FMI, el Banco Mundial y las naciones industrializadas más poderosas. Sin embargo éstas no tendrán grandes motivaciones para influir sobre las restricciones arriba señaladas, si con ello se erosionan sus posiciones de poder a nivel global.

Otros dilemas dignos de mención consisten en lo siguiente: uno es el pretender liberar las fuerzas globales del mercado, desregularlas y al mismo tiempo querer alcanzar la socialidad mediante un contrato social. Otro es que la eficiencia económica no es resultado de empresas independientes y sus decisiones microeconómicas, sino que depende de condiciones políticas, sociales y culturales.

Un tercero estriba en que se promueve más mercado y menos Estado, pero para lo primero se necesita mayor intervención estatal. Lo cual evidencia que el desempotramiento del mercado no llega tan lejos que para la sociedad y sus instituciones ya no queden funciones de regulación de la economía. Las relaciones monetarias son principalmente relaciones contractuales que requieren de una reglamentación jurídica por parte de una instancia independiente que no sea parte contractual. En contra de la concepción neoliberal, la expansión del mercado demanda una enorme reglamentación de las relaciones monetarias, lo que significa mayor intervención estatal, por lo menos en forma de ordenamientos jurídicos. Análogamente, la desregulación sólo es posible gracias a nuevas regulaciones. La estabilidad de los mercados financieros globalizados requiere de cierta regulación estatal. En las sociedades en transformación de Europa central y oriental, se requiere seguridad jurídica y contractual para que los inversionistas privados puedan tomar sus decisiones bajo riesgos calculables. Incluso las tendencias hacia una mayor privatización del dinero provocan medidas de regulación pública. Por todo lo señalado, puede decirse que el desempotramiento puro de la economía de mercado es un engaño. Además, las relaciones contractuales y por lo tanto las monetarias siempre exigen precondiciones extra-contractuales (y por lo tanto extra-monetarias) que son imprescindibles para el funcionamiento eficiente de una economía monetaria y de mercado. El fenómeno descrito ha sido llamado por algunos autores la dimensión moral de la socialización. De manera que una completa escisión de la economía con respecto a la sociedad en realidad es perjudicial tanto para la eficiencia económica como para la subsistencia social. Consecuencia más notoria al observar que a pesar de la retórica "menos Estado", la economía mundial no puede salir adelante sin la política. Los Estados Nacionales continúan protegiendo sus economías nacionales, entendidas como espacios monetarios. Además, el enriquecimiento privado y la deuda (empobrecimiento) pública son dos caras de la misma moneda. La fuerte presencia de la política es asimismo conspicua al considerar que la dinámica de las tasas de interés fuerza procesos de redistribución tan radicales que el mercado solo, sin ayuda estatal, no podría llevarlos a cabo.

Un cuarto dilema se presenta entre disponibilidad y seguridad del dinero mundial dólar. Este dilema, conocido como de Triffin, consiste en que el sistema monetario de Bretton Woods ya no está ligado al oro, sino al dólar, dependiendo entonces su funcionamiento de la disponibilidad de dólares para la circulación de mercancías y para los crecientes movimientos de capitales. Por otra parte el dólar tenía que mantenerse escaso para estabilizar el precio del oro en dólares. Dicha vinculación era como un ancla estabilizadora del sistema. La escasez señalada sólo puede ser garantizada institucionalmente a través del banco central correspondiente al área monetaria. La contradicción entre disponibilidad y escasez de dólares en el sistema de Bretton Woods puede resolverse hacia un lado o hacia el otro, nunca mediante una combinación de ambos.

Hacia 1973 fracasa totalmente el sistema de tipos de cambio fijos. Entonces empieza lo que Robert Triffin llamó "escándalo monetario internacional". Empezó una época de fuertes fluctuaciones cambiarias, de una creciente volatilidad que, según los neoliberales, gracias a la flexibilización de los tipos de cambio terminaría, desde entonces, en realidad, ha aumentado considerablemente.

Finalmente, sobre este punto, deseo destacar dos cosas. Una es que la globalización destruye las posibilidades de regulación social de los procesos económicos a nivel nacional, regional y local, sin que a nivel mundial se erijan nuevas instituciones reguladoras. La otra es que con la globalización los intereses crecen más de lo que permiten el crecimiento de la productividad y de la tasa de ganancia. La carga recae sobre los salarios, con consecuencias socialmente destructoras.

Además de crear una serie de dilemas, la globalización se topa con límites sociales y ecológicos. Para comprender este punto debemos recordar que la globalización conduce a la competencia entre divisas, ésta a la competencia de costos salariales, la cual presiona hacia la elevación de la productividad local, posible solamente mediante un aumento del transumo.*

Para profundizar en lo anterior debe tomarse en cuenta un análisis triple de la riqueza de las naciones, distinguiendo tres cosas: *a)* las transformaciones biofísicas en el proceso de crecimiento económico; *b)* el crecimiento de la riqueza o bienestar de las personas y *c)* el crecimiento monetario del PIB. Esta distinción es necesaria porque las tres cosas no coinciden.

La termodinámica enseña que es imposible un crecimiento biofísico, ya que los insumos energético-materiales sólo se transforman cualitativamente en otros productos energético-materiales. El balance cuantitativo en un sistema cerrado siempre está igualado, lo que cambia es la calidad del entorno biofísico. Si el bienestar aumenta o no con el proceso biofísico de transformación depende de la medida en que se produzcan valores de uso que puedan satisfacer necesidades

---

*Concepto introducido por Kenneth E. Boulding para designar todos los costos que acarrea determinada producción, incluyendo el deterioro ambiental.

humanas. El producto social medido en unidades monetarias sin embargo en principio puede crecer ilimitadamente. La expresión monetaria del plusvalor puede ciertamente todavía crecer, pero sin un plusproducto físico, sería finalmente un plusvalor sin valor. Es por ello que aunque lo que cuenta en el capitalismo es la producción de plusvalor, no se puede hacer abstracción del valor de uso como portador del valor. Es obvio que el valor de cambio no es nada sin el valor de uso y que los valores de uso pueden entenderse como materias de baja entropía. Valor y plusvalor sin valor de uso no tienen sentido. Los límites biofísicos, ecológicos, en forma de degradación irreversible constituyen una fuerte restricción para el crecimiento del PIB global así como para el incremento del bienestar individual y social: la productividad económica descansa sobre la productividad ecológica.

En una sociedad real es inadmisible la idea de un crecimiento eterno, incluso cuando la sociedad se reduzca a comunicación sin mediación de cosas materiales. Efectivamente, la comunicación es imposible sin metabolismo, sin intercambio de materia entre el hombre, la sociedad y la naturaleza, pues ya para pensar se necesita un cerebro que funcione alimentado por un estómago. Incluso la acción política es impensable sin la mediación de materia y energía.

La celebración del pacto para la productividad puede ayudar a mejorar la competitividad de las localidades en el mercado mundial, para por el camino prefijado más rápido ir a caer en el pozo ecológico. El proceso de globalización no puede ilimitadamente continuarse, en tanto que se tome en cuenta la dimensión material y energética. Este proceso debería desembocar en una situación de globalidad, lo que queda excluido bajo los imperativos de la competencia global.

Algunas propuestas metodológicas

El fenómeno llamado globalización plantea serios retos epistemológicos. Ianni nos hace ver en su trabajo sobre los esfuerzos por teorizar dicho fenómeno que, son más las deficiencias, los vacíos y los retos, que los logros por parte de los científicos sociales interesados en la temática apuntada. Cierto es también que en las ciencias sociales estamos viviendo, con globalización o sin ella, una crisis de paradigmas. En cualquier esfuerzo por la construcción de un nuevo paradigma deberíamos recordar la advertencia de Kennneth M. Stokes, en el sentido de que la "realidad económica" no existe en el sentido objetivo del término, sino que depende y es expresión de la forma en la cual una comunidad de agentes humanos interpreta y ordena su existencia colectiva. Además, el primer problema que debe resolverse concierne a la nueva unidad epistémica. Para Ianni, el nuevo objeto de estudio es la sociedad global. Las ciencias sociales, dice el sociólogo brasileño, se enfrentan a un desafío epistemológico nuevo, pues su objeto se transforma espectacularmente, ya que por primera vez hay que pensar el mundo como una sociedad global. Otros autores, como Altvater y Huntington, sostienen que tal sociedad no existe, e incluso no puede existir. En ese caso, habría que buscar otro objeto de estudio. En opinión de Gunder Frank debe ser la economía-mundo, mientras que Huntington sostiene que dicho objeto actualmente deben ser las civilizaciones, toda vez que no existe una civilización global.

En caso de tomar a la economía-mundo como unidad epistémica, sugiere Gunder Frank que lo más pertinente es estudiar la totalidad más que las particularidades, enfocar más los aspectos comunes que las diferencias entre países, dar relevancia a las continuidades históricas por encima de las discontinuidades, priorizar los ciclos (sobre todo los de muy larga duración) sobre la linealidad. Para llevar adelante este esfuerzo, Gunder Frank propone una especie de trípode metodológico que se apoya en la misma medida en una "pata" ecológica-económica-tecnológica; en una político-militar; y en una tercera social-cultural-ideológica.

Siguiendo los señalamientos de Elmar Altvater, la globalización, como ha quedado apuntado, se comprende mejor atendiendo a las relaciones entre los distintos espacios funcionales: economía, política, sociedad y medio ambiente.

Como no todas las sociedades del planeta pueden lograr la coherencia entre sus espacios funcionales y las que la logran no podrán mantenerla indefinidamente, debemos, por lo tanto, hablar de simultaneidad de orden y desorden, de unificación global y fragmentación regional, de fraccionamiento y fractalización.

La propuesta metodológica de Altvater podría servirnos para avanzar en el estudio no sólo de la globalización, sino también de la no-globalización, que de hecho es lo que plantea Huntington. La cultura no se globaliza, sino que sigue "fragmentada" y cada componente parece estar en pugna con los demás. La situación de conflicto/competencia descrita por Huntington puede ser cierta, pero el autor de la sugerente hipótesis del choque de civilizaciones no nos dice que así tenga que ser. Incluso podría pensarse que han existido sociedades multiculturales en coexistencia no sólo pacífica, sino fructífera. Piénsese en los oasis de tolerancia y respeto que en la España medieval, permitieron la convivencia de cristianos, judíos y musulmanes. Marshall McLuhan vislumbró una aldea global, nosotros podemos esforzarnos por reconstruir un "Toledo global", en el que cada civilización se nutra de las demás y no se enfrente destructivamente a ellas.

Finalmente, independientemente de la elección epistemológica que hagamos, es pertinente tener conciencia, como dice Viviane Forrester, de que:

> Vivimos un tiempo clave de la Historia. Estamos en peligro, a merced de una economía despótica que al menos deberíamos situar, analizar, descifrar sus poderes y envergadura. Por mundializada que sea, por más que el mundo esté sometido a su poder, resta comprender, quizá decidir, qué lugar ha de ocupar la vida en ese esquema (p. 119).

Tenemos razón para estar preocupados. Pues el siglo que concluye nos ha enseñado, como apunta la autora citada, que hasta los regímenes más consolidados llegan a su fin, pero también "que todo es posible en el orden de la ferocidad, que como nunca cuenta con medios para desencadenarse sin frenos" (p. 154). El camino ante esta situación no es "evitar la desesperación por medio de la mentira, el disimulo, la evasión aberrante [...]. Por el contrario, correr el riesgo de ser preciso, de verificar la realidad, aunque provoque cierta desesperación, es el único gesto lúcido en el presente que preserva el futuro" (p. 156).

Consideración final

Las ideas que he expuesto, lejos de agotar la rica problemática aludida, sólo destacan sus complejidades y el innegable hecho de que todavía, como economistas, como estudiosos de la sociedad, nos encontramos débilmente armados para enfrentar con éxito los desafíos de nuestra convulsa época. Vivimos tiempos de incertidumbre, pero también por ello, propicios para revoluciones científicas. Los economistas de mi generación, a pesar de los nubarrones que se dibujan en el cielo, tenemos derecho a alumbrar esperanzas. Hemos tenido la fortuna de haber contado entre nuestros maestros, con mentes lúcidas, con hombres y mujeres íntegros y honestos. Uno de ellos, paradigma en más de un sentido, reconocido y admirado por cuantos hemos tenido el privilegio de estrechar su mano y de escuchar su palabra, es nuestro maestro José Luis Ceceña Gámez, quien nos ha enseñado no sólo lo que es un economista completo, sino lo que es un ser humano digno, un intelectual honesto, un hombre fiel a sus convicciones, en una palabra, un caballero, de los de adarga antigua y lanza en astillero.

Bibliografía

Altvater, Elmar y Birgit Mahnkopf (1996), *Grenzen der Globalisierung. Ökonomie, Ökologie und Politik in der Weltgesellschaft*, Münster,Westfälisches Dampfboot.

Archibugi, Daniele, Jeremy Howells y Jonathan Michie (eds.) (1999), *Innovation policy in a global economy*, Cambridge, Inglaterra, Nueva York, Cambridge University Pres.

Buelens, Frans (ed.) (2000), *Globalisation and the nation-state*, Northampton, MA., Edward Elgar Publishing.

Chossodovsky, Michel (1997), *The Globalisation of Poverty: Impacts of IMI and World Bank Reforms*, St. Martin's Press.

Eatwell, John (ed.) (1998), *Understanding Globalisation: The Nation-State, Democracy and Economic Policies in the New Epoch*, Coronet Books.

Findlay, Mark (1999), *The Globalisation of Crime: Understanding Transitional Relationships at Context*, Cambridge University Press.

Forrester, Viviane (1997), *El horror económico*, México, FCE.

Frank, Andre Gunder (1998), "Aber die Welt ist doch rund", en: Michael Heinrich y Dirk Messner (eds.), *Globalisierung und Perspektiven linker Politik. Festschrift für Elmar Altvater*, Münster, Westfälisches Dampfboot, pp. 80-109.

Hobsbawm, Eric (1995), *Historia del Siglo XX 1914-1991*, Barcelona, Grijalbo Mondadori.

Huntington, Samuel P. (1998), *El choque de civilizaciones y la reconfiguración del orden mundial*, México-Buenos Aires-Barcelona, Paidós.

Ianni, Octavio (1998), *Teorías de la globalización*, 3a. ed., México, Siglo XXI -UNAM

Kay, Cristóbal (ed.) (1997), *Globlalisation, competitiveness, and human security*, Londres, Portland, Geneva, EADI.

Kiely, Ray y Phil Marfleet (eds.) (1998), *Globalisation and the Third World*, Londres y Nueva York, Routledge.

Organisation for Economic Co-Operation and Development (1994), *Globalisation of industrial activities*, París.

——— (1996), *Globalisation of industry: overview and sector reports*, París, Washington, D. C.

Stokes, Kenneth M., *A Metatheoretical Discourse*, http://www.iuj.ac.jp/media/stokes/meta-a02.htm http://www.iuj.ac.jp/media/stokes/meta-a02.htm.

Wallerstein, Immanuel (1998), *Después del liberalismo*, México, Siglo XXI.

TERCERA PARTE
POLÍTICA

EL MOVIMIENTO DE LIBERACIÓN NACIONAL

Carlos Maciel Sánchez

La víspera

El Estado mexicano en condiciones históricas de escaso desarrollo y dependencia, desde sus inicios adquirió ciertos rasgos específicos que se manifestaron en el fortalecimiento del sector estatal de la economía. Esto le permitió convertirse en la fuerza motriz del desarrollo económico y gracias a ello crear condiciones favorables a la burguesía mexicana en la acumulación de capital. Entre 1940 y 1960 se dio un fuerte auge de la economía nacional, despertando un gran optimismo entre los círculos dirigentes, que hablaban ya del "milagro mexicano", milagro que por supuesto no alcanzó para aliviar la pobreza de las mayorías. En este periodo los ricos, aunque no tanto como ahora, se volvieron inconmensurablemente ricos y los pobres más pobres aún. La tierra continuó en manos de unos cuantos, los salarios eran más precarios que los de épocas anteriores, la alimentación miserable, las condiciones de vida y salud lamentables. Sin embargo, el contraste entre el atraso económico y la desigualdad social y el relativamente fuerte auge económico, pronto comenzó a reflejarse en una mayor actividad de la vida política del país.

A finales de los cincuenta se produjo una actividad inusitada del movimiento obrero. Se libraron grandes luchas por la conquista de la democracia en las organizaciones sindicales y en la vida política del país, así como por la emancipación de las masas trabajadoras del control gubernamental. El crecimiento, las dimensiones y la dirección de este movimiento habían devenido un serio conflicto para los círculos gobernantes, por ello fue duramente reprimido.

Las luchas de los ferrocarrileros, de los telegrafistas, de los maestros y de diversos grupos de trabajadores tuvieron gran resonancia en la vida política del país. La represión obrera de 1958-1959 puso en duda no sólo el carácter popular y por encima de las clases sociales del Estado, sino que reveló la esencia profundamente autoritaria y antidemocrática del régimen político mexicano. Estos combates tuvieron sus efectos en la conciencia de otras capas de la población: desde los inicios de los sesenta, a estas luchas se incorporaron estudiantes, intelectuales, profesionales y campesinos, cuyas posturas críticas con respecto a la realidad mexicana iban en ascenso. La necesidad de acciones conjuntas de todos los grupos sociales interesados en la independencia económica de México con respecto al imperialismo norteamericano y la plena vigencia de los postulados de la revolución mexicana, más que la democratización de la vida, se habían convertido en las tareas más urgentes para todos estos sectores progresistas.

La lucha por la paz y sus secuelas

El triunfo de los barbudos cubanos, que puso fin a la dictadura sangrienta de Fulgencio Batista, sacudió literalmente a todo el continente americano. La revolución cubana había puesto al descubierto las contradicciones sociales subyacentes a las condiciones materiales de nuestras sociedades, al mismo tiempo que mostraba las posibilidades reales de victoria.

La influencia del triunfo cubano, al igual que en otros países del continente, fue de gran emvergadura en nuestro país, pero debido a que el movimiento obrero se encontraba diezmado y disperso después de la brutal represión del 59,[1] fueron las capas medias de la población las que se encontraron en mejor situación para recibir la onda ideológica que comenzó a expandir la Revolución Cubana. Se produjo, como dijera Rodnei Arizmendi, un gran avance en "la conciencia antimperialista, aunque en menor grado en la conciencia socialista".[2]

Se formaron agrupaciones de defensa de la Revolución Cubana, en las que se desarrollaba una gran actividad. Grupos estudiantiles como "La Linterna", de intelectuales agrupados en torno al periódico *El Espectador* y "El Círculo de Estudios Mexicanos", organizaban mítines, manifestaciones, conferencias de apoyo, ensayos y reportajes periodísticos de defensa, entintaban cuanto medio impreso se encontrara disponible.

Pero el triunfo castrista no fue sólo bálsamo en los espíritus revolucionarios, la derecha de todo el continente también reaccionó con violencia. Se orquestaron grandes movimientos de la reacción interna y externa, acaudillada esta última por los "paladines" democráticos del imperio norteamericano.

En México, la reacción capitaneada por la iniciativa privada, elaboró una táctica que al mismo tiempo que le serviría

[1] Véase, Maciel, C. (1990), *El movimiento de liberación nacional. Vicisitudes y aspiraciones*, México, UAS.

[2] Arizmendi, R. (1970), *Lenin, la Revolución y América Latina*, Montevideo, pp. 302-303.

como instrumento de sometimiento de las fuerzas de izquierda, le permitiría presionar al gobierno para obtener aún mayores privilegios, y hasta cierto punto limitar la política de estatización que venía impulsando el presidente López Mateos. Como señalara Gabriel Careaga, "La Revolución Cubana había provocado a la derecha el mayor trauma, el mayor conflicto, el mayor desgarramiento y el mayor odio a todos los que defendían Cuba, todo podría desaparecer, la familia, los templos, las escuelas, las tradiciones".[3]

Por esas fechas se hizo popular el lema *Cristianismo sí, comunismo no.* Desde los púlpitos, desde las escuelas y universidades particulares se realizaban campañas anticomunistas. Organizaciones patronales, partidos políticos de derecha, clubes, organizaciones civiles y otras asociaciones se unían en una sola vertiente anticomunista. Destacaban entre éstos el Partido Acción Nacional (PAN), los Sinarquistas, los Caballeros de Colón, los Clubes de Leones y Rotarios, La Unión Social de Empresarios, el Opus Dei, la Asociación Católica de la Juventud Mexicana y el Movimiento Familiar Cristiano.

La reacción interna en su lucha anticomunista tenía su contrapartida en la externa, representada al interior del país por la embajada de Estados Unidos de Norteamérica, la cual mantenía lazos estrechos con el clero y la prensa. A través de boletines, revistas y folletos se distribuía propaganda anticomunista en escuelas, sindicatos, dependencias de gobierno, etcétera. En ese tiempo, era del dominio público que la embajada americana pagaba cincuenta dólares por caricatura o artículo anticomunista que se publicara.[4]

[3] Careaga, G., "Los nuevos inquisidores. El mundo gris de la derecha", en *Los intelectuales y el poder*, México, 1979, p. 200.

[4] Rivera Urbina, U. (1962), *Antikommunizmvraz chelovechestva*, Praga, Politzdat, pp. 237-238.

La salida de Cuba de la órbita estadounidense, el auge del movimiento antimperialista y la creciente lucha de insurgencia que abarcaba a casi todos los países de América Latina alertó al imperio norteamericano. La administración Kennedy, a principios de la década de los sesenta, elaboró una nueva estrategia que permitiera a Estados Unidos recuperar el espacio perdido. La nueva dirigencia había descubierto que el enemigo principal del imperialismo no eran ni los agitadores extranjeros, ni los "agentes" del Kremlin, ni las ideas exóticas, sino el pueblo desposeído, y el mejor ejemplo de ello era la Revolución Cubana.

De esta manera el gobierno americano perfeccionó su estrategia con el proyecto denominado Alianza para el Progreso con su ramal Acción Cívica, que aparte de entrenar militarmente a los ejércitos latinos en la lucha antiguerrillera, los capacitaba para realizar toda una serie de obras de tipo social en beneficio de la población civil de sus países. El objetivo de tales medidas era, sin duda alguna, contrarrestar la influencia de las guerrillas entre el pueblo y, a la vez, aislarla.[5]

La Alianza para el Progreso era una elaboración menos grotesca, de mayores alcances y el proyecto social más ambicioso que se hayan impuesto los Estados Unidos en su relación con los países latinoamericanos, era también el más demagógico. Sin tomar en cuenta los intereses de los países destinatarios, desconociendo plenamente la realidad latinoamericana, aunque bien fijados los intereses norteamericanos, la Alianza, pretendía crear la ilusión entre el pueblo, de que como por ensalmo serían resueltos sus problemas seculares de vivienda, alimentación, salud, trabajo, educación. Los resultados, como es sabido, fueron totalmente diferentes, por

[5] González Casanova, P. (1978), *Imperialismo y liberación en América Latina*, México, p. 293.

no decir opuestos. Se agudizaron los problemas sociales y económicos, se afianzaron los regímenes militares y antidemocráticos, pero eso sí, la Alianza estimuló el proceso de concentración de capitales. De los fondos monetarios destinados al "progreso" de los países del área, los pocos apoyos que se concedieron, por "extrañas" razones, quedaron en manos de las oligarquías locales.

La agresividad desatada por la reacción, con la tácita complicidad del gobierno mexicano, no fueron obstáculo para que los círculos progresistas y de izquierda continuaran manteniendo una firme posición de defensa de la Revolución Cubana. Gran cantidad de fuerzas hicieron causa común: organizaciones políticas como el Partido Comunista Mexicano (PCM), el Popular Socialista (PPS), el Partido Obrero Campesino de México (POCM), una fracción del Partido Revolucionario Institucional (PRI), encabezada por el general Lázaro Cárdenas, grupos de intelectuales, algunos independientes y otros organizados como el Círculo de Estudios Mexicanos, Periodistas y otros.

La permanente agresión diplomática y militar de Estados Unidos en contra del pueblo cubano, otros conflictos como el recrudecimiento de la guerra fría, pusieron a la orden del día el viejo problema que desde la Segunda Guerra Mundial arrastrara la humanidad: la lucha por la paz. Los avances de la carrera armamentista y el afán de dominio norteamericano, se habían transformado en una verdadera amenaza.

Se preparaba por aquel entonces la celebración de la Conferencia Latinoamericana por la Soberanía Nacional, la Emancipación Económica y la Paz.[6] Uno de los principales promotores de la Conferencia fue el general Cárdenas quien

[6] El Movimiento por la Paz fue constituido en París en 1949. En 1952 en la Ciudad de México se organizó el Comité Impulsor por la Paz. En un principio estuvo

era a la vez uno de los tres presidentes del Movimiento Mundial para la Paz en América Latina, los otros presidentes y organizadores eran Domingo Velazco, de Brasil y Alberto T. Casella, de Argentina.

Los primeros tropiezos para la realización de la Conferencia iniciaron con el lanzamiento de la convocatoria. La mayoría de los diarios del país se negaron a reproducir las inserciones pagadas. Sin embargo, tal y como estaba previsto, la Conferencia inició sus sesiones de trabajo el día 5 de marzo de 1961 en México, D. F. Asistieron alrededor de 400 delegados efectivos de distintos países latinoamericanos, delegados fraternales de naciones de África, Asia y Europa, observadores norteamericanos, soviéticos y chinos.

Los trabajos de la Conferencia transcurrieron bajo el casi total silencio de la prensa nacional. Las pocas notas que se publicaron fueron para condenar la Conferencia y calificarla de subversiva.

Los trabajos del encuentro duraron cuatro días, concluyeron con una declaración y varias resoluciones, en las que se condenaba al imperialismo norteamericano y su intromisión en la vida de Latinoamérica, lo que se consideraba como la traba principal al desarrollo de nuestros pueblos. Se pronunciaron por aumentar las inversiones públicas, acelerar la industrialización en el subcontinente, diversificar el comercio exterior, nacionalizar recursos y empresas en manos de los monopolios extranjeros; acabar con la dependencia tecnológica y comercial.

Se proclamó también la realización de reformas agrarias radicales y por el derecho pleno de los trabajadores a la libertad, autonomía y democracia sindical. Se propugnó la auto-

---

dirigido por el ingeniero Jorge L. Tamayo. Más tarde cuando el doctor Montaño lo encabezó, se reemplazó su nombre por el de Comité Mexicano por la Paz.

nomía de las culturas regionales y se condenó enfáticamente la agresión norteamericana a Cuba.[7]

Un rápido vistazo a los documentos finales de la Conferencia permite percatarse de que la dirección principal del encuentro estuvo dirigida en contra del imperialismo norteamericano, lo que sin lugar a duda reflejaba no sólo la concepción cardenista y lombardista, sino la concepción casi general de toda la izquierda mexicana y hasta cierto punto de todas las fuerzas democráticas de América Latina. En lo que respecta al país, dicha concepción consideraba que la plena libertad de México sólo se podría conseguir con la derrota del imperialismo.

Con el propósito de realizar los objetivos y tareas propuestas en las resoluciones, la Conferencia elaboró un plan de acción común que debería llevarse a la práctica en cada uno de los países participantes. Dicho plan abarcaba diferentes aspectos, entre los que sobresalía la creación de movimientos nacionales por la soberanía, la emancipación económica y la paz, cuyas tareas serían las de divulgar y aplicar los acuerdos de la reunión. Otras tareas de acción común estuvieron encaminadas a buscar la unidad de la clase obrera latinoamericana a través de la creación de centrales nacionales únicas. En el terreno internacional, a desarrollar y ampliar las acciones de solidaridad y cooperación con Africa y Asia y tratar de realizar una Conferencia de representantes de esos continentes con los de América Latina.

La repercusión que la Conferencia pudo haber tenido en el ámbito nacional, se vio limitada por la negativa de los diarios nacionales para difundir sus resultados y resoluciones. Ante tal situación, el general Cárdenas, en compañía de algunos delegados, hizo un recorrido por algunos estados de la República

[7] Véase, *Política*, 1961, vol. 1, núm. 23, p. 9.

para dar a conocer los resultados del encuentro. Del 14 al 20 de marzo se visitaron Querétaro, Guanajuato, Jalisco y Michoacán. Se realizaron mítines y reuniones en los que se habló de los éxitos de la Revolución Cubana a la vez que se hacían severas críticas a los errores y desviaciones de la Revolución Mexicana. Según Carlos Fuentes, cronista de la gira cardenista, ésta fue sumamente exitosa y, por el entusiasmo despertado entre el pueblo, sólo podía ser equiparada a las jornadas del Frente Popular de Chile y a las "grandes manifestaciones de la Cuba Revolucionaria".[8]

Uno de los resultados más importantes de la Conferencia radica en que ésta demostró que existía el deseo, la posibilidad de confluencia y de unidad de las fuerzas democráticas del país.

El MLN, sus propuestas y su estructura

Después de la realización de la Conferencia Latinoamericana por la Soberanía Nacional, la Emancipación Económica y la Paz, se abrieron para las fuerzas democráticas del país nuevas perspectivas y condiciones favorables para el afianzamiento de la unidad. La movilización nacional de masas, su carácter cada vez más independiente y, aunado a esto las cada vez más frecuentes acciones conjuntas de las fuerzas democráticas, que se reflejaron en las grandes manifestaciones, en los mítines, en las declaraciones y en los llamamientos a la unidad de la época, eran las bases sobre las que se había formado un núcleo con cierta autoridad y prestigio que sería, en lo sucesivo, el destinado a organizar el movimiento democrático en México y el mismo que integraría el Comité Provisional por

[8] *Ibídem.*, p. 19.

la Soberanía Nacional y la Emancipación Económica, que surgiera con base en las resoluciones de la Conferencia.

Desde un principio el comité, constituido por representantes de la izquierda independiente, la fracción encabezada por Cárdenas, el PPS y el PCM, estuvo dominado por los primeros grupos, situación natural, debido a que de una u otra forma ellos habían sido los promotores del movimiento. Se aglutinaban de esta manera las tendencias liberal nacionalistas, socialistas y comunistas en una sola corriente que aspiraba a

> ...constituir un movimiento unitario de las fuerzas democráticas de México de la clase obrera, los campesinos, los estudiantes, los profesionistas y los integrantes de los sectores auténticamente nacionales y progresistas para luchar por la liberación de México, por una reforma agraria integral y, en fin, por los postulados de la Conferencia Latinoamericana.[9]

Para cumplir con las tareas propuestas por la Conferencia, el comité adoptó una serie de medidas: la ampliación de la comisión organizadora con la incorporación de 30 miembros más, y el reforzamiento de las comisiones de apoyo, formadas poco después de la Conferencia. Entre otras, algunas de las actividades que realizaron fueron: difundir los resultados de la Conferencia, fincar las bases organizativas para el surgimiento de un movimiento de lucha permanente, formar el comité por la libertad de los presos políticos y crear la comisión organizadora del comité de solidaridad con la revolución cubana. Las actividades hasta aquí señaladas, culminaron con la celebración de una asamblea nacional.

9 *Nueva Época*, 1961, núm. 1, p. 14.

El 4 de agosto de 1961 dieron principio las actividades de la asamblea, con la participación de 180 delegados de varios estados del país y de distintas organizaciones campesinas, obreras, estudiantiles, femeniles, cívicas y culturales. El discurso de apertura estuvo a cargo del general Heriberto Jara, viejo luchador de la Revolución Mexicana y seguidor de la política agrarista de Cárdenas. Este último, en su participación señaló que en ninguna época de la historia de México, las fuerzas de la reacción se habían confabulado de manera tan consistente como los momentos que se vivían. Después de denunciar a la oligarquía dominante, al clero y al imperialismo como las principales fuerzas retardatarias del país, Cárdenas se refirió a la organización que se estaba gestando, señalando que "será un organismo que contribuya a la realización de los postulados de la Revolución Mexicana, consagrados en nuestra Constitución Política".[10] Por su parte, Alonso Aguilar dio lectura a un informe sobre las actividades realizadas desde el mes de marzo de ese año, al mismo tiempo, hizo públicos los objetivos principales de la asamblea, consistentes en la aprobación de un programa nacional de lucha por la soberanía, la emancipación económica y la paz, el establecimiento de las bases de la organización que habría de crearse, la elaboración del programa de acción y de un llamamiento a las fuerzas democráticas de México.[11] Fueron formadas tres mesas de trabajo en las que se discutió el programa, la organización y la línea de acción. Las actividades de la asamblea concluyeron con la aprobación de un programa, las bases generales de organización, el plan de acción inmediata, un llamamiento al pueblo mexicano y la elección de 28 miembros del comité nacional de

[10] *Política*, 1961, vol. II, núm. 34, p. 1.
[11] *Ibid.* Arguedas, Sol, p. II.

lo que se llamó el Movimiento de Liberación Nacional (MLN).[12]

No obstante que en los trabajos de la asamblea participaron decenas de organizaciones, la dirección del movimiento, desde un principio, estuvo dominada, en orden de importancia, por la izquierda independiente, la fracción encabezada por los generales Cárdenas y Jara, por el PCM y por el PPS. La formación del MLN significaba para todos estos grupos, y aunque resulta paradójico, no los primeros pasos en la búsqueda de una unidad perdurable, sino la realización de sus propios propósitos y fines, lo que a la postre terminaría por acentuar aún más sus diferencias.

La izquierda independiente estaba compuesta por intelectuales, profesionistas y estudiantes radicalizados por la influencia de la Revolución Cubana. Este grupo veía en la formación del MLN el instrumento de lucha que nada o muy poco tendría en común con el "oportunismo" del Partido Popular Socialista y con el "sectarismo" y "reformismo" del Partido Comunista y su política de "subordinación a los intereses de la estrategia internacional de la URSS".[13] Al mismo tiempo, el MLN significaba para ellos, la posibilidad de formar una organización alternativa al PRI, que pudiera impulsar la lucha por la democratización de la vida del país, por la autonomía de los grupos sindicales y campesinos, a la vez que impulsaría la lucha por la emancipación nacional y por la realización de una reforma agraria radical.

---

[12] Los miembros del comité eran: Alonso Aguilar, Ignacio Aguirre, Clementina B. de Bassols, Narciso Bassols, Martha Bórquez, Enrique Cabrera, Guillermo Calderón, Cuauhtémoc Cárdenas, Jorge Carrión, Fernando Carmona, Heberto Castillo, José Chávez Morado, Carlos Fuentes, Ignacio García Téllez, Enrique González Pedrero, Elí de Gortari, Mario H. Hernández, Jacinto López, Francisco López Cámara, Braulio Maldonado, Manuel Marcué Pardiñas, Manuel Meza A., Guillermo Montaño, Arturo Orona, Rafael Ruíz Harrel, Carlos Sánchez Cárdenas, José Siuros, Manuel Terrazas.

[13] Arguedas, S. (1962), *¿Qué es la izquierda mexicana?*, México, p. 66

En lo que se refiere a la posición de los grupos encabezados por los generales Cárdenas y Jara, difícilmente se podría suponer que buscaran una ruptura con el sistema o que pretendieran subvertir el orden social, como lo afirmaban algunos de los observadores de la época, o como intentaban presentarlo de manera indirecta algunas revistas norteamericanas como *Life*, que consideraba que la realización de la Conferencia Latinoamericana había sido "un alarde de la izquierda mexicana capitaneada por Cárdenas". Mientras que algunos periódicos derechistas como *Atisbos* y *Tabloide* lo acusaban de preparar una insurrección armada con el apoyo de los jefes del "Kremlin", a quienes ofreciera su "latifundio de Playa Azul para que a sus costas arribaran barcos rusos con pertrechos y armamentos".

En realidad, la actitud de rebeldía de los generales, especialmente de Cárdenas, tenía tal vez su explicación, por un lado, en el creciente descontento de ambas personalidades por las desviaciones que, en lo social, político y económico comenzaron a manifestarse y a fortalecerse en los regímenes posteriores a la Segunda Guerra Mundial; pero, por otro, se trataba posiblemente de un intento por enderezar la política antipopular y de acercamiento al imperialismo norteamericano del gobierno del presidente López Mateos. El triunfo de los revolucionarios cubanos había calado hondo en los ánimos revolucionarios de Cárdenas, quien, seguramente comprendía que ya no existían las posibilidades de ruptura con el orden establecido, como hubiera ocurrido 30 años atrás, y que tal vez una de las pocas probabilidades para empujar al gobierno hacia posiciones más progresistas se encontraba en el apoyo que se pudiera obtener de las fuerzas de izquierda del país.

Cárdenas, por experiencia propia, conocía tal situación; también sabía que era imposible obtener éxito alguno desde dentro del aparato oficial. Los sindicatos, las organizaciones campesinas y populares se encontraban bajo el control férreo del Estado, mientras que el partido al que pertenecía, el PRI, era de hecho la encarnación misma del Estado. Entonces, la lógica del problema consistía en modificar o atenuar la postura oficial desde fuera del aparato gubernamental y, en este sentido, el eco y la fuerza para conseguir esto se encontraba en los grupos con aspiraciones similares: izquierda independiente, comunistas y socialistas. Éstos, por su parte, veían en la presencia de Cárdenas una garantía de éxito y tal vez un indicio de descomposición del aparato oficial.

El Partido Comunista pretendía vincular el MLN a su línea estratégica general, al mismo tiempo que la participación en el Movimiento le brindaba la posibilidad de romper con el aislamiento en que se había mantenido durante años.

El XIII Congreso de PC había trazado las tareas para ese periodo, y consistían en "luchar por la liberación de México de la opresión del imperialismo norteamericano y por la democratización del país". Estas tareas conducirían ineludiblemente a la revolución democrática de liberación nacional, cuya realización sólo era posible mediante la alianza de todas las fuerzas dispuestas a participar en un frente amplio.

La participación del PPS en el MLN, como toda su política en general, era confusa y vacilante. Desde un principio se adhirió con gran entusiasmo, principalmente a la Conferencia Latinoamericana, y más tarde al MLN. Sin embargo, poco tiempo después se retiró del Movimiento. Situación que se explica, sin lugar a dudas, porque los intentos de Lombardo para imponer su programa y dirigir el movimiento, se vieron condenados al fracaso.

Existían además del MLN grupos de intelectuales destacados que se habían afiliado al movimiento, y que no se vinculaban de manera directa a ninguna de las organizaciones mencionadas. Sus objetivos eran diferentes. Había quienes, con sinceridad, creían que el Movimiento era el instrumento apropiado para transformar la realidad mexicana, y estaban los que veían en él un instrumento propicio para hacer una carrera política rápida y fácil. Daniel Cosío Villegas escribió: "La norma general es que el intelectual ajeno al gobierno también se dedique a hacer política, y hacerla para entrar en el gobierno".[14]

Por su estructura social, el MLN era una organización heterogénea en la que se agrupaban no sólo ideologías diferentes, sino los más diversos sectores y capas de la sociedad mexicana. Había intelectuales, profesionistas, campesinos, principalmente ejidatarios, estudiantes y, como en todas las organizaciones de la izquierda mexicana, muy pocos obreros, estos últimos, representados por el Consejo Nacional Ferrocarrilero. En general, se puede afirmar que el movimiento estuvo compuesto desde sus orígenes por representantes de las capas medias de la población.

En cuanto a la participación de la burguesía "progresista y antimperialista", razón y esencia de tantas polémicas y discrepancias dentro de la izquierda, nunca existió dentro del MLN. El pretendido papel que en ocasiones por descuido se le otorgara, no pasó de ser una mera exaltación en la conciencia de los organizadores y activistas del movimiento.

Complejo y contradictorio era también el programa, el cual abarcaba aspectos distintos de la realidad social, política y económica de México. Entre las resoluciones adoptadas, figuraban las relacionadas con la soberanía de México, que exigían absoluto cumplimiento de la Constitución Política del país y la observancia íntegra de los principios de igualdad política de los Estados, de autodeterminación y de no intervención. Otro de los aspectos importantes de las resoluciones estaba vinculando con la lucha antimperialista, señalándose

[14] *Los intelectuales y el poder, op. cit.*, p. 130.

que era un deber y un derecho del pueblo mexicano "luchar organizadamente y en forma sistemática por la liberación del país del imperialismo norteamericano". Se exigía, además, poner en vigencia el Artículo 27 constitucional, en lo relativo al rescate de las riquezas nacionales que se encontraran en manos de los monopolios extranjeros. Asimismo, se resolvía luchar en contra de cualquier manifestación del colonialismo y promover la más amplia solidaridad con la Revolución Cubana.

En lo económico, las resoluciones se encaminaban a lograr la independencia económica del país a través del fortalecimiento del aparato estatal, para lo que se resolvía luchar por una mayor y más amplia actividad del gobierno, en esta esfera de la vida de México. Para tal efecto, se le imponían al Estado determinados principios, relacionados con la adopción de una política racional de explotación de los recursos naturales y con la democratización de su política económica, la cual debería inclinarse a la solución de los problemas del pueblo. Vinculada con la anterior, se hallaba la política de nacionalizaciones que el Estado mexicano debería llevar a cabo. Se proponían el fortalecimiento de las industrias que estaban en su poder y la estatización de los recursos y actividades que estaban en manos de los monopolios extranjeros. Otros objetivos planteados en las resoluciones proponían: primero, la realización de una reforma agraria integral que acabara de una vez y para siempre con los latifundios, a la vez que elevara el nivel de vida del campesinado, para lo que era necesario fortalecer el sistema ejidal; segundo, la industrialización acelerada del país, utilizando para ello principalmente recursos del Estado y desarrollando fundamentalmente la industria pesada. Se planteaba también, acabar con los monopolios y proteger a los pequeños y medianos industriales. Para tales propósitos el financiamiento del desarrollo económico del país debería hacerse por medio de mayores inversiones en los renglones básicos, a cuenta de la renta nacional y con la adopción de una política de comercio exterior que respondiera a los intereses de la nación.

Otras resoluciones más, del extenso programa del MLN, versaban sobre distintos aspectos relacionados con la elevación del nivel de vida de los trabajadores, con la autonomía de las organizaciones obreras y campesinas, con la defensa de la cultura nacional, con el mejoramiento del sistema de enseñanza profesional y subprofesional, con la educación de los indígenas y con la lucha por la paz y la cooperación internacional.

En general, el programa del MLN cumplía con todas las disposiciones que se habían acordado en la Conferencia Latinoamericana, incorporando éstas a las condiciones específicas de México. Sin embargo, dicho programa adolecía de grandes fallas que, tarde o temprano, se reflejaron en el propio funcionamiento del organismo. La amplitud, la magnitud, pero a la vez la especificidad de las tareas que se proponían, terminarían por chocar con la naturaleza y el carácter que se pretendía asignar al Movimiento. Por un lado, se le concebía como un organismo amplio, abierto a todas las fuerzas del progreso, en el que inclusive tenía cabida la burguesía nacional, pero por otro, se planteaban tareas tales que atentaban precisamente contra los intereses de esta clase. Por ejemplo ¿estaría de acuerdo la burguesía nacional con algunas cuestiones como la emancipación económica de la clase obrera, o con cuestiones como la autonomía de las organizaciones sindicales? Difícilmente, como también era muy difícil que estuviera de acuerdo con la ejecución de la reforma agraria y menos aún con el enfrentamiento abierto al imperialismo.

Por otra parte, el nacionalismo y antimperialismo en que se apoyaba el programa del MLN resultaban, hasta cierto punto, fuera de lugar y, por supuesto, eran el resultado de concepciones en cierta medida erróneas, que por aquel entonces continuaban haciendo mella en la evolución de casi toda la izquierda mexicana. Además, otra de las contradicciones que encerraba el programa del movimiento, radicaba en que trataba de enarbolar los intereses de las grandes masas sin tomar en cuenta la estructura económica de la sociedad mexicana, que era finalmente donde se localizaba la causa de la miseria en que se debatían las mayorías.

Durante la realización de la asamblea constitutiva, también fueron aprobados el plan de acción inmediata y las bases de organización del Movimiento. Según el plan de acción, el MLN debería desplegar sus actividades desde el momento mismo de su creación, y encaminarlas a una conferencia que debería efectuarse en marzo de 1962. Este plan incluía, además, una intensa labor de difusión de los planteamientos del Movimiento, la realización de actos públicos, la organización de mesas redondas y conferencias regionales, encuentros con los distintos sectores populares de la sociedad mexicana y la realización de estudios e investigaciones sobre los grandes problemas nacionales. En lo concerniente a sus bases organizativas, es necesario señalar que el MLN tenía un régimen de organización único, que lo diferenciaba enormemente de otros especímenes de este género. No era ni una coalición de partidos, ni un frente popular, ni un partido político en particular. Resulta difícil afirmar que se tratara de una coalición de partidos, debido a que la constitución del Movimiento no había ocurrido precisamente por el acuerdo de dos o más organizaciones. Tampoco tenía similitud con algún tipo de frente, puesto que éstos, por lo general, se forman en torno a problemas concretos e inmediatos. El MLN se había organizado para tener un carácter permanente y para luchar por tareas que abarcaban todo el ámbito nacional y cuya realización requería de un largo plazo. Menos aún se pudiera afirmar que se trataba de un nuevo partido, debido a que sus integrantes continuaban perteneciendo a sus organizaciones de origen; en este sentido, se explica el que dicho Movimiento haya tenido su propio régimen de organización y funcionamiento.

La peculiaridad del MLN radicaba en que los organismos sociales, políticos y culturales que se agrupaban bajo sus siglas no tenían una representación oficial. Las afiliaciones al Movimiento eran exclusivamente de personas físicas, sin que se tomara en cuenta la vinculación con las organizaciones de origen; en última instancia, a estas últimas se les asignaba solamente el papel de organismos de apoyo.

Esto fue motivo de no pocos conflictos entre los afiliados a la organización, a la que Alonso Aguilar, uno de sus más connotados dirigentes, definió como "independiente, con un programa [...] propio a través del cual se aspira a aglutinar a todos aquellos compatriotas que convengan en la necesidad inaplazable de luchar por la plena vigencia de la Constitución, [...] la solidaridad con Cuba [...] por la soberanía y la paz".[15]

Los trabajos de la asamblea culminaron con la aprobación de un llamamiento al pueblo de México en el que se decía: "La lucha del pueblo mexicano por su libertad y su bienestar dista mucho de haber concluido. Llamamos a todos los sectores democráticos a cerrar filas, a participar en una lucha diaria" por la plena vigencia de la Constitución; por la libertad de los presos políticos; por una justicia independiente, recta y democrática; por la libre expresión de las ideas; por una reforma agraria integral; por autonomía y democracia sindical y ejidal; por el dominio mexicano de todos nuestros recursos; por la industrialización nacional sin hipotecas extranjeras; por el reparto justo de la riqueza nacional; por la

[15] *Política*, 1961, núm. 34, p. 35.

independencia, dignidad y cooperación internacionales; por la solidaridad con Cuba; por el comercio con todos los países; porque haya en el país democracia, honradez y bienestar, pan y libertad, soberanía y paz.

Si bien las consignas eran bellas, la realidad era terca y terminaría por imponer sus horrores sobre tantas y tan nobles aspiraciones.

Tendencias y evoluciones del MLN

La formación del MLN despertó un gran entusiasmo entre las fuerzas democráticas y progresistas del país. Muchos veían en el nacimiento del nuevo organismo la culminación de sus sueños y añoranzas. Lázaro Cárdenas calificaba el surgimiento del MLN como uno de los hechos más importantes de la vida social del país, mientras que para el Partido Comunista Mexicano se trataba del primer agrupamiento importante de las fuerzas democráticas que se había producido en los últimos tiempos y el cual había sido provocado por los sucesos del 58, la radicalización de las masas y la influencia de la Revolución Cubana.

La idea de un rápido y fácil crecimiento y desarrollo, así como la posibilidad de convertirse en corto tiempo en una fuerza alternativa en la vida política de México, se veían fortalecidas entre los participantes del MLN por varias circunstancias: primero, el carácter abierto del Movimiento, junto con la ausencia de una ideología bien definida que le permitía la participación de grandes núcleos de la población y de personalidades que no hubieran aceptado participar en organismos de orientación marxista y, menos aún, dirigidos por comunistas. En este sentido la poca o nula disciplina que sus militantes pudieran observar dentro del Movimiento les permitía, por un lado, encontrar desahogo a sus frustraciones y canalizar sus inconformidades pero, por otro, abandonar las filas del organismo en el momento que lo desearan, sin mayores repercusiones para su vidas privadas. De esta manera, militar en el MLN no entrañaba mayores peligros y, si los hubiera, siempre sería más fácil evadirlos que si se hubiera pertenecido, por ejemplo, al Partido Comunista; segundo, la presencia del general Cárdenas en las filas del organismo garantizaba la adhesión de grandes masas de población, especialmente campesina. Pero en este sentido, la participación de Cárdenas podía convertirse en un arma de doble filo, ya que buena parte del éxito o fracaso del Movimiento pudiera depender de la actitud y postura que asumiera el general frente al desenvolvimiento de los sucesos. Y aquí no había porqué hacerse ilusiones, Lázaro Cárdenas, no obstante sus desavenencias con el régimen, e inclusive a veces sus actitudes de rebeldía, siempre había sido fiel, y lo sería, a las instituciones que él mismo había creado y que tal vez solamente deseaba perfeccionar.

Desde un principio, el grueso de los dirigentes se inclinó por el noble y justo convencimiento de que la construcción del MLN debería llenar todos los requisitos que corresponden a un instrumento democrático de ese tipo, o sea, construirlo de abajo hacia arriba, con la amplia participación de las masas del pueblo. Para tal menester se planteaba como objetivo principal, la realización de una primera etapa que se denominó de "propaganda", y que consistía en establecer contacto con el mayor número posible de organizaciones campesinas, obreras, femeniles e intelectuales, con el propósito de dar a conocer el programa y las tareas del Movimiento.

Fieles a su estrategia, los dirigentes del MLN comenzaron a organizar por todo el país comités locales y a programar asambleas y conferencias en las que se discutiría la problemática del país. Para septiembre de 1961, un mes después de la asamblea general, se señalaba que el Movimiento contaba ya con cerca de 40 comités locales y numerosos grupos de apoyo que trabajaban en la formación de nuevas organizaciones.[16]

A principios de 1962, el presidente del MLN, Alonso Aguilar decía que a la fecha se había elevado el número de comités a 230 y que al Movimiento se había sumado centenares de organizaciones y decenas de miles de ciudadanos. Pero el inusitado crecimiento del MLN no terminó aquí, unos meses después, en el balance ordinario que se realizó en el pleno del comité nacional, en octubre de ese año, se indicaba que existían 330 comités estatales, municipales y regionales en el país, sin contar los comités ejidales, estudiantiles, obreros y otros. Se concluía el balance diciendo que el Movimiento de Liberación Nacional "es ya una realidad en la vida pública de México, una fuerza de cuya importancia no duda ni siquiera la reacción, que lo ha hecho blanco de sus hostilidades".[17] Éste fue el punto más alto que en su crecimiento alcanzara el MLN; a partir de esa fecha se produjo un estancamiento que duró algunos meses. Poco después sobrevendría el desastre.

Durante los dos primeros años de existencia del Movimiento, se realizaron varios eventos, destinados a crear las bases sobre las que se levantaría el futuro instrumento de lucha. En los primeros días del mes de diciembre del 61 se celebró en la ciudad de Morelia, la primera asamblea estatal de MLN. Tenía como objeto, constituir el comité estatal y analizar los problemas más apremiantes de la sociedad local. A la reunión asistieron cerca de 400 delegados y más de 90 representaciones.

El énfasis de las discusiones en esa reunión fue puesto en la problemática del campo. Se denunció la existencia de lati-

---

[16] *Política*, 1961, núm. 34, p. II.

[17] *Política*, 1961, vol.l II, núm. 40, p. 13.

fundios y la mala distribución de las tierras, aguas, pastos y bosques. Se denunció también la condición de miseria en que se debatía la mayoría de los ejidatarios, quienes por falta de créditos y de apoyo financiero se veían en la necesidad de arrendar sus tierras. En términos generales, se pusieron al descubierto los problemas más candentes que aquejaban a la sociedad michoacana. Se habló de grandes índices de prostitución, de criminalidad, de la falta de industria y fuentes de empleo, de los perjuicios que causaban las grandes compañías trasnacionales, como la Nestlé, que lejos de convertirse en un factor de desarrollo, lo era de explotación y empobrecimiento para los campesinos y pequeños ganaderos.

Poco tiempo después, los días 28 y 29 de abril del siguiente año, tuvo lugar en la ciudad de Torreón, Coahuila, uno de los eventos de mayor importancia que en su corta historia realizara el MLN. Con algunos pequeños incidentes transcurrió lo que se llamó la Conferencia del Norte, en la que participaron 185 delegados de los estados de Chihuahua, Coahuila, Durango, Nuevo León y Tamaulipas. Se dieron a conocer los avances logrados por el Movimiento en la región fronteriza. Se señaló, por ejemplo, que en Chihuahua funcionaban 17 comités municipales y 15 más se encontraban en proceso de formación.

En la reunión se sometieron al análisis de los participantes los problemas más importantes de los estados norteños y se tomaron diversas resoluciones, entre las que sobresalían la reestructuración de la economía algodonera y la entrega a los ejidatarios de algunas ramas de la economía local, como la explotación de la cera de candelilla. Se exigía también, limitar la explotación de ganado en pie, así como impulsar la industrialización de la carne. Otra de las demandas era la continuación de la reforma agraria, la desaparición de los latifundios y la redistribución de las tierras entre los distritos de riego. En otros aspectos se insistía sobre la necesidad de desarrollar las ciudades fronterizas, integrándolas al resto de la economía nacional y regional. Otras resoluciones estuvieron relacionadas con la lucha por la libertad de los presos políticos y sindicales y, lo inaudito, se pronunciaban por la adopción de una política que defendiera al país frente al capital extranjero y, en particular, que defendiera la industria nacional de Monterrey y de otras ciudades norteñas.

En esta línea ascendente continuaba su marcha el MLN. El 10 de junio de ese mismo año en la ciudad de Mérida,. Yucatán, se efectuó la asamblea constituyente del comité estatal del Movimiento. Participaron más de 400 delegados y estuvieron representados los trabajadores cordeleros (textiles), electricistas, ferrocarrileros, de la industria cervecera, portuarios, de salubridad, estudiantes, maestros, profesionistas, intelectuales y campesinos. Entre las resoluciones que se adoptaron sobresalían las relacionadas con la industria henequera, una de las principales ramas económicas del estado. En este aspecto, se pronunciaban por la unidad de obreros y campesinos, para hacer frente a los problemas de esta industria y por su participación directa en la organización y administración de dicha industria. Se pedía, además, la derogación del delito de disolución social, la libertad de los presos políticos, protestaban por el asesinato de Rubén Jaramillo y se solidarizaban con la Revolución Cubana.

Un rápido análisis de las principales resoluciones que fueron adoptadas en las conferencias estatales a que se ha hecho referencia, nos permite darnos cuenta de la fidelidad a los lineamientos generales, establecidos por el programa y el llamamiento del MLN; pero precisamente, esa fidelidad provocaba que se produjeran con exactitud los mismos errores, que en algunos casos, como en el de la defensa de la industria de Monterrey, se podría leer, no sólo como una afrenta a la clase obrera, sino fuera de toda lógica, sobre todo si se toma en cuenta el carácter profundamente derechista de la burguesía regiomontana. En otros casos, como el de las resoluciones de la asamblea constituyente en Yucatán, donde se exigía participar en la administración y organización de la industria henequenera, las demandas empezaban a adquirir un sesgo distinto, vinculado con las luchas del proletariado. Y esto no era casual, ya que se trataba de la única asamblea donde la presencia obrera era notoria.

En otro orden de cosas, la reunión nacional que se hubiera programado en la asamblea constituyente del MLN y que debería realizarse en marzo de 1962, por múltiples razones fue aplazada hasta octubre de 1963. El día 4 de ese mes abrió sesiones de trabajo la I Convención Nacional del Movimiento de Liberación Nacional.

En el acto de clausura fueron dados a conocer los nombres de los miembros de la nueva dirección,[18] muchos de los cuales ni siquiera estaban enterados de la designación a que se habían hecho merecedores. Algunos de ellos, como Vázquez Pallares y González Casanova, de inmediato dieron a conocer su postura, negándose a participar en la dirección nacional del Movimiento. Lo anterior muestra hasta qué punto eran relativas la organización, la unidad y el fortalecimiento del Movimiento, ya que no sólo la militancia, sino incluso la

[18] En esta nueva Dirección participaban: Clementina Batalla de Bassols, Alonso Aguilar, Guillermo Montaño, Henrique González Casanova, Renato Ledue, Jorge Carrión, Domingo Esquivel, Víctor Flores, Olea, Mario Orozco Rivera, Pablo OHiggins, Eduardo del Río (Rius), José Santos Valdéz, Natalio Vázquez Pallares, Alfredo Zalce, Enrique Ramírez y Ramírez, Manuel Meza, Heberto Castillo, Ana Mayés, Heriberto Jara, Guillermo Calderón, Armando Castillejos, Fernando Carmona, Alfonso Magallón, Enrique Cabrera, Luis Córdova, Manuel Terrazas, Martha Bórquez, Braulio Maldonado, José Siurob, Manuel Marcué Pardinas, Enrique González Pedrero, Francisco López Cámara, Elena Vázquez Gómez, Cuauhtémoc Cárdenas, Alfonso Garzón S., Ignacio Aguirre, Alberto Bremauntz, Ramón Danzós Palomino, Arturo Orona, Adelina Zendejas, Eulalia Guzmán, Ignacio García T., Carlos Fuentes.

dirección, se encontraban expuestas al estado anímico y a la buena voluntad de sus participantes.

En la Convención de octubre se hizo un balance detallado del desarrollo de la organización, de sus logros y de los obstáculos que le impedían caminar más de prisa. Se señalaba al respecto que aunque los avances eran notables, se requería de una mayor actividad, sobre todo, encaminada a fortalecer los comités locales y estatales. Al mismo tiempo, se indicaba que las discrepancias entre los miembros de la organización eran una de las principales trabas para su desarrollo, por lo que era necesario evitar la crítica por cuestiones secundarias y vencer las diferencias "por medio de la discusión fraternal".

Del análisis de la situación económica se desprendía que en lo interno, el desarrollo económico del país en los últimos 20 años, había sido favorable principalmente a una burguesía en la que cada vez pesaban más los sectores oligárquicos, lo que obraba en detrimento de los intereses populares. En lo extremo, la balanza se inclinaba hacia los grupos imperialistas, lo que explicaba la situación de subdesarrollo, dependencia, miseria y explotación, tanto en la economía nacional en su conjunto, como de las clases trabajadoras en particular.

En lo social, el análisis arrojaba un saldo negativo para las grandes masas de población, cuyos niveles de vida eran miserables y tendían cada vez más a empeorar, mientras que en lo político, la vida del país se encontraba sometida a la ausencia de democracia y a la violación permanente de los preceptos constitucionales.

Como la Convención se realizó en vísperas de elecciones de poderes ejecutivo y legislativo en el país, uno de los problemas que motivó grandes discusiones fue el relacionado con la posible participación del MLN en el proceso electoral. La posición de la mayoría de los dirigentes fue la de no tomar parte en las elecciones y de no apoyar ninguno de los partidos contendientes. Aunque con insistencia se reiteró después que dicha discusión no había pasado de ser una de las muchas escaramuzas sin importancia que se presentaban en la vida del Movimiento, lo cierto es que tendría consecuencias funestas para la frágil asociación de fuerzas de la organización.

Pasada la tan anhelada I Convención del Movimiento de Liberación Nacional, los sucesos se desarrollaron tan vertiginosamente como se habían originado. El otoño del Movimiento comenzaba a dar una nueva tonalidad a su vida política.

A mediados de 1964 y seguramente acicateada por el recrudecimiento de la represión política en el país, la dirección del Movimiento de Liberación hizo otra de sus tantas declaraciones, sólo que en esta ocasión se refirió a la importancia y al papel que, en el proceso de transformación de la realidad mexicana, correspondería jugar a la clase obrera. Se hizo un minucioso análisis de la situación de los obreros mexicanos, de sus condiciones de vida, de su grado de organización y del control oficial a que se encontraban sometidos. Del análisis se desprendía la necesidad de luchar por la plena autonomía de los sindicatos, por el cese de las persecuciones y represiones a que se encontraban sometidos los dirigentes sindicales honestos, por el respeto al derecho de huelga, por el estricto cumplimiento de las leyes laborales. Se incluía también la lucha por la libertad de los presos políticos y por la derogación del Artículo 145 del Código Penal Federal, relativo al delito de disolución social. Éstas eran apenas algunas de las tareas que se proponía realizar el Movimiento, cuya declaración terminaba sentenciando que "la liberación definitiva de México no se logrará sin la participación decidida y entusiasta de la clase obrera". Es necesario señalar que estos planteamientos no pasaron de la letra escrita. En toda la existencia del Movimiento, nunca se le vio participar en alguna acción obrera o hacer intentos serios por vincularse al proletariado, aunque dado el control férreo de las organizaciones sindicales, cabe la posibilidad que no haya podido hacerlo.

Algunos problemas, como la falta de claridad en el carácter del Movimiento y la confusión que entre sus miembros provocaba la crisis en el movimiento campesino, especialmente en la Central Campesina Independiente después de la conferencia nacional del 63, las luchas internas que se agudizaron entre los distintos grupos que conformaban la organización, así como las deserciones provocadas por la campaña electoral, sirvieron de marco a la II reunión plenaria del comité nacional del MLN.

Se discutieron en esta ocasión, las nuevas modalidades que adquiría el imperialismo norteamericano y, también, la nueva estrategia que en consecuencia debería guiar las acciones del Movimiento. Pero debido a la situación de crisis en que se debatía la organización y que ponía en peligro su existencia, se hizo indispensable aclarar las perspectivas, los objetivos y la táctica de lucha, con el propósito de mantener la unidad del MLN. Al respecto, Manuel Terrazas apuntaba que en el seno del Movimiento y especialmente en su dirección, habían surgido discrepancias y contradicciones de distinta índole que, aunque en algunos casos se habían agudizado al extremo, no dejaban de ser normales en una organización como el MLN.

En la reunión que se celebró los días 27 y 28 de febrero de 1965 fueron discutidos, el informe de la comisión ejecutiva, el plan de actividades del MLN para 1965, el plan de reestructuración y el informe sobre las actividades realizadas por el Comité Mexicano por la paz y otras ponencias.

La asistencia a la reunión fue por rigurosa invitación y participaron delegaciones de los estados de Chiapas, Guanajuato, Guerrero, Nuevo León, Tabasco, Tamaulipas, Veracruz, Durango, Oaxaca, Puebla, Tlaxcala, Campeche y Michoacán.

Se procedió también a integrar una nueva dirección, para lo que se nombró un Consejo Directivo integrado por 15 personas[19] con las que se formaron cuatro comités y dos comisiones; el comité de soberanía nacional, el comité de emancipación económica, el comité de la paz, el comité de la defensa de la cultura, la comisión de administración y finanzas y la comisión de prensa y difusión.

Después de dos días de discusiones, se señaló, que debería quedar claramente establecido que el MLN no era un partido, ni una organización de clase, ni un agrupamiento leninista y, que tampoco podía ser el único frente en la lucha por la liberación nacional, puesto que en esta dirección existían no pocos grupos que estaban aportando sus esfuerzos. Se precisaba que era necesario reafirmar la independencia y la autonomía del Movimiento frente a los grupos cardenistas, liberales y comunistas. Se resolvió también, publicar una revista mensual que sirviera de vínculo entre las bases y la dirección del organismo. Motivo de fuertes discusiones en esta ocasión, fue el planteamiento de los comunistas en cuanto a la necesidad de desligar el Movimiento por la paz del MLN, ya que la lucha por la paz involucraba a mayores sectores de la población que la lucha por la liberación nacional. Motivo de discrepancia fue también otra propuesta comunista en el sentido de convertir a las organizaciones de apoyo en organizaciones participantes. Ambas propuestas fueron rechazadas; sin embargo, los comunistas seguirían insistiendo en ellas hasta el final de su permanencia en el Movimiento.

[19] Este nuevo consejo lo integraban: Alonso Aguilar, Fernando Carmona, Guillermo Calderón, Heberto Castillo, Ignacio García T., Eulalia Guzmán, Guillermo Montaño, Manuel Terrazas, Cuauhtémoc Cárdenas, Rolando Cordera, Martha Borquez, Clementina B. de Bassols, Luis Córdova, Antonio Tenorio, Ignacio Aguirre.

La II reunión plenaria del comité nacional del MLN demostró con toda claridad que, el Movimiento, lejos de haberse fortalecido se había debilitado y, que la idea de una mayor cohesión y unidad entre sus participantes, no pasaba de ser el reflejo equivocado del optimismo con que la dirección nacional veía a su organización. Los acontecimientos estaban demostrando lo erróneo de sus interpretaciones que de la realidad mexicana hubieran hecho las fuerzas progresistas del país. Quedaba también claro, que de esa misma interpretación de la realidad, dependía en gran medida el problema de la unidad, puesto que la elección del aliado no era cuestión sólo de deseos y buenas voluntades.

Antes de abandonar las filas del MLN, Alonso Aguilar dio a conocer un breve resumen de las actividades de la organización en el transcurso de sus 4 años de existencia. Entre los logros alcanzados por el MLN se señalaban, la elaboración de su programa, que había hecho posible el acuerdo y la coincidencia de distintos grupos e ideologías, en lo concerniente a la lucha antimperialista y otras reivindicaciones de tipo económico, social y político. Se señalaba además que, el MLN había logrado acercarse al pueblo, para difundir su programa en decenas de reuniones, en múltiples recorridos por el país y en otros actos. En ocasiones el Movimiento había logrado cerrarle el paso a la reacción y había podido dar permanencia a una cuestión tan difícil, como la unidad de las fuerzas progresistas. Concluía diciendo que, el MLN había contribuido a que el pueblo mexicano comprendiera que la solución de sus problemas y los de México no dependían de un grupo o partido determinado, menos aún de la burguesía vacilante, sino de sus propios esfuerzos. No obstante, señalaba Aguilar, el funcionamiento del MLN "descubre fallas y errores" y contradicciones.

El balance presentado por Alonso Aguilar, al igual que otros documentos que dan a conocer los logros alcanzados por el MLN, nos obligan a reflexionar sobre su objetividad. Porque de ser exactamente fiel a la realidad tan sólo por su membresía y aun sin tomar en cuenta su grado de combatividad, el MLN sería una fuerza tal que bien podría haberse convertido en la alternativa real al partido oficial. Sin embargo esto no ocurrió. Y el comportamiento del Movimiento en la vida política del país fue de reserva y cautela, encontrándose siempre a la defensiva. Sin duda alguna que en los documentos revisados hay mucho de optimismo y, si se quiere, de exageración. Un rasgo peculiar de la izquierda mexicana de todos los tiempos ha sido su tendencia a exagerar sus éxitos. Esta situación en ocasiones le ha impedido ser lo suficientemente objetiva, en el análisis de las correlaciones de fuerza en el país. La visión geométrica de la realidad garcíamarquezana, si bien es válida en la literatura, de poco sirve en la interpretación de los fenómenos políticos.

El MLN, el Estado y la reacción

El relativo crecimiento del MLN comenzó a provocar un clima de alarma no sólo entre las fuerzas de la reacción interna, siempre opuestas a cualquier cambio por mínimo que sea, sino también, entre los grupos gobernantes que veían en toda actitud de oposición una amenaza directa a sus intereses y, por qué no, a la estabilidad del régimen.

Varios fueron los métodos que el régimen utilizó para debilitar y aplastar el Movimiento, como serios fueron los esfuerzos que hizo para componer el relativo deterioro de sus relaciones con la fuerza de la reacción y, en primer lugar, con la iniciativa privada. Las fuerzas gubernamentales sabían perfectamente que en gran parte el éxito del Movimiento dependía de la situación económica del país. A un mayor deterioro económico, crecería la inconformidad de las masas populares, aumentando las posibilidades de fortalecimiento de las fuerzas progresistas. Al mismo tiempo, el saneamiento de la economía nacional conduciría, por un lado, a minar las bases del Movimiento, a la vez que permitiría recuperar la confianza de los hombres de negocios, con lo que se lograría restablecer la vieja "camaradería" entre éstos y el Estado. En junio de 1960, con el reconocimiento formal que López Mateos hiciera del gobierno Cubano, se produjo una notoria contracción de las inversiones privadas, producto de "una crisis de confianza" hacia las actitudes declarativas de López Mateos, que entre otras cosas, había caracterizado a su gobierno como de extrema izquierda, es decir, "fiel a los orígenes revolucionarios y populares de la Constitución".

Con el propósito de superar las dificultades económicas del país, se adoptaron algunas medidas tendientes a lograr una más activa participación de la iniciativa privada en el proceso económico.

Fueron otorgados a la iniciativa privada diversos privilegios y estímulos, entre los que sobresalían la exención total de impuestos sobre las ganancias, a condición de que dichas ganancias fueran reinvertidas en la ampliación y el fortalecimiento de las respectivas plantas productivas. Se dieron también facilidades para la exportación de productos manufacturados y la importación de materias primas y maquinarias, se concedieron además cuantiosos créditos a la producción y otros estímulos de este género.

Otra de las medidas adoptadas por el gobierno en esa época fue la aprobación del Plan de Acción Inmediata que cubriría el periodo de 1962 a 1964 y que cumplía uno de los compromisos de la Carta de Punta del Este, en el sentido de formular programas de desarrollo económico y social en la región. A través del plan de acción se pretendía arrebatar a las masas populares, por medio de reformas y concesiones gubernamentales, las banderas de lucha más importantes con que contaba el MLN. La estrategia general del plan estaba basada en el incremento de las inversiones públicas, con el propósito de compensar el rezago de las privadas; al mismo tiempo, se pretendía inducir la inversión privada adicional y ampliar el mercado interno. Para la realización de los objetivos del plan, se llevó a cabo una serie de medidas vinculadas con la cuestión agraria, con la política tributaria, industrial, de distribución del ingreso, financiera y comercial.

Los resultados del programa no se hicieron esperar. El Producto Interno Bruto sobrepasó a la meta fijada, pasando del 5.4% al 8.1% en el periodo 1962-1964. En lo agrario, se ejecutaron algunos programas que, aunque muy apenas, resolvían los problemas del campo, no dejaban de ser significativos, dadas las condiciones de miseria de la población rural mexicana. Se reforzó la investigación y la experimentación, se crearon algunas escuelas agropecuarias, se intensificó la formación de profesionales y técnicos, se ampliaron algunas zonas de riego, y, lo más importante, se repartieron entre los campesinos cerca de 16 millones de hectáreas de tierra.[20]

En lo fiscal se implantó una política que gravaría no sólo las utilidades, sino los ingresos que obtenían las empresas. Se aumentó el gasto público en lo referente a educación, salud y vivienda. En esa época se iniciaron grandes construcciones de unidades habitacionales, como las de Tlatelolco, la Unidad Independencia y otras más en el D.F. Se construyeron también varios hospitales del Seguro Social y de Salubridad, entre los que sobresalía el Centro Médico. En términos generales, los gastos sociales representaron el 28.1% del total del gasto público, situación poco usual en la vida del país. Los salarios durante ese periodo crecieron anualmente, los

[20] Véase, *Política*, 1962, núm. 47.

ingresos promedio por habitante en el medio rural y urbano fueron del orden del 6.5 y el 3% respectivamente.[21]

En términos generales, el Plan de Acción Inmediata había cumplido con sus cometidos. Lo que obviamente no implicaba que los problemas se hubieran resuelto. En realidad se trataba de uno de los múltiples paliativos tan usuales en México y cuyo objetivo había estado dirigido, en lo fundamental, a evitar el desbordamiento popular, por un lado; pero, por otro, a estimular e impulsar el desarrollo de los empresarios mexicanos. Esto último en detrimento de los intereses nacionales, debido a que el grueso del financiamiento de las inversiones públicas se habían realizado con la hipoteca del país. El 22.4% del total del financiamiento estaba basado en créditos extranjeros, pasando la deuda externa de México de 602 millones de dólares en 1958, a 1 724 en 1964.[22]

La actitud de rebeldía y desconfianza de los empresarios hacia el gobierno mexicano poco a poco fue depuesta. Desde finales de septiembre de 1961, en la XLIV asamblea de la Concanaco, el discurso que pronunció su presidente Heriberto Vidales proconizaba una actitud de comprensión del sector privado hacia la acción gubernamental y las necesidades populares.[23] Poco tiempo después, Manuel Espinoza Iglesias, banquero prominente, expresaba que México se encontraba en un periodo de estabilidad y "que después de la pasada tormenta reinaba un clima de confianza".

Las nuevas posiciones adoptadas por la iniciativa privada crearon ilusiones equivocadas entre algunos miembros de la dirección del Movimiento que vieron en ellas, el despertar de la conciencia burguesa, frente a la agudización de las contra-

[21] *México, un pueblo en la historia*. México, 1982, t. IV, p. 68.
[22] Solís, L., *op. cit*., pp. 142-163.
[23] *Comercio Exterior*, 1961, t. XI, núm. 4, p. 212.

dicciones económicas y sociales de México. En tono triunfante, Francisco López Cámara, decía: "Frente al oportunismo de unos y al sectarismo de otros, la alternativa nacionalista, democrática y antimperialista es la única viable".[24]

El gobierno lopezmateísta fue adquiriendo matices cada vez más reaccionarios y no sólo en cuanto a su política interna, sino también en lo relacionado a la externa. En la medida que la Revolución Cubana se fortalecía y definía su carácter socialista, el gobierno mexicano asumía una postura cada vez más similar a la del resto de los gobiernos latinoamericanos con respecto a la isla. Las declaraciones de solidaridad con Cuba, antes tan frecuentes entre los voceros gubernamentales e inclusive en el mismo Presidente, cesaron como por ensalmo. Los actos de vejación a que empezaron a ser sometidas las personas que viajaban o regresaban a Cuba da una muestra del cambio de actitud del gobierno, cuya expresión más clara al respecto se produjo en enero de 1962 en Punta del Este, Uruguay, cuando se efectuó la reunión de consulta de la OEA.

A la reunión asistieron algunos miembros de la dirección del MLN, quienes días antes habían manifestado su postura de adhesión a la política internacional de López Mateos y habían demandado de la delegación mexicana una postura firme de defensa de la autodeterminación y la no intervención.[25]

Sin embargo, y no obstante las movilizaciones y acciones que se efectuaron en el país, el gobierno mexicano asumió una postura de indiferencia ante la exclusión de Cuba de la OEA, y no sólo eso, sino que en cierta medida fueron las posiciones del canciller mexicano, Manuel Tello, las que sirvieran de base para que se consumara la agresión en contra de la isla caribeña. Tello había declarado: "Parece indudable que

[24] *Política*, 1962, vol. III, núm. 57, p. 22.
[25] *Política*, 1962, vol. II, núm. 42, pp. 36-37; *Avante*, 1962, núm. 18, p. 13.

existe una incompatibilidad radical entre la pertenencia a la OEA y una profesión política marxista leninista"[26] por lo que el alineamiento del gobierno cubano "con el bloque comunista quebranta la unidad y la solidaridad del hemisferio".[27]

El viraje aún más a la derecha del gobierno de López Mateos estaba a la vista. Muchos lo entendieron así; otros, como Lombardo, intentaron justificar la actitud gubernamental; en otras más sirvió de impulso para tratar de buscar una mayor unificación de las fuerzas progresistas. En cuanto al general Cárdenas, dicho viraje significaba que sus intentos por empujar al gobierno hacia posiciones más avanzadas habían fracasado, como habían fracasado las posibilidades de crear un amplio frente antimperialista que contuviera la penetración de los grandes monopolios norteamericanos, Esto explica su actitud de alejamiento del MLN, que se hizo patente desde que en diciembre de 1961 fuera nombrado vocal ejecutivo de las obras del río Balsas. En aquella ocasión pronunció un discurso en el que, refiriéndose al momento que vivía el país, decía: "La presente es la hora de la unidad y de la cooperación sin reservas porque sólo así, unidos y en estrecha cooperación podremos resolver los urgentes problemas"[28] de México. A partir de ese entonces la actitud del general Cárdenas fue de apoyo declarativo hacia el MLN y de incorporación al seno de la "familia revolucionaria".

La oveja descarriada había regresado al rebaño, el triunfo pleno de la política divisionista y de penetración que con relación al MLN, realizaba el gobierno de López Mateos se vio coronado con el encuentro que el 14 de agosto de 1962 sostuvo en Cupatitzio, Michoacán, con los ex presidentes Cárdenas y Ruiz Cortines. En esa ocasión, el general Cárdenas

[26] *Política*, 1962, núm. 43, p. 20.
[27] *Política*, 1962, núm. 47, p. 24.
[28] Cárdenas, L. Palabras y documentos públicos, p. 139.

hizo un elogio desmesurado a la política revolucionaria del Presidente, resaltando su política agraria y su profunda preocupación por resolver los problemas de las grandes masas populares. La reunión de Cupatitzio no sólo sirvió para reincorporar a Cárdenas a las causas oficiales, sino que fue motivo de nuevas contradicciones entre los miembros del MLN, especialmente entre los que la condenaron y entre los que vieron en ella el indicio de un deslizamiento hacia la izquierda del gobierno y la quiebra del sistema monolítico. Así, por ejemplo, Víctor Flores Olea sentenciaba: "La reunión de Cupatitzio parece abrir una brecha en el bloque de la clase en el poder".

Otro de los métodos que los grupos oficiales usaron para combatir el Movimiento, consistía en demostrar que éste se encontraba fuera de las concepciones ideológicas de la Revolución Mexicana. Al respecto, el diputado Joaquín Noris Saldaña indicaba que fuera de la Revolución, ninguna teoría o concepción por sinceras y buenas que fueran podían ser aceptadas como lícitas.

En efecto, los postulados de dicha tesis empezaron a ponerse en práctica y de las palabras se pasó a los hechos. La represión contra los miembros del MLN y de otras organizaciones adquirió grandes dimensiones. Se realizaban detenciones, arrestos, persecuciones, despidos en las oficinas gubernamentales y otras arbitrariedades que culminaron con el asesinato a manos del ejército mexicano del líder campesino Rubén Jaramillo.

Sin embargo no había que hacerse ilusiones, el tono subidamente revolucionario y la fraseología extremadamente radical en México, nada significaba y nada significan, aunque preciso es señalar que siguen surtiendo los efectos requeridos entre las grandes masas de la población mexicana, tan cortas de memoria.

Junto a la campaña de agresión desatada por el gobierno en contra del Movimiento, inició otra de no menores magnitudes por parte de las fuerzas de la reacción, que en forma sistemática trataban de desacreditar, dividir y acabar con la frágil unión de las fuerzas progresistas de México.

Presentar al MLN como una organización dependiente de intereses extranjeros era otro de los medios de que se valía la reacción para alejar a la población del Movimiento. Papel importante en este asunto jugó un artículo de Emilio Portes Gil, quien, en referencia al entusiasmo con que "obreros y campesinos, clase media e importantes sectores de quienes manejan la riqueza", habían recibido el cuarto informe del presidente López Mateos; con indignación señalaba que sólo el pequeño grupo "que a toda costa trata de desviar el curso de la Revolución Mexicana y que se inspira en el Movimiento de Liberación Nacional, que dirige el Kremlin[29] había ignorado el valioso informe".

A partir de 1963 y no obstante la nueva fuerza que le inyectó la creación de la Central Campesina Independiente, se inició una etapa de declive en la corta vida del Movimiento de Liberación. Las constantes crisis que le golpearon, agudizadas por las condiciones externas y por las internas, terminarían por hacerlo sucumbir. El golpe decisivo que exacerbó aún más las contradicciones internas del Movimiento lo asestó el proceso electoral, que atraía ya toda la atención pública y que llevaría al poder a una de las figuras más negras y grotescas en la historia de México.

El nuevo gobierno, que empezó a dirigir el país a partir del primero de diciembre de 1964, lejos de intentar democratizar la vida política acentuó aún más el carácter reaccionario del régimen anterior. Al igual que todos los Presidentes que le antecedieron, Gustavo Díaz Ordaz, en un mensaje que dirigió a la nación con motivo de la toma de poder, habló de los

---

29 *El Universal*, 4 de septiembre de 1962, p. 8.

problemas que seguían aquejando al país: hambre, miseria, desempleo, insuficiencia en el desarrollo económico, atraso en las esferas de la salud, de la educación y de la cultura. Se refirió también a la necesidad de seguir manteniendo las libertades democráticas y en conjugarlas con el principio de autoridad. En aquella ocasión el MLN, como ya era tradición en sus actividades, hizo el análisis y el comentario del mensaje presidencial, señalando que los pronunciamientos del presidente Díaz Ordaz respondían a las inquietudes de amplios sectores de la población.[30] Sin embargo, las actividades políticas desempeñadas por Díaz Ordaz en cargos anteriores dejaban una estela negra tras de él y señalaban al político conservador a ultranza y al mandatario autoritario sin escrúpulos. Al respecto existían posiciones encontradas al seno del MLN, entre los que consideraban que aún no era posible determinar el carácter del gobierno de Díaz Ordaz, y los que veían con pesimismo la amenaza que para la débil democracia del país representaba. Los sucesos que se produjeron inmediatamente a la toma del poder dieron la razón a los últimos.

Durante los meses de marzo y abril de 1965 se realizó una serie de manifestaciones estudiantiles en protesta por la agresión norteamericana en contra del pueblo de Vietnam. Estas manifestaciones fueron reprimidas con lujo de violencia con un saldo de varios heridos y un sinnúmero de personas encarceladas. La culminación de los actos antidemocráticos del gobierno en este periodo fue el allanamiento de los locales del Partido Comunista Mexicano, la Central Campesina Independiente y del Frente Electoral del Pueblo. Después de un minucioso cateo y de haber recogido libros y archivos de esas organizaciones fueron detenidos 30 de sus dirigentes y de sus

[30] *Política*, 1964, núm. 112, p. 52.

miembros.[31] Los actos que mostraban el verdadero carácter del gobierno fueron múltiples. En la medida que fuera pasando el tiempo, su vocación reaccionaria se iría acentuando con más fuerzas hasta alcanzar su nivel más alto con la sangrienta represión de que fue objeto el estudiantado mexicano en 1968.

Mientras tanto el Movimiento de Liberación, que entre otras cosas había dejado de ser considerado una amenaza por parte del gobierno y de la reacción, continuaba debatiéndose en una agonía que parecía no tener fin. Al igual que en sus inicios, el Movimiento seguía insistiendo en sus viejas tesis, de un nacionalismo y un antimperialismo que ahora más que nunca se encontraban fuera de toda realidad. Sus acciones, como antes se reducían a realizar declaraciones en señal de protesta o de solidaridad por tal o cual causa, a emitir opiniones y puntos de vista sobre la problemática del país, que si bien todos eran justos y acertados nada significaban al no ir acompañados de las correspondientes movilizaciones y del respaldo sólido de las grandes masas del país. En otras ocasiones, la dirección del Movimiento llegó a participar en algunos eventos, como en la celebración de la Conferencia Tricontinental en enero de 1964 y en la Primera Conferencia de la Organización Latinoamericana de Solidaridad celebrada en La Habana en 1967. Con motivo de su participación en este último evento, el comité nacional del Movimiento, integrado por Heberto Castillo, Guillermo Calderón, Armando Castillejos, Luis Córdova y Adela Salazar, en un desplegado dio a conocer su postura sobre la posible solución de los problemas de México y América Latina. Al igual que seis años atrás se insistía en que el país debería modificar su estructura económica, rescatar sus recursos naturales, controlar

[31] *Política*, 1964, núm. 120, p. 5.

el comercio exterior; aumentaban este listado de buenas intenciones, la nacionalización de la banca, otras demandas y otras exigencias, que, aunque justas, no pasaban de tener el mismo carácter declarativo que al principio. Poco tiempo después, el Movimiento de Liberación terminaría por diluirse en el ritmo acelerado del tiempo y de la época.

Organización campesina y movimiento

Si el propio capitalismo mexicano, en términos generales, denotaba un bajo nivel de desarrollo y un gran atraso, en el campo las contradicciones que engendraba adquirían aún mayores proporciones.

Los grandes problemas de la vida rural después de casi 40 años de reforma agraria continuaban existiendo. Gran parte de la tierra seguía concentrada en unas cuantas manos, mientras que millones de campesinos carecían de ella. El nivel de vida de la población campesina era de subsistencia, los salarios miserables, la alimentación magra y las jornadas de trabajo agotadoras. En lo político, la mayoría de la población rural se encontraba sometida a las arbitrariedades de los caciques locales que, junto con la Confederación Nacional Campesina (CNC), servían de instrumento de sometimiento del campesinado a los designios de la política oficial.

El orden de cosas existentes obligó a buena parte de los grupos campesinos a buscar salidas alternativas que le permitieran resolver sus problemas. En Guerrero, Puebla, San Luis Potosí y en otros estados del país se produjeron levantamientos armados, en otros casos se formaron organizaciones paralelas a la CNC, como la Asociación Cívica Guerrerense, el Partido Obrero Agrario de Morelos (POAM) y la Federación Revolucionaria de Campesinos en Veracruz.

Correspondió al Movimiento de Liberación Nacional servir de catalizador y aglutinador de las distintas corrientes que entre 1961 y 1962 coincidían en sus intentos por formar una nueva organización campesina, independiente del aparato oficial y de sus organismos.

Durante la realización de la Conferencia Latinoamericana, en una reunión especial que llevaron a cabo los delegados de diversas organizaciones campesinas, acordaron que para hacer efectiva la reforma agraria que recomendaba realizar en cada país la Conferencia, era necesario lograr la unidad y la solidaridad en el movimiento campesino.[32]

Para dar cumplimiento al acuerdo, los delegados campesinos a la Conferencia empezaron a promover reuniones por todo el país. En abril de 1961 en la ciudad de Zamora, Michoacán, se efectuó una asamblea en la que participaron alrededor de 300 delegados campesinos de varias entidades del país. En esta reunión fueron discutidas diversas cuestiones vinculadas con la problemática del medio rural y la unidad del campesinado, que debería conducir a la formación de una organización independiente, la cual representara realmente los intereses de las grandes masas del campo.[33]

El surgimiento del MLN unos meses más tarde vino a fortalecer y a dar mayor concreción a las tendencias de reagrupamiento del movimiento campesino independiente. Fue elaborado un programa de reforma agraria integral, ampliamente difundido y popularizado en el medio rural, que sirvió de base en los múltiples congresos y reuniones que se realizaron por este tiempo en los estados de Puebla, Michoacán, Guanajuato, Morelos, Guerrero, Veracruz, Jalisco, Coahuila, Nuevo León y Sonora.

[32] *La Voz de México*, 15 de abril de 1961, p. 2.

[33] *La Voz de México*, 6 de mayo de 1961, p. 1.

La culminación de esa serie de eventos fue la realización en Torreón, Coahuila, del Congreso de la Unión de Sociedades de Crédito Colectivo Ejidal de la Comarca Lagunera. Durante los días 16, 17 y 18 de agosto de 1962, doscientos delegados de La Laguna y cuarenta dirigentes de distintos estados del país, en representación de medio millón de campesinos, discutieron los problemas agrarios más candentes, así como todo lo relacionado con la formación de la nueva central.

Apenas conocida la decisión de crear la nueva central, se desató en contra de sus organizadores una campaña nacional, auspiciada principalmente por los sectores oficiales y por aquellos que tenían fincados sus intereses en la explotación del campesino.

Los ataques, en un principio aislados y más nutridos e intensos en la medida que se acercaba la fecha para la realización del Congreso, se encaminaron en dos direcciones: por un lado, a catalogar el movimiento campesino de comunista; pero, por otro, a tratar de dividir a los grupos campesinos. Con este propósito a la cabeza de la CNC, fue designado el licenciado Rojo Gómez, político conocido en el sector agrario por sus posiciones progresistas. La finalidad de esta maniobra era la de hacer creer a las masas campesinas que dicha organización cambiaría y orientaría sus actividades, ahora sí, en su beneficio. Al mismo tiempo en la prensa nacional fueron publicados un gran número de noticias sensacionalistas en las que se informaba de supuestas debilidades y vacilaciones entre los organizadores de la nueva central. En uno de los diarios mexicanos de mayor circulación se decía que después de que Rojo Gómez hiciera algunos ofrecimientos a uno de los "cabecillas", Alfonso Garzón Santibáñez, éste parecía estar dispuesto a colaborar con él. Se señalaba también que Arturo Orona, "líder agrario filocomunista, parece haber reconsiderado su actitud [...] y se habla de que busca alianza con la

CNC".[34] Haciendo un pequeño paréntesis, es necesario señalar que no obstante la clara tendencia divisionista que llevaban las noticias señaladas, algo había de cierto en ellas, como podrá constatarse en el caso Garzón.

La virulencia de los ataques que durante los meses de noviembre y diciembre de 1962 se habían multiplicado, no fue motivo de sorpresa para las fuerzas progresistas; pero lo que sí provocó verdadera sorpresa fue la actitud que asumieron los líderes del PPS, especialmente la de Jacinto López, viejo luchador campesino del noroeste del país, quien, a nombre de la Unión General de Obreros y Campesinos de México (UGOCM), declaró que el MLN se había convertido en factor de "confusión" y "división" de las organizaciones sociales y políticas existentes. Señaló también que la UGOCM se pronunciaba en contra de la creación de la nueva central campesina y apoyaba la política del presidente López Mateos. Por su parte, Lombardo Toledano, refiriéndose al MLN, afirmó que éste trataba de dividir a las fuerzas revolucionarias, con lo que favorecía los fines de la reacción.[35]

Pese a todas las dificultades y obstáculos que se opusieron a la creación de la Central Campesina Independiente, el día 6 de enero de 1963 por la mañana iniciaron las sesiones de trabajo del Congreso. Participaron cerca de 2 000 delegados llevando la representación de más de medio millón de campesinos de todos los estados de la federación mexicana. Las organizaciones y grupos participantes más importantes eran: El Partido Comunista Mexicano, la Unión de Sociedades de Crédito de la Comarca Lagunera, las corrientes cardenistas de Michoacán, Guanajuato y el Estado de México, los grupos encabezados por Braulio Maldonado, ex gobernador de Baja

---

[34] *Política*, 1963, núm. 65, p. 14.
[35] *Ibid.*

California, los seguidores del fracasado movimiento gasquista,[36] las federaciones revolucionarias de Veracruz, Oaxaca y Puebla, algunos de los grupos de campesinos de filiación trotzkista provenientes del estado de Nuevo León, el Partido Obrero Agrario de Morelos y otros grupos más.[37] La reunión estuvo presidida por Ramón Danzós Palomino, Braulio Maldonado, Jesús Aranda, líder del POAM y el general Lázaro Cárdenas, quien había sido invitado la noche anterior.

Al finalizar los trabajos de la Conferencia, fueron aprobadas varias resoluciones y un llamamiento. En los materiales resolutivos, se indicaban las razones por las cuales había surgido la CCI; entre otras, se mencionaba la concentración de la tierra en unas cuantas manos, el estancamiento de la reforma agraria, la carencia e insuficiencia de los créditos agrícolas, los bajos salarios y la cada vez mayor influencia de los monopolios extranjeros en la producción agrícola. Se hacía también un llamado a las diferentes organizaciones de trabajadores del país, incluyendo a la CNC y UGOCM, a realizar acciones conjuntas en beneficio de las grandes masas campesinas. Se proponía, si fuera preciso, la unidad orgánica para luchar porque la tierra estuviera realmente en manos de los campesinos, porque tuvieran agua y créditos, porque se formaran organizaciones sindicales y sociedades cooperativas en el campo, porque se extendiera el seguro social y el sistema educativo en todas las zonas rurales.

---

[36] En septiembre de 1959, el general Celestino Gasca, correligionario de Zapata y de Cárdenas, hizo circular un manifiesto en el que llamaba al pueblo de México a levantarse en armas para derrocar al gobierno. Fue fijada como fecha para la insurrección el 15 de septiembre de 1961. El día señalado se empezaron a tener noticias de levantamientos armados en distintos lugares del país: Jaltipán, Veracruz; Huistla, Chiapas; Pantepec, Puebla; La Unión, Guerrero; Ixtepec, Oaxaca; y varios lugares más. Los levantamientos fueron rápidamente sofocados por el ejército.

[37] *Política*, 1963, núm. 66, p. 2

La CCI se pronunciaba a demás a favor de: la lucha por la paz, el desarme general y total, la liberación nacional, la defensa de las libertades democráticas, el respeto a los derechos constitucionales del pueblo y de los trabajadores y la lucha por la democratización del país.

El programa que enarbolaba la CCI, si no una copia, era sin duda semejante y denotaba, además, una gran influencia del programa del MLN.

El MLN declaró que los renovados ataques en su contra y en contra del PC, la CCI y Cárdenas, demostraban que en el fondo lo que estaba en crisis era la "unidad nacional", de cuya ruptura se acusaba a la izquierda y que sólo había servido para despertar y mantener falsas ilusiones y robustecer a los grupos más reaccionarios.[38]

En contraste con la actitud de las fuerzas democráticas, la reacción desencadenó una gran campaña que estuvo dirigida, primero en contra del general Cárdenas y, más tarde, en contra del MLN y el PCM. A esta campaña se unieron el PPS, la UGOCM y algunos sectores cardenistas que vieron en aquella ocasión la posibilidad de romper con su pasado agrarista.

Debido a que las manifestaciones y declaraciones de la reacción pueden contarse por decenas, todas ellas "ilustrativas" e "interesantes", se hará mención a unas cuantas: Antonio Díaz Soto y Gama, ex zapatista, ex agrarista y ex revolucionario declaró: "Ha llegado el momento de que nuestro gobierno refrene con la mayor energía al comunismo criollo, subsidiado por el totalitarismo soviético. Lo menos que puede decirse del general Cárdenas es que al dar él su apoyo a ese congreso de disidentes, ha roto la unidad campesina y por tanto la unidad nacional".[39]

[38] *Política*, 1963, núm. 66, p. VIII.

[39] *El Universal*, México, 10 de enero de 1963, p. 15.

Juan Gil Preciado, gobernante de Jalisco y ex militante del Partido Comunista, declaró: "Quienes tratan de dividir a los campesinos del país son traidores a su clase. Todos los que no estén con la CNC son traidores a la Revolución Mexicana."[40]

La Unión Nacional Sinarquista por su parte, declaró: "Un nuevo frente abierto por la rojería criolla, filocomunista y antimexicana, en su viejo intento por desquiciar instituciones nacionales".[41]

Ante los hechos consumados, la burocracia gobernante cambió de táctica y de las declaraciones violentas se pasó a otras cada vez menos radicales y a veces sumamente moderadas. La siguiente medida, fue reconocer el hecho de que en realidad seguían existiendo problemas en el campo. Así, por ejemplo, Rojo Gómez manifestó que los problemas agrarios se habían discutido ampliamente por las "fuerzas revolucionarias" de México, de tal suerte que se les conocía a la perfección; luego agregaba, "estos señores del MLN repiten lo que decimos todos los días, por lo cual no nos preocupa el surgimiento de una nueva central".[42] Se delineaba de esta manera la nueva táctica de la oficialidad burocrática: crear la ilusión de que los problemas del campo son de sobra conocidos y de que se van a resolver, al mismo tiempo, tratar por todos los medios de minimizar el papel de la CCI en la vida política del país y, de ser posible anularlo. Para demostrar que no se trataba sólo de palabras, la burocracia gobernante empezó a dar los primeros pasos en esta dirección. Unos días después de la realización del Congreso de la CCI, en una gira que el presidente López Mateos hizo por el estado de Guana-

[40] *La Prensa*, 10 de enero de 1963, p. 8.
[41] *Excélsior*, 8 de enero de 1963.
[42] *Política*, 1963, núm. 66, p. 2.

juato, anunció un ambicioso proyecto gubernamental, cuyo objetivo era liquidar el problema agrario de forma radical, antes de que finalizara su periodo presidencial. Se manifestó que para 1965 no quedaría ni un solo latifundio, que se mejoraría la productividad de los ejidos mediante la utilización amplia de créditos, agua, asistencia técnica y a través del aprovechamiento racional y planificado de los recursos regionales.[43] En efecto, se repartieron algunas tierras, todas ellas de mala calidad, se concedieron algunos créditos y, en general, se pretendió mejorar un poco las condiciones de vida de la población rural. No obstante, el tiempo diría la última palabra, los problemas continuaron como antes y en algunos casos empeoraron.

Mientras tanto la naciente CCI, durante 1963 y parte de 1964, se convirtió en receptora y transmisora activa del descontento campesino. Miles de trabajadores del campo de todo el país comenzaron a recurrir a la nueva organización, cuyo programa inicial iría tan lejos como pudieran permitir la pluralidad de las fuerzas que le habían dado forma, el equilibrio interno del MLN y los acontecimientos políticos del país.

A comienzos de febrero, el MLN lanzó su primera campaña en pro de la reforma integral. En lo principal tenía por objetivos, por un lado, denunciar y combatir los latifundios y restablecer el texto original del Artículo 27 constitucional pero, por otro, intentaba coadyuvar al fortalecimiento de la CCI, sobre todo en el terreno teórico, propagandístico e ideológico. Todo parecía indicar que la unidad de los sectores progresistas poco a poco se iba consolidando. Sin embargo, las contradicciones internas que se agudizaban en las filas del MLN pronto hicieron mella en la naciente organización, paralizándola prácticamente, fracciones tan diferentes como la del

[43] *Política*, 1963, núm. 67, p. 17.

Partido Comunista Mexicano y las que representaban Braulio Maldonado y Alfonso Garzón entraron en conflicto, poniendo en peligro la existencia de la CCI. Al parecer los intereses de Maldonado iban encaminados a tratar de recuperar sus perdidas posiciones políticas dentro del aparato oficial, mediante el apoyo de las bases campesinas que se agrupaban en torno a la CCI, mientras que Garzón Santibáñez pretendía presionar, a través de esas mismas bases, para ser admitido en el grupo gobernante, desde posiciones de ventaja.

Las contradicciones internas que empezaron desde el nacimiento de la CCI, en septiembre de 1964, agudizadas por la campaña electoral, hicieron explosión los días 10 y 11 de Septiembre. La prensa nacional publicó la noticia de que once miembros del comité ejecutivo de la CCI habían sido expulsados, por supuesto, todos ellos comunistas. En realidad se trató de un "charrazo", un grupo de miembros de la dirección decidió, sin consultar a las bases, la expulsión de los comunistas. Para justificar la división de la organización se hicieron correr rumores, en el sentido de que con los comunistas era "imposible colaborar".

Como resultado de la "expulsión" se formaron dos centrales, una encabezada por los comunistas y la otra por el grupo de Garzón y Maldonado. La primera recibió golpes, represión y persecuciones; la segunda créditos, tierras, agua y todo tipo de apoyo por parte del gobierno, incluyendo cargos oficiales para sus dirigentes. Garzón hasta hace poco era senador de la República.

Elecciones y movimiento

La ofensiva general, que en todos los terrenos desatara el régimen oficial en contra del MLN y, de todas las fuerzas democráticas y progresistas de México, incluía, obviamente, uno de los aspectos fundamentales de la vida política del país; el electoral. Relacionadas con la sucesión presidencial a partir del IV Informe de Gobierno, en septiembre de 1962, se empezaron a tomar algunas medidas que tenían por objeto impedir el surgimiento de una oposición independiente, y a la vez, garantizar que el proceso electoral se desenvolviera por los cauces acostumbrados, es decir, por medio de la imposición antidemocrática de los candidatos oficiales y de la violación del sufragio.

Con el claro propósito de calmar el creciente descontento popular, de contrarrestar la apatía de la mayoría de la población frente al proceso electoral (el abstencionismo en 1961 fue del 46%)[44] y a la vez, de arrebatar una de las banderas de los sectores de la izquierda, vinculada con la transformación radical del sistema electoral mexicano, el Ejecutivo de la nación presentó un proyecto de reformas y adiciones a la Constitución que modificaba dicho sistema.

La iniciativa presidencial de reforma electoral, en resumen, planteaba el establecimiento del sistema de representación de partidos, que otorgaba a los grupos minoritarios veinte diputaciones en la cámara legislativa. Con tal medida, se buscaba dar visos de democracia al sistema, y a la vez permitía a la fracción priista seguir manteniendo el control político en la Cámara de Representantes. Esta suplantación burda de la demanda de las fuerzas democráticas en el sentido de establecer el sistema de representación proporcional en las Cámaras y municipalidades, en realidad favorecía a los partidos de la oposición conservadora como el PAN, o de la oposición de izquierda "simulada" como el PPS; los únicos que contaban con registro y, por consiguiente, con la posibilidad de tener y de incrementar el número de sus representantes en los órganos de poder.

[44] *Política*, 1963, núm. 66, p. 19.

Ante los aprestos de los diversos grupos del sector oficial, de la burguesía, del clero, del sinarquismo, del panismo y demás sectores de la reacción frente al cambio de poderes en el país, algunos representantes de las fuerzas de izquierda empezaron a delinear sus posiciones.

Los primeros en hacerlo fueron los comunistas, quienes consideraban que correspondía a las fuerzas "democráticas y antimperialistas" cambiar el carácter de la campaña electoral, convirtiéndose en la expresión de los intereses del pueblo mexicano y de los anhelos de las grandes masas trabajadoras. Veían, además, la posibilidad de convertir el proceso electoral en una gran jornada política que a la vez que organizara, educara y elevara la conciencia de clase de las masas, significara un nuevo avance en la tarea de unir alrededor de metas comunes a diversos sectores de la izquierda.[45]

La idea del PCM de formar un solo frente con un programa y candidatos comunes y que, en primera instancia fue propuesto a la dirección del MLN, suscitó diversas reacciones entre los dirigentes de este organismo. Algunos se sumaron a la propuesta comunista, otros se abstuvieron de asumir una posición determinada. Sin embargo, la organización como tal rechazó la propuesta, arguyendo que mientras existiera una ley electoral antidemocrática y una práctica de imposición de los candidatos, no tenía sentido participar en los comicios electorales.[46]

En circunstancias que empezaban a mostrar fisuras cada vez más hondas en la unidad de las fuerzas democráticas, los días 20 y 21 de abril se realizó una asamblea constitutiva de la Junta Nacional Organizadora de lo que más tarde se llamaría Frente Electoral del Pueblo (FEP). A la reunión asistieron

---

[45] *La Voz de México*, 8 de abril de 1963.
[46] *Política*, núm. 88, pp. 18-19.

diversas personalidades y organizaciones como la CCI, el Consejo Nacional Ferrocarrilero, el Partido Comunista, la Liga Agraria Estatal de Baja California, el Partido Democrático de Cajeme, la Unión Cívica Guerrerense y la Unión de Sociedades de Crédito Colectivo Ejidal de la Comarca Lagunera.

La comisión organizadora nombrada y compuesta por Manuel Terrazas, Renato Leduc, Braulio Maldonado, Alfonso Garzón, Genaro Vázquez y otros, declaró a la prensa que el FEP lucharía por triunfos políticos y no electorales, y que participaría en la contienda electoral con o sin registro. Mientras que en un documento que se dio a conocer a la opinión pública se señalaban las causas por las que se constituyó el FEP, lo que sería y los objetivos por los que lucharía. En resumen, el surgimiento del Frente encontraba su razón de ser en dos causas principalmente: por un lado, en el avance logrado por la reacción en el sistema político; mientras que, por otro, en el nuevo auge de una lucha que se veía imposibilitada por canalizar sus inquietudes en acciones concretas al carecer del instrumento adecuado. En tal caso el FEP sería "la alternativa popular frente a la disyuntiva planteada por los sectores del gobierno y la ultrarreacción panista y sinarquista".[47] Sin embargo, lo que no se decía en el documento y resultaba fácil de entender, era que otra de las causas por las que surgía el FEP se debía a que las esperanzas de consolidar la unidad de las fuerzas democráticas, agrupadas en el MLN, se habían diluido. La formación del nuevo Frente era precisamente el mejor indicio de ello. Así, ante las crecientes pugnas internas que día con día debilitaban al Movimiento, el surgimiento del FEP se convertía en un nuevo intento por unificar no sólo algunas de las fuerzas en fuga, sino además las nuevas que

---

[47] *La Voz de México*, 8 de mayo de 1963, p. 1.

fueran surgiendo a la vida política del país. En cuanto a los objetivos, en lo fundamental, destacaban la democratización del régimen político y la liberación nacional.

Con miras a conseguir el registro oficial como partido político, en los meses siguientes, la comisión organizadora del FEP desplegó una gran actividad de propaganda, afiliación y organización a todo lo largo y ancho del país. Fueron integradas juntas organizadoras en más de 20 entidades en la República, incluyendo el Distrito Federal. El objetivo de esta tarea consistía en afiliar el mayor número de personas para superar el requisito de 75 mil miembros que imponían las leyes. Según comentarios de los organizadores, los resultados fueron mucho mejores de los que se esperaba.

Los días 26 y 27 de junio de ese año tuvo lugar en la ciudad de México la asamblea nacional constituyente y de registro del FEP. Se informó que se habían realizado asambleas en 33 estados de la República con una asistencia promedio de 2 mil 500 miembros cada una, mientras que 83 mil 898 afiliados daban nacimiento a la nueva organización.[48]

Apenas constituido el FEP, se desató en su contra una gran ola de violencia por todo el país. Con el pretexto de comprobar la autenticidad de las firmas de afiliación, los agentes de Gobernación, elementos del PRI, autoridades municipales y en ocasiones el ejército, cometían abusos y atropellos de toda clase contra los militantes del FEP.

Una vez que venció el plazo fijado por las leyes para dar respuesta a la solicitud del registro del FEP, la Secretaría de Gobernación comunicó que el registro se le había negado "por no acreditar el número de miembros exigidos por la ley en ninguna entidad federativa; por no cumplir con el requisito de celebrar asambleas en dos terceras partes de los estados de

---

[48] *La Voz de México*, 5 de agosto de 1963.

la República y porque las hojas de afiliación estaban falseadas".[49]

Con el propósito de dar cumplimiento a la decisión de participar en las elecciones, con o sin el registro, el primero de octubre de 1963, el FEP llamó a todos los comités estatales, municipales y locales de la federación para nombrar delegados a la convención nacional que debería realizarse el día 3 de noviembre en la ciudad de México. Ahí se discutiría la plataforma política del Frente y las formas en que participaría en las elecciones. Se eligió además el candidato del FEP a la Presidencia de la República.[50]

A la I Convención nacional ordinaria y a la vez I Asamblea nacional extraordinaria del Frente asistieron más de 2 mil delegados efectivos y cerca de 800 fraternales. En ellas fue electo por unanimidad, candidato a la presidencia de la República, el dirigente campesino Ramón Danzós Palomino. Se dio además lectura a la plataforma política del FEP que, entre otros principios, postulaba la lucha por la democratización de la vida sindical, social y política del país, la satisfacción de las demandas económicas del pueblo, la reforma agraria integral, la defensa de las libertades democráticas, la derogación del delito de disolución social y la libertad de los presos políticos, la nacionalización de los recursos naturales en manos de los monopolios extranjeros, la defensa de la Revolución Cubana y el establecimiento de relaciones diplomáticas y extranjeras con todos los países del mundo.[51]

La designación de un dirigente campesino como Ramón Danzós Palomino a la candidatura presidencial obedecía, en lo fundamental, a que el movimiento campesino había sido

---

[49] Colmenero, S. (1975), "El MLN, la CCI y Cárdenas", en *Estudios Políticos*, núm. 2, p. 27.

[50] *Política*, 1963, vol. IV, núm. 84.

[51] *Política*, 1963, vol. IV, núm. 86.

uno de los más combativos y organizados en los últimos años y, además, el que mayores logros de la unidad había alcanzado; prueba de ello era la CCI. Todo eso hacía suponer que era entre las masas del campo donde el FEP encontraría su mejor aliado y el mayor apoyo.

La designación de Gustavo Díaz Ordaz como candidato a la presidencia de la República en noviembre de ese año y que de hecho lo convertía en el heredero sin discusión del cargo que desempeñaba López Mateos, mostraba con claridad meridiana que los temores de la izquierda, en el sentido de una agudización de la política represiva se habían comprobado. Al mismo tiempo, quedaba claro que los esfuerzos de estos mismos sectores por democratizar la vida política del país habían fracasado.

El Partido Acción Nacional postuló por su parte a José González Torres. Aunque el candidato panista era poco conocido en el país, la campaña electoral del PAN gozó de la ventaja de ser el único interlocutor legal del PRI, debido a que a la FEP se le había negado el registro, mientras que el PPS y el Partido Auténtico de la Revolución Mexicana se habían aliado a las huestes priístas. La campaña panista como de costumbre, sin proponer nada de nuevo, se dedicó a insistir en la necesidad de que se respetara el voto ciudadano, de que el proceso electoral se ejecutara con limpieza y de que era necesario combatir la corrupción del régimen. Censuró duramente el Artículo 3° constitucional sobre la educación, señalando que el recién establecido libro de texto gratuito en las escuelas, estaba "encaminado a ser instrumento de desorientación para las conciencias escolares". Propuso, además, que la actividad estatal en la economía fuera gradualmente limitada. Finalmente, criticó la política internacional de López Mateos, especialmente en lo relacionado con Cuba.[52]

---

[52] *Política*, 1964, núm. 101, p. 9.

La actuación del PPS en el proceso electoral del 64, al igual que 6 años atrás, fue la de apoyar al partido oficial. Con ese propósito se celebró en diciembre de 1963 la III Asamblea nacional extraordinaria del Partido Popular Socialista. En la reunión se hizo el balance de la situación interna del país, se concluyó que el país estaba al borde de la "catástrofe" debido a la creciente amenaza del imperialismo por lo que el apoyo del PPS al régimen era urgente y vital. Llegar a estas conclusiones no le fue fácil, aunque tampoco imposible, a Vicente Lombardo Toledano.

La campaña electoral del FEP, modesta, relegada a un segundo plano por la "gran" prensa nacional, con una carencia extremada de recursos económicos y con varios de sus candidatos en la cárcel, se desenvolvió, no obstante, en un ambiente de entusiasmo romántico y combativo. Se celebraron decenas de mítines, se realizaron reuniones, asambleas populares y se pronunciaron cientos de discursos en los que se denunciaban los grandes problemas del pueblo mexicano, así como la ausencia casi total de democracia política en el país; se hicieron también críticas severas a la cuestión de la "unidad nacional".

En lo que al MLN se refiere, como ya habíamos señalado, se negó desde un principio a participar en la formación del FEP, posición que mantuvo hasta el final del proceso electoral. Una vez creado el FEP y conocidos ya los candidatos presidenciales, nuevamente se le propuso al Movimiento apoyar al Frente, rechazando de nueva cuenta la propuesta. Se argüía, como antes, que la falta de democracia electoral hacía que todo esfuerzo, en este terreno, fuera estéril y estuviera de antemano condenado al fracaso. Otro de los argumentos que la dirección nacional esgrimía, y no sin razón, para negarse a participar en las elecciones, era la pluralidad del Movimiento, ya que de inclinarse a favor del FEP o de cualquier otro grupo o candidato, irremediablemente el MLN se vería arrastrado a compromisos y acuerdos que muchos de sus miembros no aceptarían por pertenecer a partidos contrarios al elegido. Sin embargo, la postura abstencionista del MLN no fue motivo para que sus dirigentes, una vez más, subrayaran que el Movimiento seguiría luchando por fortalecerse y organizarse mejor y por cumplir sus objetivos, que eran la derrota del imperialismo y la cabal independencia de México.[53]

Aunque justas, las posiciones de la mayoría de la dirección nacional del MLN no evitaron que las bases de su unidad se vieran seriamente afectadas por las distintas posturas que surgieron con relación al proceso electoral.

Para el PC, sin embargo, las posiciones de parte de la dirección del MLN no eran del todo congruentes con lo que planteaban, debido a que de hecho ésta había tomado partido, como lo demostraban las declaraciones que había hecho el 10 de abril de 1963, cuando se pronunció en contra de quienes habían decidido participar en la contienda electoral.

La actitud de las corrientes priístas con respecto a las elecciones fue un tanto vacilante. En un principio se mostraron a la expectativa, especialmente el general Lázaro Cárdenas, quien posiblemente, como señalara el semanario neoyorquino *Time*, intentara desesperadamente presionar para que fuera designado un candidato, aunque fuera un poco más a la izquierda de Díaz Ordaz.[54]

Lo que causó un verdadero revuelo y conmoción entre los círculos democráticos mexicanos fue el "voto razonado" de Cárdenas. En una reunión que se realizó el 9 de junio en Ciudad Altamirano, Guerrero, pronunció un discurso ante Díaz Ordaz, en el que luego de calificarlo de revolucionario,

---

[53] *Política*, 1963, núm. 86, pp. 18-19.
[54] Citado en *Política*, 1963, núm. 86, p. 11.

de "honesto" y de ser un hombre con "carácter" para gobernar, hizo un llamado, a las masas campesinas y obreras para que apoyaran la candidatura oficial. Las declaraciones de Cárdenas vinieron a agudizar aún más las contradicciones al interior del MLN. Los comunistas condenaron su discurso, mientras que la dirección del MLN asumió una actitud neutral, indicando que frente al proceso electoral cada uno de los militantes del MLN eran libres de apoyar y simpatizar con el partido de su elección. Más explícita la revista *Política* en un extenso editorial, sometía a una rigurosa crítica el apoyo de Cárdenas al candidato oficial, debido a su gran responsabilidad ante las masas del pueblo que en él confiaban y ante sus compañeros del MLN.

En realidad, la actitud del general Cárdenas no tenía nada de sorprendente, puesto que él continuaba fiel a sus principios, que eran los del régimen; lo sorprendente era el ingenuo asombro que la actitud cardenista despertaba entre los sectores progresistas que con su fe ilimitada en el general, refrendaban paradójicamente su confianza en el régimen y en su base ideológica: la vigencia de la Revolución Mexicana.

Las elecciones de 1964, habían puesto una vez más en evidencia la fragilidad de la unidad de las fuerzas democráticas que se agrupaban bajo las siglas del Movimiento de Liberación Nacional, pero no sólo eso, sino que quedaba al descubierto lo contradictorio del programa del Movimiento, al enfrentar sus postulados con la realidad; pero, sobre todo, con los intereses y las verdaderas convicciones políticas de cada una de las fuerzas que se movían al seno de la organización.

Electo Díaz Ordaz presidente de la República, al poco tiempo de pasadas las elecciones y sin tener razón de ser, dado el cambio de las circunstancias, el FEP desapareció de la vida política del país.

Casi un epílogo

Las tendencias a la unidad entre las fuerzas democráticas que en 1961 condujeron a la creación del Movimiento de Liberación Nacional, paradójicamente, estuvieron acompañadas desde el principio, por fuertes contradicciones internas, que en poco tiempo, fueron un verdadero estorbo para la consolidación y fortalecimiento de las tendencias unitarias.

Las posiciones políticas e ideológicas tan distintas y a veces encontradas de las fuerzas que integraban el MLN, pronto hicieron que afloraran las primeras dificultades, mucho antes de que surgieran los acuerdos. Uno de los primeros problemas estuvo vinculado con las bases organizativas del Movimiento, según las cuales la afiliación del MLN tendría que ser de forma individual, independientemente de las organizaciones de donde provinieran sus miembros, mientras que a las organizaciones políticas participantes se les otorgaba el carácter de grupos de apoyo. Esta situación fue motivo de acres debates durante la asamblea nacional constituyente del MLN, en la que la dirigencia comunista planteó que las organizaciones y partidos políticos fuesen considerados como parte integrante del Movimiento, que su representación fuera oficial, públicamente reconocida. Los comunistas, a su juicio, veían en esa propuesta la posibilidad de integrar desde un principio, el naciente organismo, evitando de esta manera las confusiones y las dificultades que inevitablemente engendraría el principio organizativo adoptado. Aunque tal propuesta fue rechazada, no impidió que sus partidarios continuaran durante mucho tiempo insistiendo en ella, creando así uno de los primeros focos de desacuerdo, que con el tiempo daría lugar a otros nuevos.

Al poco tiempo de constituido el MLN, aparecieron algunas tendencias que se transformaron rápidamente en motivo de discrepancias, principalmente entre el PC y el resto de la dirección. Mientras los comunistas insistían en que el desarrollo del MLN debería ir paralelo a su participación inmediata y decisiva en las luchas populares, la línea general del Movimiento era partidaria de abstenerse de participar en acciones públicas en tanto que las organizaciones del MLN no estuvieran lo suficientemente fuertes y desarrolladas. Haciendo clara referencia a las ideas comunistas, Carlos Fuentes expresaba: "Ciertos espíritus impacientes quisieran que el MLN anduviera en las barricadas, se hiciera sentir en el DF, promoviera manifestaciones a cada instante. Pero hacer esto sería repetir el pecado de la izquierda, enajenarse a lo circunstancial y exponerse para carecer de organización básica, a una serie de fracasos desalentadores".[55]

Los desacuerdos mayores se produjeron en un principio con el PPS, cuyos dirigentes habían participado con entusiasmo en la realización de la Conferencia Latinoamericana y, más tarde, se habían mostrado bastante activos en la creación del MLN, al grado que 3 de sus dirigentes fueron nombrados miembros de la dirección del MLN. Esta circunstancia no impidió que al poco tiempo el PPS empezara a dar muestras de inconformidad, terminando por separarse del MLN. Al parecer la actitud antiunitaria de los dirigentes socialistas tenían su explicación tanto en el frustrado deseo de Lombardo de convertirse en el máximo dirigente del Movimiento, como en la seguridad de que la reforma electoral que se hallaba en puerta le abriría un lugar en la Cámara de Diputados, como de hecho ocurrió. Sirvió de motivo para empezar a alejarse del MLN, la supuesta contradicción que existía entre la estructura organizativa de éste y los estatutos del PPS, según los cuales se prohibía a los militantes socialistas pertenecer a otra organización política de cualquier tipo. En

---

[55] *¿Qué es la izquierda mexicana?*, op. cit., p. 66.

enero de 1962 con motivo de la celebración de la Conferencia de los Pueblos en La Habana, el PPS, en respuesta a una invitación que el MLN le hiciera para que nombrara un representante que formaría parte de la delegación del Movimiento, nuevamente reiteró su postura contestando que no podía aceptar la invitación por no estar representado en el MLN.[56]

Paralelo con el recrudecimiento de la represión interna y, a la vez que el gobierno realizaba algunas reformas limitadas, incluyendo la electoral, las discrepancias del PPS con el MLN se iban acentuando. En julio de ese mismo año, la dirección socialista, en un documento publicado en el órgano oficial de su partido, expresaba que las discrepancias entre el PPS y los organizadores del MLN eran discrepancias de principios, causa por la que se había negado a participar en el Movimiento.

Debido a que en lugar de una organización amplia que abarcara hasta los elementos de la pequeña burguesía nacionalista, el MLN se había convertido en un nuevo organismo de izquierda,[57] donde pululaban una serie de concepciones "mágicas, religiosas, liberales, anarquistas, oportunistas, revisionistas y trotskistas".[58]

La ruptura total del PPS devino, no sin razón, cuando el MLN lanzó la convocatoria para realizar el Congreso Nacional de la Lucha por la Paz y el Desarme. La convocatoria, donde se decía que el Comité Mexicano por la Paz formaba parte del MLN, fue la gota que derramó el vaso de paciencia de la "radicalizada" dirección del PPS. Arguyendo que un movimiento de la paz debía de estar por encima de todos los

---

[56] *Avante*, 1962, núms. 18 y 19.
[57] *Avante*, 1962, núm. 26, p. 7.
[58] *Avante*, 1962, núm. 28, p. 4.

partidos y grupos políticos, debido a que existían miles de partidarios del desarme y la paz que no compartían ni las ideologías, ni los programas de las organizaciones políticas existentes, la dirección nacional del Partido Popular Socialista decidió, entre otras cosas: no participar en el Congreso convocado por el MLN; aclarar de una vez por todas que el PPS no era miembro del MLN, ni había participado en sus actividades, prohibir la militancia de los miembros del PPS en el Movimiento y considerar al MLN como un nuevo partido político.[59] Así, la guerra había sido declarada y la ruptura consumada.

En lo sucesivo, el PPS mantendría una actitud de franca hostilidad y creciente enemistad hacia el MLN, a esta tarea se le unió su brazo campesino, la UGOCM, que consideraba que el MLN era un nuevo órgano político, ante el cual nada tenía que objetar, salvo que de un tiempo atrás éste se había convertido en un factor de confusión y división de las fuerzas progresistas.

Otro de los tropiezos a que tuvo que enfrentarse el MLN en su desarrollo, fue el de la actitud vacilante y un tanto contradictoria del general Lázaro Cárdenas. La firmeza con que acometió las tareas de organización de la Conferencia Latinoamericana y más tarde su activa participación en la formación del MLN, contrastaban con su actitud posterior a la creación del Movimiento.

Su alejamiento del MLN, iniciado primero cuando fue nombrado vocal ejecutivo de la Comisión del Río Balsas y, definitivo, cuando se realizaron algunas reuniones de ex Presidentes con López Mateos, no sólo quitó al Movimiento una de sus mejores posibilidades de crecimiento y fortalecimiento, dada la popularidad y el arrastre que entre las masas

---

59 *Política*, 1962, núm. 53, p. 22

del pueblo aún tenía Cárdenas, sino que fue motivo de nuevas discrepancias, a la vez que profundizaba las viejas rencillas que existían entre los distintos grupos que integraban la dirección del MLN.

Las desavenencias que se suscitaban entre los integrantes del MLN no eran sino la cresta visible de contradicciones de mucho más fondo que estallaron durante el proceso electoral de 1963-1964. La reagrupación de las corrientes priístas y su alineamiento a la política oficial, la formación del FEP, en la que participaron los comunistas en alianza con Braulio Maldonado y Garzón Santibáñez, más la actitud de intolerancia y de incomprensión que el resto de la dirección nacional del MLN mostró frente al proceso electoral, agudizaron aún más las contradicciones internas del Movimiento que, pasadas las elecciones, hicieron explosión provocando una verdadera desbandada de fuerzas que terminaron por convertir al MLN en un pequeño grupo de militantes, condenados a desaparecer por inanición política.

En agosto de 1964, Enrique González Pedrero, Francisco López Cámara, Carlos Fuentes, Fernando Benítez y Víctor Flores Olea, destacados intelectuales y miembros de la dirección nacional del MLN, anunciaron públicamente su retiro del cuadro de colaboradores de la revista *Política*, argumentando que dicha revista había dejado de ser el órgano de expresión de los diversos sectores de la izquierda, convirtiendo sus "propósitos originales en actitudes unilaterales, sectarias, intransigentes, dogmáticas y terrorristas".[60] En realidad, la renuncia a seguir escribiendo en Política que entre otras cosas era de hecho el órgano oficial del MLN ocultaba el deseo de algunos de ellos, de poner fin a su carrera política en las filas de la disidencia revolucionaria,

[60] *Política*, 1964, vol. V, núm. 104, p. 19.

para ingresar a las siempre más prometedoras opciones que brindaba a los revolucionarios arrepentidos, el régimen político mexicano.

Como señalara Rico Galán, lo que estos intelectuales abandonaron no fue *Política*, sino sus posiciones políticas.[61] Pocos días después de la renuncia mencionada, el grupo se separó definitivamente del Movimiento de Liberación Nacional. El tiempo se encargó de corroborar la relativa justeza de las acusaciones de que entonces fueron objeto. Por ejemplo, poco antes de convertirse en el flamante embajador de México en Francia, Carlos Fuentes desde una suite del Waldorf Astoria de Nueva York declaró el 21 de junio de 1972 a un diario capitalino, "si los intelectuales y los hombres de izquierda dejamos al presidente Echeverría rodeado de los enemigos de la independencia del país, habremos cometido un crimen histórico".[62] Otros personajes como Flores Olea y Enrique González Pedrero se incorporaron de lleno a la vida oficial, el uno fue hombre prominente del servicio exterior mexicano, y el otro, ocupó cargos destacados en el PRI, fue gobernador del estado de Tabasco y director del IEPES. Actualmente ambos de nueva cuenta asumen posturas de oposición.

En septiembre de 1965, sorpresivamente el grupo encabezado por Aguilar Monteverde renunció a la dirección del MLN. Los argumentos que se daban para justificar tal decisión estaban llenos de alusiones y eran poco claros. Se decía que a partir de la II reunión plenaria del comité nacional del MLN, celebrada en febrero de ese año y, apenas aprobado el plan de reestructuración, algunos elementos se habían dado a la tarea de crear confusiones artificiales, tendientes a impedir la uni-

---

61 *Política*, 1964, vol. V, núm. 104, p. 25.

62 *Punto Crítico*, México, 1972, núm. 7, p. 12.

dad y a tratar de someter el MLN a sus posiciones políticas, se señalaba también que de un tiempo a la fecha algunas personas de la dirección habían empezado a atacar injustificadamente al Comité Mexicano por la Paz, además de intentar violar la autonomía de dicho comité, obstruyendo sistemáticamente su funcionamiento. Todas estas circunstancias habían terminado por dividir a la dirección del Movimiento, lo que hacía imposible el trabajo conjunto entre sus miembros. La renuncia firmada por Alonso Aguilar, Ignacio Aguirre, Clementina B. de Bassols, Fernando Carmona y Guillermo Montaño, terminaba diciendo:

> Tomamos esta decisión porque nos damos cuenta de que nuestras posiciones, que creemos justas, carecen de apoyo en la dirección del MLN, y porque no podemos solidarizarnos con la postura adoptada desde hace varias semanas por la mayoría de los miembros del consejo directivo, ya que nos parece errónea, inaceptable y destinada a estrechar y hacer fracasar el Movimiento y al Comité Mexicano por la Paz.[63]

La renuncia de Aguilar y su grupo vino a poner el punto final a la endeble unidad de fuerzas al interior del Movimiento. Como señalara Arnoldo Martínez Verdugo:

> ...la descomposición orgánica se materializó con la renuncia de la corriente encabezada por el licenciado Alonso Aguilar y la separación práctica del general Lázaro Cárdenas y sus fuerzas. En tales condiciones, carecía de finalidad concreta la presencia del PC en un organismo que ya no representaba una unidad de corrientes políticas distintas.[64]

---

[63] *Política*, 1965, núm. 130, p. 18.

[64] Fortalecer al Partido, reorganizar el movimiento de masas y unir a las fuerzas democráticas, México, 1967, p. 62.

Sin embargo, el alejamiento del PC con relación al Movimiento databa, desde la formación del FEP, en cuya creación los comunistas habían visto no sólo el mecanismo que les permitiera participar en las elecciones, sino la posibilidad de crear una alternativa a la unidad cada vez más deteriorada del Movimiento de Liberación Nacional. En el cambio de actitud del PC con relación al MLN, no poco influyó la ruptura con la ideología de la Revolución Mexicana, que de tiempo atrás se venía gestando, en esta ocasión se declaró: "Hoy podemos afirmar con seguridad que en las filas de nuestro partido ha sido desplazada y vencida en lo fundamental la ideología burguesa de la Revolución Mexicana".[65]

De esta manera era bastante explicable la actitud de rechazo de los comunistas a la línea nacionalista y antimperialista que inspiraban al MLN. Línea política que chocaba con la nueva estrategia de lucha trazada por el PC y, que tal vez, produjo el mismo efecto entre el grupo de la izquierda independiente, cuya actitud política siguió siendo consecuente con lo que desde siempre se impusieron. En un inicio la corriente de Alonso Aguilar dirigió sus inquietudes políticas hacia *Nuestro Tiempo*, editorial de carácter progresista. Más tarde a la revista *Estrategia*, cuya aportación al entendimiento de la problemática social política y económica de México ha sido de gran valor.

La separación de la izquierda independiente y la consumación de la ruptura del PC con el MLN, terminaron por convertirlo en un grupo cada vez más reducido que, durante el año de 1966, participó en algunos actos internacionales,[66] hizo algunas declaraciones públicas precisando que el MLN no era

[65] Martínez Verdugo, A., *op. cit.*, p. 36.

[66] El MLN participó en la I Conferencia de Solidaridad con los pueblos de África, Asia y América (1966) y en la Conferencia de Organizaciones Latinoamericanas de Solidaridad (1967) en La Habana.

una organización marxista leninista, a la vez que subrayaba su acentuado carácter nacionalista y antiimperialista.[67] Cabe por último mencionar que la desintegración total del MLN se pierde entre las fronteras de los años 1967-1968.

A manera de despedida, como en los corridos, diremos que el movimiento popular que se produjo a finales de los años cincuenta, permeó en cierta forma las posiciones sectarias de buena parte de los grupos más progresistas del país, circunstancia que les permitió, aunque de manera temporal, unir sus esfuerzos, principalmente, en la lucha contra la penetración de los monopolios extranjeros y, en menor medida, por la democracia en México.

Esos esfuerzos de unidad, vistos desde las perspectivas actuales, son sin lugar a dudas, uno de los factores claves que permitió durante estos casi 40 años, ir limando asperezas, y convergiendo a las fuerzas de izquierda y centro izquierda, de partido y sin partido, oficiales y no oficiales, en una sola vertiente política, que con fallas y vicios aún, ha sido decisiva en la democratización de la vida política del país.

Bibliografía

LIBROS

Aguilar Monteverde, A. y Carmona F. (1978). *México, Riqueza y miseria*, México, Nuestro Tiempo.

Alonso, A. (1980). *El movimiento ferrocarrilero en México 1958-1959*, México, Era.

Alonso, Jorge y otros (1982). *El Estado mexicano*. México, Nueva Imagen.

[67] *Política*, 1966, núm. 142, p. 3.

Arismendi, R. (1970). *Lenin, la revolución y América Latina*, Montevideo, Pueblos Unidos.

Bartra, R. (1982). *El reto de la izquierda; polémica del México actual*, México, Grijalbo.

Brading, D. (1983). *Los orígenes del nacionalismo mexicano*. México, Era.

Bremauntz, A. (1962). *La batalla ideológica en México*, México, Ed. Jurídico Sociales.

Camp Roderic, A. (1978). *Mexican Political biographies; 1935-1975*, Tucson, Univ. of Arizona Press.

Cárdenas Lázaro (1979). *Palabras y documentos públicos de Lázaro Cárdenas; mensajes, discursos, declaraciones, entrevistas y otros documentos*, México, Siglo XXI, vol. 3.

Careaga, Gabriel (1979). *Los intelectuales y el poder*, México, SEP - Diana, 1979.

Carmona, F. y otros (1980). *El milagro mexicano*, México, Nuestro Tiempo.

Ceceña, José Luis (1970). *México en la órbita imperial*, México, El Caballito.

Cline Howard, F. (1962). *México, Revolution to evolution, 1940-1960*, London, Oxford University Press.

Córdova, Arnaldo (1979). *La formación del poder político en México*, México, Era.

Documentos programáticos de la lucha por la paz, la democracia y el socialismo, Moscú, 1964.

González Casanova, Pablo (1978). *Imperialismo y liberación en América Latina*, México, Siglo XXI.

——— (1979). *La democracia en México*, México, Era.

González Navarro, M. (1968). *La Confederación Nacional Campesina. Un grupo de presión en la reforma agraria mexicana*, México, Costa Amic.

Graham Fernández, L. (1969). *Los sindicatos en México; antecedentes, estructuración, funcionamiento, objeto y fines*, México, Atlamiliztli.

Hansen, Roger D. (1979). *La política del desarrollo mexicano*, México, Siglo XXI.

Lombardo Toledano, Vicente (1959). *La situación política en México con motivos del conflicto ferrocarrilero*, México.

——— (1963). *La izquierda en la historia de México*, México.

——— (1964). *El Frente Nacional Democrático*, México.

López Mateos, Adolfo (1963-1964). *Pensamiento en acción*, México.

Maciel C. (1990). *El Movimiento de Liberación Nacional. Vicisitudes y aspiraciones*, México, UAS.

Martínez Verdugo, Arnoldo (1967). *Fortalecer al partido, reorganizar el movimiento de las masas y unir a las fuerzas democráticas*, México, ECO.

México. Cincuenta años de revolución, la economía, la vida social, la política, la cultura, México, FCE, 1963.

México 1960. Facts, figures, trends, México, Banco Nacional de Comercio Exterior, 1960.

México 1963. Hechos, cifras, tendencias, México, Banco Nacional de Comercio Exterior, 1963.

Partido Comunista Mexicano, *XII Congreso Nacional. México*, 1960.

Pellicer de Brody, O. y Mancilla E. (1978). *Historia de la revolución mexicana 1952-1960*, México, el Colegio de México.

Rivera Urbina U. (1962). *Antikommunizmvraz cheloveches-tva, Politzdat*, Praga.

¿Qué es la izquierda mexicana? Encuesta de Sol Arguedas. México, 1962.

Semo E. y otros (1982). *México un pueblo en la historia, México*, UAP y Nueva Imagen, vol. IV.

Solís L. (1981). *La realidad económica mexicana: retrovisión y perspectivas*, México, Siglo XXI.

Suárez Iñiguez, E. (1980). *Los intelectuales en México*, México, El Caballito.
Turner Federick, C. (1971). *La dinámica del nacionalismo mexicano*, México, Grijalbo.
Wionczek M. (1968). *El nacionalismo mexicano y la inversión extranjera*, México Siglo XXI.

ARTÍCULOS

Bartra, R. (1982). "Lombardo o Revueltas", en *Nexos*, núm. 34, México, pp. 10-16.
Carr, B. (1982). "Temas del comunismo mexicano", en *Nexos*, núm. 54, México, pp. 17-27.
Colmenero, S. (1975). "El Movimiento de Liberación Nacional, la CCI y cárdenas", en *Estudios políticos*, núm. 2, México, pp. 10-27.
Córdova, Arnaldo (1979). "La política de masas y el futuro de la izquierda en México", en *Cuadernos políticos*, núm. 19, México, pp. 14-36.
Garza, David T. (1964). "Factionalism in the mexican left; the frustration of the MLN", en *The western political quartely*, septiembre, pp. 447-460.
Gunder Frank, A. (1965). "México: modelo tipo de revolución burguesa", en Arauco, núm. 62, Santiago de Chile, pp. 12-26.
Pellicer de Brody, O. (1969). "La revolución cubana en México", en *Foro Internacional*, abril-junio, México, pp. 360-383.
Shulgovski, A. F. (1966). "Borba za narodnii front v Meksike", en *Za edinstvo vsiej revo luitzionij y demokraticheskij sil*, Moskva, Nauka, 1966. pp. 205-210.
"Viaje al centro de la derecha", en *Nexos*, 1983, núm. 64, pp. 10-40.

PUBLICACIONES PERIÓDICAS

Arauco, Santiago de Chile.
Atisbo, México.
Avante, México.
Comercio Exterior, México.
Cuadernos Políticos, México.
Excélsior, México.
Foro internacional, México.
Liberación, México.
Lux La revista de los trabajadores, México.
Magisterio, México.
El Nacional, México.
Nexos, México.
Nouvelles du Mexique, México.
Nueva Época, México.
Política, México.
Revista Mexicana de Sociología, México.
Siempre, México.
Tabloide, México.
El Universal, México.
La Voz de México, México.

EL VIAJE DE LA IZQUIERDA MEXICANA EN CUARENTA AÑOS

Arturo Santamaría Gómez

I

En la década de los cincuenta y en los primeros años de los sesenta, la izquierda mexicana sufría, a pesar de su reducida influencia política y escasa membresía, de un acendrado divisionismo. No obstante, había un factor ideológicamente compartido: era profundamente antiyanqui y nacionalista.

Los socialistas y comunistas mexicanos de esas dos décadas y antes del 68 se reducían a un puñado de hombres y mujeres, mucho más hombres que mujeres, inscritos en el Partido Comunista Mexicano (PCM, fundado en 1919), el Partido Obrero Campesino Mexicano (POCM, fundado entre 1949 y 1950 con expulsados del PCM), el Partido Popular Socialista (PPS, fundado en 1949 como Partido Popular y transformado a socialista en 1960), Lucha Obrera (organización trotskista fundada en los cincuenta), Partido Obrero Revolucionario (agrupación trotskista fundada en 1959), Liga Obrera Marxista (trotskista, fundada en 1960), Partido Comunista Bolchevique (PCB, escisión del PCM en 1960), Liga Leninista Espartaco (LLE, escisión del PCM encabezada por José Revueltas en 1962), Liga Comunista Espartaco (desprendimiento de la LLE en 1966), y una feria de siglas de organizaciones todavía más pequeñas.[1]

Pero la izquierda mexicana no se limitaba a la militancia partidaria. Tradicionalmente, pintores, dibujantes, profesores y escritores en diferentes ciudades mexicanas, por lo menos desde la época de José Guadalupe Posadas y los hermanos Flores Magón, se habían acercado al pensamiento filosófico y político crítico del poder del dinero y la política autoritaria. Como es sabido, varios de los más notables pintores mexicanos de la primera parte del presente siglo formaron parte del Partido Comunista Mexicano. En efecto, Diego Rivera, Frida Kahlo, David Alfaro Siqueiros, Xavier Guerrero, entre los más célebres, fueron destacados militantes y líderes del comunismo mexicano. Sin embargo, en el terreno de la academia no había una abundancia de profesores, escritores o ensayistas que simpatizaran con el pensamiento de izquierda. La Universidad Nacional Autónoma de México, por ejemplo, era una institución predominantemente conservadora hasta antes de 1968. Quizá la Universidad de Sinaloa, con una tradición bien asentada de pensamiento crítico y socialista que venía de los años treinta, cuando se convirtió en la Universidad Socialista del Noroeste, era una de las pocas excepciones en el conjunto del país. En Culiacán, con Silvia Millán y José Luis Ceceña, en la Universidad de Sinaloa, y en la Ciudad de México, con Víctor Flores Olea, Henrique González Casanova, Francisco López Cámara, Pablo González Casanova, y otros, todos ellos fundadores de la Escuela de Ciencias Políticas y Sociales de la UNAM, la academia mexicana de izquierda

[1] Barry Carr (1996), *La izquierda mexicana a través del siglo*, México, Era. Paulina Fernández Christlieb (1978), *El espartaquismo en México*, México, El Caballito. "Izquierda eres tú", conjunto de artículos publicados en la revista *Nexos*, junio de 1982, México.

contaba con dos de los noveles núcleos que, con los recursos de la historia, la economía, la sociología, la filosofía, la ciencia política y la estadística, se distanciaban de las posiciones de una academia subordinada o acrítica del régimen de la revolución.

También fuera de los recintos universitarios pero dentro de los círculos intelectuales más cosmopolitas y creativos de México participaban creadores literarios y ensayísticos como Juan José Arreola, Carlos Monsiváis y Carlos Fuentes, que tenían más aproximaciones con la izquierda mexicana que con el partido oficial.

Entre 1958 y 1959, años del movimiento ferrocarrilero encabezado por Demetrio Vallejo y Valentín Campa, militantes del Partido Obrero Campesino Mexicano y del Partido Comunista Mexicano, respectivamente, y 1961, año en que Fidel Castro declara el rumbo socialista de la revolución cubana, la izquierda vive un intenso debate ideológico dentro de cada una de sus organizaciones.

La derrota del movimiento ferrocarrilero había llevado a concluir al Partido Comunista Mexicano que su vieja tesis de que el socialismo podía ser alcanzado profundizando las conquistas sociales, económicas y políticas de la Revolución de 1910 era caduca. La represión del gobierno de López Mateos a los ferrocarrileros y a los partidos de izquierda había sido la constatación de que era necesario cambiar de estrategia.

La actuación del PCM dentro del movimiento ferrocarrilero había llevado a José Revueltas, Enrique González Rojo, Eduardo Lizalde y otros distinguidos intelectuales a elaborar una aguda crítica al Partido Comunista, lo cual les valió ser expulsados de la organización. A lo largo de dos años, José Revueltas, para fundamentar teoréticamente la creación de la Liga Comunista Espartaco, una nueva agrupación comunista, se abocó a escribir *El Proletariado sin cabeza*, una de las obras políticas más importantes de la historia del socialismo mexicano.

En el movimiento ferrocarrilero, decía Revueltas, la izquierda mexicana y en particular el PCM no supieron ver el contenido político de la huelga que había provocado un enfrentamiento abierto con el conjunto de la burguesía, para lo cual los ferrocarrileros no estaban organizativa e ideológicamente armados. La derrota ferrocarrilera llevó a Revueltas a hablar de "la inoperancia del movimiento comunista en México, tal como se encuentra concebido y dirigido".

En *El Proletariado sin cabeza*, Revueltas hizo una puntillosa crítica del nacionalismo revolucionario y su influencia en los comunistas mexicanos. Para él quedaba claro que la ideología de la Revolución Mexicana era, desde una perspectiva marxista, inservible para los intereses de la clase obrera.

No obstante el rigor intelectual de Revueltas y lo novedoso de sus planteamientos dentro del pensamiento comunista mexicano, su influencia era grupuscular y sin trascendencia alguna en un movimiento de masas o en un frente político amplio. Precisamente cuando el autor de *Los bienes terrenales*, *Los errores*, *Los muros de agua* y *El apando*, entre otras obras señeras de la literatura mexicana, termina *El Proletariado sin cabeza*, se gesta un amplio movimiento político que reivindica centralmente el papel del nacionalismo revolucionario en la organización de las clases sociales antiimperialistas de México.

II

Un tanto paradójicamente, el hecho social que va a provocar una disputa entre el gobierno mexicano y un amplio frente de la izquierda por la titularidad del nacionalismo revolucionario va a ser no un acontecimiento interno sino el enfrentamiento de la revolución cubana con el imperialismo norteamericano. La defensa de la primera revolución socialista en el continente americano va a crear las condiciones para que en México se cree un amplio frente de casi toda la izquierda, la marxista y la nacionalista, ambas antiimperialistas, que pasará de la solidaridad con Cuba a la creación de un sólido programa de acción política nacional.

Dos meses después de que Fidel Castro declarara el carácter socialista de la revolución cubana, Lázaro Cárdenas, Alberto Caselle y Domínguez Velazco, convocaron, el 5 de marzo de 1961, a la Conferencia Latinoamericana por la Soberanía Nacional, la Emancipación Económica y la Paz que *reuniría a las fuerzas pacifistas de todos los sectores sociales y de todas las doctrinas de la América Latina.*[2] Acerca de esta reunión y el liderazgo que ejercía en él Lázaro Cárdenas, Carlos Fuentes escribió el primero de marzo, en la revista *Política*, que dirigía Manuel Marcué Pardiñas:

> La relación entre los movimientos de liberación nacional de los países subdesarrollados y el futuro de México es evidente: sólo los intereses colonialistas y quienes les sirven pueden negarlo [...] Defender a Cuba y al Congo hoy, defender a Guinea y a la República Arabe Unida, mañana defender a Rodesia y a Angola, es defendernos a nosotros mismos. Así lo entiende Lázaro Cárdenas, y con él, el pueblo de México.

Los intelectuales independientes que se agrupaban en la revista *Política* son prácticamente los únicos que encuentran una tribuna amplia para dar a conocer sus ideas. Ninguna organización de izquierda tenía ese privilegio, porque todas eran clandestinas o semiclandestinas. Las posiciones de esos intelectuales no eran del todo homogéneas entre sí, ni necesariamente eran las mismas del PC, POCM o PPS. Los articulistas de *Política* se adscribían tanto a un marxismo ortodoxo,

2 Revista *Política*, México, D. F., primero de marzo de 1961, p. 3.

que sustentaban Alonso Aguilar y Narciso Bassols Batalla, como a un nacionalismo popular democrático del corte que profesaban Fernando Benítez y Carlos Fuentes.

El análisis que hacían del periodo histórico en el cual surge su revista y estalla la Revolución Cubana contenía estas líneas generales:

> El régimen de la revolución se había reproducido sin grandes sobresaltos e impugnaciones, prácticamente hasta el fin del sexenio de Adolfo Ruiz Cortines. El escenario político no exhibía mayor intranquilidad. Había una ciudadanía muy conforme con el orden político existente. La conciencia cívica en gran medida se limitaba a refrendar las acciones gubernamentales y la propuesta política del partido oficial. Frente a ciertas dificultades bastaba que el gobierno hiciera una declaración oportuna, o abrir el presupuesto público en donde hubiera alguna turbulencia o disidencia, para que lograra mantener el equilibrio de las fuerzas sociales enfrentadas.

Con el movimiento ferrocarrilero la situación empezó a cambiar. Algunos sectores laborales sopesaron el ingreso familiar después de una importante devaluación (de alrededor de 8.5 pesos a 12.5 el precio del dólar), salarios congelados por años y la nula democracia sindical. La escasa cultura democrática de los trabajadores mexicanos fue transformándose en justificada rebeldía contra la corrupción y la subordinación de sus dirigentes a las políticas oficiales. Las demandas obreras fueron cobrando cuerpo y otros sectores también empezaron a manifestarse. En un margen de tiempo relativamente rápido se multiplicaron los actos en pro de la libertad sindical, de la profundización de la Reforma Agraria, la defensa de la Revolución Cubana y contra la intervención del imperialismo yanqui en México.

Al empezar el año de 1961, en medio de una crisis política mundial que se había generado con la Primera Declaración de

La Habana y la reacción norteamericana al acercamiento de los cubanos a la Unión Soviética, la celebración de la Conferencia Latinoamericana por la Soberanía Nacional, la Emancipación Económica y la Paz, la cual fue ignorada totalmente por los medios periodísticos mexicanos en un acto de tradicional subordinación al autoritarismo oficial, provocó las reacciones descalificatorias del general Alfonso Corona del Rosal, presidente del PRI, quien decía que dicha conferencia expresaba los puntos de vista de una insignificante minoría. En la tradición autoritaria del partido del Estado no significaba nada una conferencia internacional presidida por el general Lázaro Cárdenas, la cual había congregado a dos mil mexicanos con varios cientos de visitantes extranjeros para examinar las carencias y necesidades más acuciantes del continente americano.

A distancia es más claro el carácter férreamente autoritario del sistema político mexicano, cuando se percibe el total control que se tenía sobre la prensa nacional. En la actualidad resulta absolutamente incomprensible que una reunión de esa naturaleza y envergadura fuera ignorada periodísticamente, como si la realidad pusiera ser borrada por la negación arbitraria del hecho.

En un contexto de agitación social y motivación ideológica y política inspirada por la Revolución Cubana, al finalizar la conferencia, diferentes sectores de la izquierda política e intelectual mexicana empezaron a trabajar la idea de crear una nueva organización democrática que defendiera los intereses nacionales contra *los enemigos de dentro y afuera*. De esa decisión surgió, dice Alonso Aguilar en *Política* del 15 de septiembre de 1961, el Movimiento de Liberación Nacional, organización creada por ciento ochenta delegados de casi todos los estados del país.

El MLN era una organización independiente que se planteaba las siguientes demandas, según escribía el mismo Alonso Aguilar:

Plena vigencia de la Constitución. Libre expresión de las ideas. Libertad para los presos políticos. Justicia independiente, recta y democrática. Reforma Agraria integral. Autonomía y democracia sindical y ejidal. Dominio mexicano de todos nuestros recursos. Industrialización nacional sin hipotecas extranjeras. Reparto justo de la riqueza nacional. Independencia, dignidad y cooperación internacionales. Solidaridad con Cuba. Comercio con todos los países. Libertad, Soberanía y Paz.

El MLN, decían sus fundadores, es una "respuesta responsable y madura de un grupo de ciudadanos a las exigencias de lucha y de progreso del pueblo mexicano. Es una manera eficaz de enfrentarse al problema más grave y menos artificial de nuestro tiempo, como es el imperialismo".

El general Lázaro Cárdenas era la figura indisputada del MLN, sin embargo, no formó parte de su Comité Nacional, el cual estaba constituido, entre otras personalidades que continuaron en la vida política mexicana de fines de siglo, por Cuauhtémoc Cárdenas, Manuel Marcué Pardiñas, Enrique González Pedrero y Heberto Castillo, y personalidades de la vida intelectual y artística de México como Carlos Fuentes, José Chávez Morado, Elí de Gortari, Alonso Aguilar, Fernando Carmona, Ignacio García Téllez, etcétera. En las delegaciones estatales aparecían nombres de personas que continuarían por muchos años más en los corredores de la izquierda mexicana de las subsiguientes décadas. Es decir, en los sesenta surgirían a la lucha política e intelectual la mayor parte de los dirigentes de la izquierda mexicana de la segunda mitad del siglo. A los militantes que se forjaron en las filas del MLN se sumarían pocos años después los líderes que emergerían de los movimientos estudiantiles de 1966 y 1968.

En el programa y en el ideario del MLN los conceptos de soberanía nacional, emancipación económica, solidaridad, democracia y paz sostenían la estructura de su discurso.

A pesar de que el Partido Comunista Mexicano, el cual formaba parte de la nueva organización, y militantes marxistas del MLN que consideraban a la democracia como burguesa o, en el mejor de los casos, como una etapa necesaria pero superable en el camino al socialismo, la ideología del MLN en gran medida se alimentaba de los principios fundamentales de la Constitución mexicana de 1917, los cuales, decía la nueva organización, se habían desviado.

El MLN, quizá por ser el frente que reunía por primera vez desde la época poscardenista a casi toda la izquierda mexicana, incorporaba tesis de las diferentes fracciones e historias partidarias, pero estaba apuntalada por tesis políticas que parecían provenir más bien de la tendencia nacionalista democrática. Planteamientos como los del federalismo de los estados y la autonomía de los municipios no era algo propio de la tradición comunista. Ni tampoco la búsqueda del equilibrio de poderes. Por primera vez en la historia política mexicana, con el MLN se planteaba el sistema de representación proporcional para elegir a los integrantes del poder legislativo y de los ayuntamientos.

Por otro lado, en el programa del MLN están presentes casi todas las demandas políticas del pliego petitorio del Movimiento Estudiantil de 1968, como libertad de los presos políticos, la derogación del artículo 145 del Código Penal, llamado *disolución social*, y la eliminación de los cuerpos policiacos que actúan al margen de la legalidad. Sólo la demanda más original del Movimiento Estudiantil, el *diálogo público* con el Presidente de la República, no lo había anticipado el programa del MLN.

El MLN en 1961, a poco más de veinticinco años después del ascenso de Lázaro Cárdenas a la presidencia, lograba cuajar nuevamente una alianza, pero ahora por fuera del régimen, de la corriente nacionalista popular de la Revolución Mexicana, con el lombardismo y el comunismo mexicano. La emergencia del Movimiento de Liberación Nacional era en el terreno ideológico y político la confirmación de que el régimen de la revolución se había vaciado de su contenido popular y que la democracia no era uno de sus objetivos.

Ciertamente, antes del MLN la izquierda mexicana no le había dado gran importancia a la democracia política, pero sin duda, la principal preocupación en el programa de este frente seguía siendo, como en la vieja izquierda, la independencia económica.

La enorme presión de Estados Unidos sobre la Revolución Cubana tanto en el terreno económico como en el político, había exacerbado los sentimientos antiimperialistas de la izquierda latinoamericana en general y de la mexicana en particular. Para la izquierda latinoamericana, marxista o no, la única posibilidad de lograr la plena independencia para los Estados nacionales del subcontinente sería enfrentando a los intereses económicos de Estados Unidos. Es decir, la independencia económica y la soberanía de los países latinoamericanos sólo se conquistaría nacionalizando las inversiones norteamericanas y distanciándose política e ideológicamente de Estados Unidos.

El MLN con énfasis proclamaba que:

> ...tradicionalmente, la soberanía ha sido violada por enemigos extranjeros —el imperialismo, no sólo teritorialmente considerado, sino sobre todo desde el punto de vista económico y político—, y por enemigos internos —las fuerzas antipopulares y reaccionarias directamente relacionadas con aquél... [y que] en ejercicio de su soberanía nacional, el pueblo tiene el derecho indiscutible de rescatar y explotar para su beneficio todos los recursos y riquezas naturales en manos de extranjeros.

Dentro de su programa, el MLN le dedicaba a la *Lucha Contra el Imperialismo* dieciséis apartados muy puntuales y ocho a *La Lucha Contra el Colonialismo*, los cuales, uno por uno, se referían explícita o implícitamente a Estados Unidos.

El programa del MLN dejaba muy claro que la liberación nacional dependía de la lucha por erradicar la presencia estadounidense en México y que el nacionalismo sólo podía ser cierto, expropiando las propiedades norteamericanas en México. Sin nacionalización de las inversiones estadounidenses no habría soberanía nacional alguna. Cuba, decían los integrantes del MLN, marcaba el sendero de la verdadera emancipación económica y la soberanía latinoamericana, aunque no todos compartieran la autoproclamación socialista de la revolución caribeña. El MLN concluía que México sólo sobreviviría como nación soberana enfrentando cara a cara al imperialismo norteamericano.

El movimiento de Liberación Nacional resumía en sus Principios Generales que:

> La independencia económica es condición indispensable para la independencia política de la Nación, y que sólo ha de lograrse a través de una lucha de todas las fuerzas democráticas y patrióticas contra el imperialismo.
>
> Que el imperialismo no sólo opera desde el exterior, sino que cuenta con poderosos aliados dentro de la República.

El análisis que hacía el MLN de la sociedad mexicana y el programa que ofrecía mostraba casi línea por línea el contenido básico de las tesis dominantes en las izquierdas nacionalista, socialista y comunista de los países subdesarrollados, que en los años sesenta empezaban a ser conceptualizados como dependientes. Prácticamente desde los años en que Lenin elaboró sus teorías del imperialismo hasta la caída del Muro de Berlín en 1989, la izquierda latinoamericana defendió férreamente las tesis antes descritas.

III

Sin duda, el auge de la elaboración teórica de las izquierdas latinoamericanas se dio en las décadas de los sesenta y setenta. Tanto en la academia universitaria como en la militancia partidaria, no pocas veces combinada, se produjeron varios de los estudios e interpretaciones de las sociedades latinoamericanas más sólidas y leídas en la historia regional.

De hecho, los intelectuales universitarios de izquierda dominaron el panorama intelectual en el país en los años referidos. Las principales editoriales de ciencias sociales y las revistas académicas más difundidas generalmente ofrecían títulos de intelectuales marxistas o de un campo académico favorable a las clases trabajadoras.

Dentro de los temas de investigación más visitados por los economistas de izquierda estaban la discusión acerca del carácter de la estructura económica de México o del modo de producción dominante (para decirlo con la conceptualización marxista); la discusión de la dependencia económico y el subdesarrollo de América Latina; el debate sobre el grado de penetración del imperialismo norteamericano en México, etcétera. Precisamente a este tema, economistas mexicanos como José Luis Ceceña le dedicaron varias obras. El maestro Ceceña escribió *El imperio del dólar* y *México en la órbita imperial*, dos libros dedicados al estudio de la penetración económica estadounidense en México.

José Luis Ceceña en su obra *México en la órbita imperial* (1970), hace un largo recorrido de la historia mexicana para explicar *la acción intervencionista de las grandes potencias* en nuestros asuntos internos. La tesis central del libro, dice él mismo, consistía en

> ...establecer que la historia de México independiente ha estado determinada por el enfrentamiento entre las fuerzas dominado-

ras del exterior que con frecuencia han encontrado apoyo en sectores reaccionarios o proimperialistas del país, y las tendencias populares nacionalistas que luchan por el progreso del país por la vía independiente y en beneficio de las mayorías.

Para el maestro José Luis Ceceña, al igual que para toda la izquierda marxista, la única alternativa posible para enfrentar la dependencia era el socialismo. Sacudirse la *dominación extranjera*, decía él, *no podrá hacerse dentro del marco capitalista*. Sin embargo, como el socialismo *no puede surgir de la noche a la mañana*, escribía el maestro Ceceña en 1969, proponía una estrategia etapista muy cercana a la que desde años se planteaba Vicente Lombardo Toledano, la cual consistía básicamente en fortalecer a las organizaciones obreras y campesinas independientes para que éstas aumentaran su participación en la propiedad y distribución de la riqueza nacional, y por otro lado, sugería que el Estado aumentara su participación en la economía nacional como empresario. Asimismo se debería

> ...luchar para que el sector estatal se maneje eficientemente y con sentido nacionalista y de beneficio popular [...] y en ellas deben participar de manera efectiva los trabajadores en el manejo de las mismas.

Habría que:

> ...nacionalizar las empresas extranjeras que sea necesario para que se mexicanice realmente la riqueza y la dirección y propiedad de los negocios. Respecto a las nuevas inversiones extranjeras, deberá lucharse por la adopción de una política que salvaguarde la independencia nacional.

Al mismo tiempo,

> ...habría que estrechar lazos de amistad, culturales y económicos con los países del Tercer Mundo y con los del bloque socialista, así como con los movimientos progresistas de los países capitalistas avanzados, como los Estados Unidos y los países de Europa...
>
> Si no somos capaces —concluía el maestro Ceceña— de aplicar un programa de esta naturaleza, seguiremos siendo un apéndice de los Estados Unidos, se agudizará la concentración de la riqueza y del ingreso en el pequeño grupo del Gran Capital, y los grandes problemas del pueblo de México no solamente no se resolverán, sino que tenderán a agravarse.

Para la generación de socialistas mexicanos de los años cincuenta y sesenta, a la cual pertenecía José Luis Ceceña, la experiencia fracasada del nacionalismo guatemalteco bajo la conducción de Jacobo Arbenz en los años cincuenta, y por el contrario, la experiencia triunfante en los años sesenta del socialismo cubano, demostraba que la única vía para hacer transitar exitosamente la emancipación económica en el patrio trasero del imperialismo norteamericano, era volcándose al socialismo aliándose con los países que ya se inscribían en ese sistema. No lograrlo, agravaría los grandes problemas del pueblo de México. Lo primero ya no podrá cumplirse porque, con la excepción de la maltrecha Cuba, el socialismo en su versión leninista ya desapareció. El segundo escenario que pronosticaba el maestro Ceceña se ha cumplido cabalmente.

IV

La izquierda

la Revolución Cubana provocó en la izquierda mexicana intensas y renovadas discusiones acerca del carácter del Estado en México, y de la estrategia revolucionaria. Los partidos políticos que confluían en el Movimiento de Liberación Nacional, como el PPS y el PCM, al momento de caracterizar al gobierno de Adolfo López Mateos y hacer política nacional se dividieron. El PPS, encabezado por Vicente Lombardo Toledano, fiel a las definiciones ideológicas y políticas que había acuñado desde su fundación, seguía sosteniendo la necesidad de la alianza histórica con los gobiernos de la Revolución Mexicana, la cual para Lombardo seguía existiendo. El PPS consideraba que aún había una *burguesía nacionalista* en México, representada por el gobierno de López Mateos. El Popular Socialista proponía mantener la alianza con los *gobiernos revolucionarios y nacionalistas* para seguir profundizando la Revolución Mexicana.

El PCM, sin hacer un deslinde ideológico y político tan radical como el que encabezó José Revueltas para escindirse del PCM y crear la Liga Leninista Espartaco, no creía que había que aliarse con los gobiernos priístas, porque éstos representaban *los intereses de la gran burguesía aliada al imperialismo*. El Partido Comunista consideraba que la vía de la Revolución Mexicana ya se había cancelado para alcanzar el socialismo. La derrota del movimiento ferrocarrilero de 1958-1959 y el triunfo de la Revolución Cubana en 1960, así como su declaración socialista en 1961, llevaron a los comunistas mexicanos a concluir que el *ciclo de las revoluciones burguesas* en el mundo y en particular en América Latina había terminado. Sin embargo, para los comunistas, como para los lombardistas y nacionalistas, el principal enemigo de las clases trabajadoras y el país, no era la *gran burguesía* sino el imperialismo norteamericano.

Las luchas estudiantiles de los sesenta y en particular el Movimiento Estudiantil de 1968 fueron el principal factor para que la izquierda socialista y comunista, con excepción del PPS, trazaran una clara ruptura política con los gobiernos priístas. El acento que puso el movimiento del 68 en las libertades ciudadanas incorporó la lucha democrática concreta a un importante sector de la izquierda mexicana. A partir de ese movimiento era más claro para la izquierda que además de las demandas clasistas, obreras y campesinas, había que impulsar una clara política ciudadana transclasista. Sin embargo, al ser reprimido el movimiento estudiantil y que en lo inmediato no se hubiera obtenido ninguna victoria ciudadana, llevó a los sectores más jóvenes y radicalizados de la izquierda mexicana, comunista, cristiana, socialista y nacionalista, a continuar y ampliar la lucha guerrillera que se había iniciado en 1965, en Chihuahua, y en 1967, en Guerrero.

Toda la izquierda armada que surgió entre 1965 y 1967 estuvo influida por el triunfo guerrillero cubano. Sólo algunos pequeños núcleos empezaron a ser influidos a principios de los setenta por los planteamientos político-militares de las revoluciones china y vietnamita y la estrategia de la guerra popular prolongada que se distinguía claramente de la estrategia foquista de inspiración guevarista.

No obstante las diferencias de táctica y estrategia entre los diferentes sectores de la izquierda mexicana, siempre con la excepción, por cierto cada vez más marginal, del PPS, programáticamente seguían considerando que para lograr la verdadera soberanía nacional había que expropiar los capitales de la *gran burguesía y el imperialismo.*

La derrota de casi todos los grupos armados a finales de los setenta y la emergencia de movimientos urbanos populares, campesinos y sindicales en la misma década, acompañada de un amplio debate teórico, ideológico y político de la izquierda mexicana, tanto académica como militante, fueron las causas determinantes para que en esos años sus diferentes agrupamientos y tendencias iniciaran un ansioso y rápido proceso de acercamiento y/o fusión.

Sin duda, las discusiones de los grandes temas de la izquierda mundial, como el triunfo de la Revolución Vietnamita, los movimientos juveniles, culturales y feministas, la Revolución de la Primavera en Praga y la invasión soviética, la Revolución Cultural China, el movimiento de Solidaridad en Polonia, el triunfo y derrota de la Unidad Popular en Chile, los golpes de estado contrainsurgentes en Sudamérica, los avances electorales y los replanteamientos teóricos del eurocomunismo, la discusión teórica latinoamericana acerca del subdesarrollo y la dependencia, la creciente crisis económica y social del socialismo soviético, y la crítica liberal a la ausencia de democracia en el pensamiento socialista mundial, entre los principales debates, influyeron decididamente en el terreno de las ideas y el recambio en la táctica y estrategia de la variada izquierda mexicana.

La izquierda anticapitalista mexicana fue construyendo lentamente un discurso político-democrático de 1968 a 1987. Inscrita en la tradición marxista-leninista y anarco-sindicalista, la izquierda mexicana no le prestaba mayor importancia a la democracia representativa, salvo como una mera etapa o escalón hacia el socialismo, el cual se consideraba un sistema social superior en términos económicos, sociales y políticos, al capitalismo. En la visión leninista, era absolutamente innecesaria la existencia de un sistema de partidos y un equilibrio de poderes, en una sociedad socialista guiada por el partido proletario de vanguardia y único. Sin embargo, la izquierda mexicana, en el espectro partidario nacional, aparte del PAN, hacia su interior ejercía una práctica política de mayor debate, equilibrio de fuerzas, elección y votación que el Partido Revolucionario Institucional. Paulatinamente, sobre todo después del 68, las diferentes agrupaciones de la izquierda mexicana fueron fortaleciendo la democracia interna; aunque en paradoja abierta a tal aprendizaje, su aceptación de la democracia representativa en el conjunto de la sociedad era muy lento en algunos agrupamientos como el Partido Comunista Mexicano o el Partido

Revolucionario de los Trabajadores, o de plano se rechazaba, por ser meramente burguesa, se decía, por parte de los agrupamientos guerrilleros o proguerrilleros. El predominio del fraude electoral en México, dentro de un sistema político de partido de Estado, reforzaba la conclusión en la izquierda radical de que la participación electoral era inútil.

EL PCM y después el Partido Socialista Unificado de México —PSUM—, una fusión del PC con otras agrupaciones de izquierda más pequeñas, como el Movimiento de Acción Unificada Socialista, el Movimiento de Acción Política, el Partido Socialista Revolucionario y la Unión de Izquierda Comunista, dio un paso más firme hacia la participación electoral con la aceptación de la democracia representativa como un fin político en sí y no como una mera etapa de una estrategia socialista para la toma del poder. Pero, además de la reconsideración doctrinaria dentro de los planteamientos de una izquierda más moderna, serían factores políticos externos los que acelerarían la plena aceptación de la participación electoral en sectores de la izquierda que todavía a principios de los ochenta rehusaban participar electoralmente. Es decir, los notables avances electorales del Partido Acción Nacional en el norte, a partir de 1983, van a empujar a organizaciones como el Partido Mexicano de los Trabajadores y a agrupamientos de la izquierda radical como el Partido Patriótico Revolucionario, anteriormente Corriente Socialista, al Movimiento Revolucionario del Pueblo, de tendencia maoísta, a la Organización de Izquierda Revolucionaria-Línea de Masas, también de origen maoísta, y a un sector de la Asociación Cívica Nacional Revolucionaria, de origen guevarista, a explorar la lucha electoral como un instrumento para fortalecer las luchas populares revolucionarias y arrebatarle a la derecha la conducción política del descontento hacia el Partido Revolucionario Institucional.

Entre 1983 y 1987, el grueso de la izquierda política mexicana, porque la armada sobrevivía con el Partido Obrero Clandestino-Unión del Pueblo —PROCUP—, el Partido de los Pobres y, después lo descubriríamos en 1994, con el Ejército Zapatista de Liberación Nacional, llevó a cabo un intenso periodo de reflexión autocrítica sobre sus principios teóricos, doctrinarios y políticos en un contexto de profunda crisis del marxismo leninismo y del socialismo realmente existente. Es decir, tanto factores nacionales como internacionales influían en la búsqueda de replanteamientos y acciones de la izquierda mexicana de los años ochenta.

En un contexto de crisis del socialismo, expresado contundentemente por la Perestroika, el avance de Solidaridad en Polonia y los fracasos electorales del Frente Sandinista de Liberación Nacional, así como la imposibilidad del triunfo armado de la izquierda en Guatemala y El Salvador, abrió las condiciones para que la escisión hacia la izquierda de la Corriente Democrática del PRI, encabezada por Cuauhtémoc Cárdenas y Porfirio Muñoz Ledo, con el Nacionalismo Revolucionario como ideología, atrajera a casi toda la izquierda política mexicana, con la excepción de un sector del Partido Revolucionario de los Trabajadores.

De una manera semejante a la década de los treinta, cuando el gobierno del general Lázaro Cárdenas aglutinó al conjunto de la izquierda mexicana, nuevamente, en 1988, el nacionalismo popular revolucionario lograba reunir en torno suyo a la mayoría de los partidos y agrupaciones de la izquierda política mexicana. Ante la crisis del socialismo marxista, no había ningún otro polo ideológico con suficiente fuerza histórica y programática que, desbordados por el avance de la globalización neoliberal, tuviera suficiente atractivo para la izquierda y amplias capas de la sociedad mexicana. Si en los treinta, en pleno auge del socialismo stalinista y los prolegómenos de la Segunda Guerra Mundial, el nacionalismo revolucionario encabezó al conjunto de la izquierda mexicana, en los ochenta, en plena decadencia del socialismo realmente existente y de la hegemonía del capitalismo salvaje, nuevamente lo volvió a hacer.

VI

La democracia representativa ha sido plenamente asimilada por la izquierda, al parecer con la excepción del Ejército Popular Revolucionario, como la propuesta de organización política más válida de la sociedad mexicana. El nacionalismo revolucionario constituye ahora el principal cuerpo doctrinario y programático de la izquierda, pero lo que no queda claro es qué se entiende en la actualidad, en la era de la globalización y de la mayor integración económica con Estados Unidos, por nacionalismo y soberanía. De los años treinta a los setenta era muy claro lo que se entendía por nacionalismo y soberanía. Prácticamente cualquier programa de la izquierda mexicana lo definía en franca oposición al imperialismo norteamericano y los grandes capitales nacionales ligados a él. Pero, en la actualidad, los contenidos del nacionalismo revolucionario y de la soberanía nacional son imprecisos.

Hasta antes de los ochenta, los programas de la izquierda nacionalista, el MLN en los sesenta, el PMT en los setenta y ochenta, y del conjunto de la izquierda socialista, planteaban la nacionalización de prácticamente todo capital estadounidense invertido en México y su conversión a propiedad estatal. La soberanía se entendía también como la plena independencia económica y política, particularmente en los foros internacionales, frente a Estados Unidos y a otras naciones del llamado Primer Mundo. Pero, ahora, tal contundencia programática no existe.

El nacionalismo revolucionario y el socialismo mexicano propusieron entre los años treinta y principios de los ochenta que el Estado sustituyera al capital extranjero como el principal impulsor de la economía nacional. Para los nacionalistas tal propuesta era un fin en sí, para los socialistas era una etapa hacia la expropiación total de los medios de producción privados. Pero una vez conocidas las debacles de los modelos sociales basados en la propiedad estatal, no se han elaborado propuestas convincentes acerca de cuál sería el papel del Estado en una economía que no sea estatista pero que tampoco se rinda frente al modelo neoliberal.

En la era de la globalización la izquierda, tanto la militante como la académica, no ha logrado definir los alcances y los límites del nacionalismo en el manejo de la economía mexicana. Tampoco queda claro cuál debe ser el papel del Estado en su propuesta societal.

Fue muy cierto el pronóstico de la izquierda latinoamericana, cuando al triunfo de la Revolución Cubana concluyó que su propuesta era la única que garantizaba la plena independencia económica y la soberanía frente a los Estados Unidos. Incuestionablemente, el costo social para el pueblo cubano ha sido muy alto, pero la independencia económica y la soberanía política, sin tomar en cuenta su grado de bienestar y libertades civiles, son innegables. No obstante, a casi cuarenta años de que los revolucionarios cubanos tomaran el poder, el escenario internacional es tan distinto que la repetición del modelo cubano es impensable. Los niveles de integración de las sociedades latinoamericanas, y en particular de la mexicana, a la economía dominada por los países centrales son tan grandes, diversos y complejos que intentar imitar la experiencia cubana de los sesenta provocaría una fatal desarticulación de sus actividades vitales.

Una ruptura revolucionaria con la economía y la sociedad estadounidenses a finales del siglo XX es inimaginable, por lo que no es posible seguir definiendo el nacionalismo mexicano en contraposición total a Estados Unidos. Ni tampoco se puede seguir pensando que sólo el Estado puede ser el propietario de las principales empresas de la Nación.

El escenario mundial contemporáneo experimenta procesos sociales de acelerado cambio. Concepciones, conceptualizaciones y definiciones que nos acompañaron por siglos y décadas sufren los embates de realidades sociales emergentes. Si repensar a la historia y a la sociedad ha sido una tarea permanente de los sujetos que han aspirado a un mundo mejor para todos, al enfrentarnos a un nuevo milenio se presenta como una tarea ineludible el soltar la imaginación, fortalecer la reflexión, y reforzar el compromiso filosófico de que pensar al mundo desde la perspectiva de los desposeídos ha sido el recurso más convincente del pensamiento de la izquierda en el mundo para seguir siendo creíble y convincente.

FRENTE A LA POLÍTICA IMPERIAL DE ESTADOS UNIDOS, EL RUMBO DEMOCRÁTICO DE MÉXICO

María Cristina Ramos Reyes

José Luis Ceceña, nacionalista a ultranza a través de sus análisis profundos y sistemáticos sobre la problemática económica de México, centrándose en la filtración estructural, en lo económico, lo político y lo social, por parte de la inversión extranjera directa e indirecta del imperio estadounidense, siempre vislumbra una preocupación: el bienestar de la población, especialmente de la clase obrera.

Gran parte de sus razonamientos y pronósticos se han cumplido; pues con una visión impresionante sobre la lucha del capital monopolista, la crisis monetaria del dólar y la mundial, se empeña en marcar

> ...la indispensable unión de nuestros países latinoamericanos para aumentar su capacidad de defensa y que procedan a operar los cambios estructurales necesarios para reorientar su economía por rumbos de independencia y de beneficio popular. Mantenerse dentro del sistema capitalista significará serias limitaciones a su desarrollo y una dependencia cada vez mayor.

Hoy desafortunadamente observamos que ese sistema monopolista de Estados Unidos y el imperio del dólar han logrado derribar no sólo al sistema socialista sino tambalear a grandes economías y empobrecer a la población de grandes naciones.

Cabe mencionar que desde 1963, el maestro Ceceña consideraba como colosal instrumento de dominio de los grandes monopolios, la publicidad extranjera cuya proyección se constriñe

> ...no solamente a una publicidad mercantil, sino también en influir en la opinión pública [...] para enaltecer el sistema de iniciativa privada a la manera de Estados Unidos y a presentar como meta social el MODO DE VIDA NORTEAMERICANO. Su claro contenido político sobre la prensa, la radio y la televisión, nos dice, les permite ejercer una profunda influencia en la población en casi todos los aspectos de la vida

y en la opinión pública en favor de los intereses mundiales de los monopolios norteamericanos.[1]

Las consecuencias de sus estudios y denuncias rigurosas las sufrimos hoy con la concentración del ingreso, el desempleo, la dependencia económica y el debilitamiento severo de la identidad nacional, especialmente en el caso de la juventud.

Por eso, el maestro Ceceña proponía unificar las fuerzas positivas de grupos progresistas-nacionalistas integrados por organizaciones obreras y campesinas, sindicatos de las empresas del estado, algunos sectores de partidos políticos, de la burguesía y del gobierno, así como profesionistas, intelec-

---

[1] *El capital monopolista y la economía mexicana*, 2a. edición, México, 1994.

tuales y estudiantes. Hacer girar esa unidad alrededor de un plan de desarrollo cuyos objetivos fueran el mejoramiento de los niveles de vida del pueblo, el ejercicio democrático y el fortalecimiento de la independencia económica y política del país.

Desde mi punto de vista era el momento de tomar esas decisiones y aún más, la oportunidad cinco años después, en 1968, cuando el movimiento estudiantil fue tomando un cauce nacional, pues por la intransigencia, represión y autoritarismo gubernamental, se unificaron muchas de esas fuerzas positivas. Esa juventud estudiantil que, como lo expresara Ceceña, por "su rebeldía ante las injusticias, por su deseo de transformación y por su anhelo de construir un mundo cada vez mejor" se convertía en un enemigo de los círculos antidemocráticos.[2]

Ya desde entonces las clases medias estaban enfrentándose a la falta de oportunidades económicas, políticas y sociales. Hoy, treinta años después, se ve claramente que la represalia y la falta de un manejo democrático, nos empujó más hacia el modelo de transnacionalización y de políticas neoliberales que han podido —en muchos países latinoamericanos y hasta socialistas— desvanecer al Estado-Benefactor.

Caballos de Troya y pretensiones del poder imperial

Frente a los antiguos pero urgentes Caballos de Troya de Estados Unidos a través de la inversión extranjera directa y de la deuda exterior, hemos contemplado una hiperconcentración del poder financiero, económico y político, cuya ubi-

---

[2] *Antología de José Luis Ceceña, Nuestros Maestros.* Instituto de Investigaciones Económicas, UNAM México, 1992.

cación fundamental se encuentra en Wall Street y representa al imperio del dólar.

Esta globalización, fundada en la desregulación económica, ahora —con los nuevos dueños del mundo— pretende reglamentar las inversiones transnacionales que han devorado empresas estatales y privadas. Un nuevo "tratado internacional autónomo" aplicable en los países miembros de la Organización de Cooperación y Desarrollo Económico (OCDE), México y la Unión Europea (para empezar) aparece; es el Acuerdo Multilateral sobre Inversiones (AMI).

Sólo quiero aquí mencionar que, como lo denuncia María Emilia Farías,[3] tendrá nefastas implicaciones para los regímenes democráticos: gracias al AMI, las empresas multinacionales e inversionistas extranjeros tendrán las atribuciones propias del Estado, sin que haya mediado ningún proceso de legitimación, dejando en situación de indefensión a los gobiernos democráticos constituidos" ya que los autoriza a demandar ante ciertos tribunales a los gobiernos soberanos. Este acuerdo es calificado por Ruggerio, Presidente de la Organización Mundial de Comercio (OMC) como "la constitución de una sola economía global".

Con instrumentos como éste, pretenden convertir su política en "imperial". El objetivo de la política externa de ese sistema globalizador instaurado por Estados Unidos consiste en "mejorar" el funcionamiento del mercado y reforzar el respeto o acatamiento de sus normas fundamentales. "De ser posible por las buenas y de ser necesario por la fuerza", dice uno de los estrategas de Whasington, Richard Haass y define: "la regulación del comercio internacional es una doctrina

[3] "Desglobalización", Revista *Examen. Economía y Demografía*, México, agosto de 1998. Se recomienda su lectura para el análisis del Acuerdo Multilateral sobre Inversiones.

imperial en el sentido que busca promover un conjunto de normas con las que estamos de acuerdo. No hay que confundirlo con el imperialismo que no es más que una política exterior de explotación" (ahora exclusivamente europea).[4]

Así, persiguen un único propósito: convertir a Estados Unidos en la nación imperial del mundo para el tercer milenio.

Otros asesores estadounidenses afirman que esto es posible dada la gran dependencia de las naciones europeas —aun dentro de su autonomía local— y sostienen que los países de América Latina empiezan a reconocer "ese liderazgo" y a aceptar una "americanización" de su cultura popular y de su modo de vida.

Ellos plantean como estrategia una arquitectura material de la economía mundial, en donde converjan los intereses gubernamentales, militares y de las transnacionales —comerciales y financieras— incluyendo su actual "Caballo de Troya": las industrias y contenidos de la información y los medios masivos cuya misión es el control estadounidense. "La percepción del mundo que tienen estos actores es definitivamente la electrónica. El instrumento es el complejo información-medios de comunicación que confiere el poder cultural y el poder a secas", nos dice Herbert Schiller.[5]

Su desenfrenada ambición, consistente en una "cultura Mc World como la llama Benjamín Barber, es una América que se proyecta en un futuro moldeado por las fuerzas eco-

---

[4] Citado por Herbert I. Schiller. "El dominio de las redes electrónicas mundiales. Hacia un nuevo siglo de imperialismo estadounidense", *Le Monde Diplomatique*, Edición en español, agosto-septiembre de 1998.

[5] *Ibid.* En este estupendo aunque preocupante artículo, Schiller realiza un análisis de las posiciones de los asesores más allegados a la Casa Blanca y cuya línea de pensamiento respecto a una verdadera supremacía del imperio de Estados Unidos en el siglo XXI, coincide con el vicepresidente Al Gore, con posibilidades de llegar a la presidencia de ese país en el año 2000.

nómicas, tecnológicas y ecológicas que exigen integración y uniformación".[6]

El propio profesor Schiller refiere de fantasmagórica y arrogante la visión de los asesores Rothkopf, Nye y Owens, que tienen gran influencia en las decisiones políticas en materia de información, en Washington, dicen que la información "es la nueva moneda del imperio internacional" y afirman:

> el interés económico y político de Estados Unidos es el de velar porque, si el mundo adopta una lengua común, ésta sea el inglés; si se orienta hacia normas en telecomunicaciones, de seguridad y calidad, esas normas sean estadounidenses; si sus diferentes partes son unidas por la T.V., la radio y la música, los programas sean estadounidenses; (en fin) si se elaboran valores comunes, los estadounidenses se reconozcan en ellos.

Insisten en que de todas las naciones del mundo, la de Estados Unidos es la más justa, la más tolerante, la más deseosa de mejorarse permanentemente y el mejor modelo para el futuro. Vía Internet aseguran que el mejoramiento y enriquecimiento de la raza humana será una realidad, pues las 24 horas del día podrán disponer de comunicación para todas las necesidades: salud, educación, teletrabajo. Pero este "gran servicio" a la población estará en manos del sector privado.

Este sistema, denominado Infraestructura Nacional de Información en Estados Unidos, ha provocado una cascada de fusiones, alianzas estratégicas y máxima concentración de empresas y capitales. Desde hace un año se está implantando esa información a nivel mundial (Infraestructura Global de

---

[6] "Cultura Mc. World *versus* Democracia", *Le Monde Diplomatique*, Edición en español, agosto-septiembre de 1998.

Información) para lo cual se han exportado en el comercio mundial de *software*, productos de entretenimiento y servicios diversos de datos por un total de ¡40 mil millones de dólares! El Internet se duplica anualmente desde hace 10 años y para el año 2000 pretenden que 110 millones de computadoras estén conectadas a él, lo cual significaría 300 millones de usuarios. Su propósito es establecer unilateralamente las reglas del juego de la era informática, con base en los intereses de Estados Unidos.

Como se podrá comprender los contenidos no tienen una responsabilidad social y sus intereses comerciales no coinciden con las necesidades de la comunidad, ni toman en cuenta a los 3000 millones de personas que en el mundo, viven por debajo del nivel de pobreza.

Los intereses de las multinacionales —o antinacionales como dijera Benjamín Barber— rechazan toda idea de fronteras y en la medida de que esta libertad de circulación de la información sea aceptada por las naciones, éstas serán despojadas, aún más, de su soberanía cultural y política.

La pretensión delirante de dominar al mundo gracias a su dominio en la electrónica y a la homogeneización pretendida por los mercados de Mc World, donde los que tienen el control de la información, la comunicación y entretenimiento, se conviertan en los controladores de la cultura y los destinos de la humanidad, es la locura y mitomanía estadounidense.

¿Y los gobiernos y sus habitantes se convierten sólo en consumidores que atienden a lo que le venda la publicidad y las grandes "antinacionales" y a lo que indique el "progreso tecnológico"? Treinta años después, ¿se dará lo que Marcuse pronosticaba en *El hombre unidimensional*; y lo que Ceceña pregonaba de filtración económica y cultural?

¿Realmente las empresas transnacionales y los capitales financieros son los nuevos amos del mundo —en especial los de Estados Unidos— y han corroído las soberanías nacionales a tal punto que la existencia de un Estado-Nación sea imposible?

¿Será posible que el Homo Sapiens que basa su saber en la capacidad de abstracción sobreviva a la reproducción del Homo Videns, que a través de la automatización y el contenido de los medios masivos, merma su capacidad de raciocinio, de acción y de decisión?, como lo expresa Sartori.[7]

En mi opinión mucho de esto se ha cumplido. En efecto, la vorágine del mercado y de venta de un estilo e imagen de vida "americana" se basa en una rapidez vertiginosa en la que la mayoría de los consumidores se sumergen en la automatización y sumisión.

Lo rápido rebasa a lo lento. El trabajo indispensable para cubrir las necesidades básicas y para el consumismo es más importante que las relaciones humanas. Los teléfonos portátiles, el fax, el módem, la televisión, la computadora, la radio, etcétera, dirigen las actividades, inundan la creatividad, amarran a la gente y la homogeneizan.

Si el poder de las multinacionales sustituye al del Estado-Nación, la sociedad también cambia su dinámica, pues la nueva clase dirigente de dimensión mundial surge y va sustituyendo o acabando con las clases medias. Esta neoclase, denominada hiperburguesía, es inculta y su formación obedece sólo a ser productivistas, vendedores de todo, sin valores nacionalistas y sin responsabilidades con la sociedad.

Este nuevo grupo rápidamente es colocado en los puestos clave y de decisión, sobre todo en las actividades financieras y de inversión. Especializados en desarticular empresas, reducir personal y dar "funcionalidad" a las instituciones privatizadas, no conocen la historia, ni las realidades socioeconómicas.

---

[7] Giovanni Sartori (1998), *Homo Videns. La sociedad teledirigida*, Madrid, Taurus.

Por ello, desplazan y chocan con esa clase media, socializada por la universidad y cuyas actividades han sido dedicadas a construir las instituciones y empresas para la comunidad democrática y, sobre todo, con algunos intelectuales que proponen la reflexión y formas democráticas de salida a las crisis globalizantes para disminuír la pobreza de la población.

Por otro lado, las anteriores élites clásicas sólo se sumarán a esta neoburguesía electrónica —denominada también por Denis Duclós como jóvenes cucú— en la medida en que se adapten a sus criterios de mundialización, que son los más pocos.

También se ha conformado en el proceso, una infraclase utilizada por la hiperburguesía para las labores que desprecian y que sólo pueden ser realizadas por esa mano de obra migratoria que sostiene una gran proporción de la economía de países desarrollados, especialmente en Estados Unidos. Pero, hemos de reconocer que esa población preserva sus raíces y valores nacionales. Éste es el caso de nuestros connacionales.

Sin embargo, los insensatos desequilibrios que impone este sistema de poder imperial —sin responsabilidad hacia la humanidad, sin responsabilidad hacia el planeta— podrían desatar convulsiones en cadena. "Esta sociedad capitalista —expresa Castoriadis— es una sociedad que corre hacia el abismo, desde todos los puntos de vista, ya que no sabe autolimitarse; saber que hay cosas que no se pueden hacer y que ni siquiera se tienen que tratar de hacer, o cosas que no hay que desear".[8]

De esta manera, los mercados, aunque así lo deseen, no pueden realizar lo que incumbe a las comunidades y no saben

---

[8] Cornelius Castoriadis (1998), "Detener el auge de la insignificacia. Contra el conformismo generalizado", *Le Monde Diplomatique*, Edición en español, agosto- septiembre.

regularse para sobrevivir, pues, en su afán de monopolizarse desmedidamente, cierran ellos mismos las compuertas. Provocan desempleo, concentración de riqueza, pobreza extrema y grave falta de libertad.

"Es la paradoja de Mc World —dice Barber—, pues destruye la base financiera de los consumidores que necesita, vendiéndoles productos a precios más competitivos, sobreproduce bienes y subproduce empleos, incapaz de ver que ambos son interdependientes".

La proyectada política imperial de Estados Unidos y el propio proceso de globalización, tienen su "Talón de Aquiles" en la imposibilidad de conciliar concentración de poder y riqueza y la eficacia económica con justicia social, democracia política y respeto a la diversidad cultural.

El Ave Fénix frente al poder imperial

La preocupación y el análisis de muchos estudiosos de los fenómenos provocados por el hiperimperialismo, el imperio del dólar, la transnacionalización de empresas y capitales y la nueva dinámica de las clases sociales —mundiales y nacionales— coinciden en marcar luces de salida a este obscuro panorama para la humanidad.

Castoriadis plantea que existe una especie de terrorismo del pensamiento —o un "no pensamiento"— donde domina la resignación. Un agotamiento ideológico del que sólo saldremos si realmente hay un resurgimiento de una fuerte crítica al sistema. Y, sobre todo, un renacimiento de la actividad y de la participación de la ciudadanía; con ello, estoy totalmente de acuerdo.

Una luz: en contraposición al imperio estadounidense, la vía de la Unión Europea ha mostrado que existen opciones de defensa a su soberanía regional, conservando su cultura y autonomía nacional y respetando la diversidad de sus pueblos. Esta Unión y su moneda común fortalecen su economía y sus condiciones de competencia con el exterior; así como los canales de participación de la población en las decisiones democráticas.

Otro camino, como muchos autores progresistas lo apuntan y yo lo asumo, es retomar el rumbo democrático, donde el eje real sea el desarrollo integral de la persona y de la comunidad, no sólo a nivel mundial, sino en el plano nacional. Basarse en las fuerzas de los diversos grupos de la sociedad, en la cual se privilegie y reconozca la diversidad de pensamiento y culturas y que, en un marco de respeto, tolerancia y solidaridad, se lleguen a consensos plurales de unidad y participación activa que construyan y generen el bien común.

Tesis que abandera el maestro Ceceña desde hace más de treinta años y que siguen siendo válidas. Pero ahora la dinámica de la composición de las clases y grupos sociales, en México, se ha transformado, resaltando la pulverización de las clases medias, la hiperampliación de las clases populares y depauperadas, el surgimiento de organizaciones civiles, el debilitamiento de las fuerzas obreras y campesinas, el apabullamiento de las clases intelectuales progresistas, el inmovilismo de la juventud y, en fin, la aparición de las mujeres como clase actuante y demandante.

Por otro lado, la soberanía económica casi se ha perdido. Nuestra planta productiva tiene condiciones irreductibles de dependencia de tecnología y capitales estadounidenses. Nuestra cultura ha sido penetrada por patrones de Estados Unidos; la pobreza extrema ha inundado al 60% de la población, creándose sectores subterráneos e informales que cambian las dinámicas de los mercados de trabajo. Todo ello, ha provocado desequilibrios de gran magnitud, que se manifiestan desde la descomposición familiar hasta el crecimiento a niveles insospechados del hampa.

Ante este obscuro panorama, tenemos la responsabilidad como mexicanos de buscar caminos que generen factores factibles de defensa de nuestra economía y, por ende, del mejoramiento de las condiciones de vida de las mayorías nacionales.

Partiendo de nuestra convicción democrática, tenemos que buscar los nuevos hitos de la sociedad que empujen y propicien el equilibrio entre las fuerzas productivas, el poder y el bien comunitario. Esto significa también una sinergia que interactúe en la conducción del Estado y rescate nuestras raíces y devenir nacionalista.

Desde mi punto de vista cuatro son los grupos sociales que pueden cohesionar y desencadenar el dinamismo creativo que impulse el cambio.

—Los intelectuales progresistas tendremos la responsabilidad de analizar, reflexionar y hacer planteamientos que vinculen las diferentes líneas de pensamiento, que sumen conocimientos y que generen propuestas específicas, otra filosofía basada en la cultura democrática y de valores nacionalistas.

En este ámbito, abandonemos la inmovilidad. Habremos de ser plurales y abiertos a la reflexión de cualquier propuesta, por contradictoria que nos parezca, por ejemplo: ¿Debemos integrarnos como bloque económico a los países del norte?; ¿es conveniente crear medidas que regulen los flujos de capitales especulativos?; ¿debemos oponernos a la instalación de casinos?; ¿debemos continuar la búsqueda de alianzas con Latinoamérica como frente común?; ¿debemos apoyar la creación de un Estado Mundial, para equilibrar el poder del capital transnacional?; ¿debemos cambiar la orientación de la educación? Pero, en cualquier caso estamos obligados a sumar criterios y a hacer propuestas viables.

—Las mujeres como un segundo hito, se han convertido en un bastión dentro de la economía de mercado, además de seguir sosteniendo la economía y la cultura domésticas. Este grupo habrá de desplegar su potencialidad con su participación mayor y más equitativa en la vida política, económica y social, imprimiendo su efectividad y honestidad en el manejo de los recursos y su visión humanista y de justicia, por un lado.

Por el otro, las mujeres deberán generar cambios paulatinos en mentalidades y conductas, reforzando la transmisión de valores progresistas a las nuevas generaciones. Todo ello, de manera complementaria con el género masculino, para reforzar la cultura de equidad. Pues la inteligencia y las habilidades, no tienen sexo.

—Tercer pilar será la sociedad civil, como parte de la población que no encuentra cauces adecuados a su participación y a las respuestas de sus demandas. Sociedad nacionalista, organizada o no, que solicita que sus expresiones sean tomadas en cuenta. Su responsabilidad será defender el marco de derecho y exigir a los servidores públicos (incluyendo la clase política en el poder) que cumplan con honestidad y cabalidad, proponiendo vías que legitímen sus opiniones y su actuación en pro del bienestar. Es decir, un militantismo cívico.

—La clase política, trascendiendo intereses personales y de grupo, habrá de recordar su papel de servir a la población en beneficio de las mayorías, atendiendo las formas de vida que ellas decidan. En tal sentido, es responsable de mantener abiertos todos los posibles canales de vinculación con sus representados y dar respuesta a sus demandas, fortaleciendo así nuestro proceso democrático.

Me refiero fundamentalmente a legisladores, partidos políticos y autoridades que están obligados a realizar eficientemente su labor.

Estos cuatro pilares necesariamente habrán de converger y solidarizarse para provocar el cambio cualìtativo hacia el paradigma de LA DEMOCRACIA que en su esencia ética -como expresa Bovero- significa libertad individual, equidad social, tolerancia e igualdad política.

Democracia y el cuarto poder

Para consolidar ese paradigma, es menester alimentar y asegurar una cultura democrática a partir de la educación -formal e informal- que transforme las actuales mentalidades en un marco de libertad de pensamiento que permita cuestionar y sustraerse de las ideologías de dominación imperial.

Especial atención habremos de poner en la utilización de los avances tecnológicos y los medios masivos de comunicación, que si se orientan positivamente, son herramientas que pueden contribuir al progreso; pero hasta ahora han sido manejados en general, de manera negativa, provocando una transculturización.

Se manipulan valores, opiniones, gustos, hábitos y consumos de la mayoría de la población. Indigna en especial los mensajes televisivos de violencia, discriminación, subordinación, superficialidad, desorientación e incultura, provocando una sociedad teledirigida, que influye principalmente en la niñez.

Las generaciones educadas en la T.V. fomentan más las disparidades entre géneros, crean adultos empobrecidos culturalmente pero que están orgullosos de esa incultura; seres desorientados, anómicos, aburridos y en definitiva enfermos de vacío, como lo afirma Sartori.[9]

[9] Giovanni Sartori (1998), *Homo Videns. La sociedad teledirigida*, Madrid,

Toda proporción guardada, sucede algo similar con la computadora y el Internet, que son enajenantes y trasmiten también antivalores y confusión a la niñez y a los jóvenes; e incluso propician desintegración familiar.

Retomando las bondades de los medios masivos de comunicación para reorientar la educación hacia la cultura democrática, con valores nacionalistas; habremos de exigir, contrariamente a lo que pretenden los estrategas de la "Nueva Roma" —los Estados Unidos— una legislación que limite la transmisión de mensajes y contenidos negativos a nuestra actuación y formas de vida y que apoyen los objetivos y metas trazados para un mayor desarrollo equitativo y humanitario de México.

Deseo concluir estas reflexiones reconociendo, una vez más, que el maestro José Luis Ceceña vislumbró que ante la órbita imperial expansionista de nuestro vecino del Norte, México requería la conducción de un destino diferente, cuyo camino habría de ser la democracia; y que hoy comprendemos en toda su magnitud. Agradeciendo al maestro José Luis Ceceña la transmisión de sus conocimientos y convicciones, me pregunto si será posible girar el sentido de esa órbita, si será tan sólo un idealismo, o si podremos hacerlo realidad algún día.

Por eso, debemos reflexionar con una óptica abierta y propositiva sobre este paradigma. Yo, personalmente como mujer y como universitaria, enfrento el reto y asumo mi responsabilidad.

EL CLIENTELISMO DE AYER, HOY Y MAÑANA

Enrique Semo Calev

Uno de los adversarios más antiguos y persistentes de la república y la democracia en México ha sido el clientelismo. Ha estado con nosotros durante dos milenios y en vísperas del siglo XXI sigue presente en todas sus variantes. Institución flexible y compleja, se ha adaptado a todos los cambios políticos y los desarrollos sociales, demostrando que no desaparecerá por sí misma, barrida por los vientos de la modernización. Para que ceda el terreno a la institución de la ciudadanía, deberá ser combatida tenazmente no sólo a nivel de las instituciones, sino también de la cultura. La creciente participación del pueblo en los asuntos políticos en este último cuarto de siglo, ha modificado, pero no destruido su importancia. En muchos lugares incluso, el avance de la democracia electoral sólo ha servido para fortalecer élites locales formadas por jefes de grupos clientelares o para producir formas nuevas y más sofisticadas del mismo fenómeno.[1]

---

[1] Sobre la situación actual, véase Jonathan Fox, "The difficult transition from clientelism to citizenship. Lessons from Mexico", *World Politics*, 46 (January 1994), 185-208.

En México, las relaciones republicanas, pese a los sueños de sus fundadores liberales, han estado siempre entrelazadas con el poder de los caciques y los hombres fuertes o sea, con el modo clilentelar de hacer política. No sería exagerado decir que hasta hace relativamente poco, el sistema político mexicano podía merecer el nombre de una república clientelar.

El clientelismo es la relación en la cual una persona renuncia parcial o totalmente a su independencia política a cambio de la protección o los favores que le otorga un cacique un patrón, un padrino, o un caudillo. Esta relación, sobre todo cuando adquiere estabilidad, es la opuesta a la que existe entre el ciudadano y los órganos republicanos de gobierno. El "cliente" basa su relación con el poder en la lealtad que otorga a una persona. El ciudadano en cambio, sólo da su lealtad a las instituciones republicanas y la ley que él mismo se ha dado. Para el cliente, el padrino está por encima de la ley y es el que determina el uso de los recursos escasos que tiene el Estado. Su acceso a esos recursos no es un derecho sino una concesión del poderoso, a cambio de servicios políticos. Para el ciudadano, en cambio, esos recursos tienen como origen los impuestos pagados por el pueblo y el acceso a ellos es un derecho. Su distribución no depende de la voluntad del funcionario, sino de prioridades y políticas refrendadas por el voto ciudadano. En la relación republicana, el político o funcionario es el portador de un mandato y ejerce temporalmente el poder que dimana de una institución.[2]

En la relación clientelar, el político o cacique es el detentador por el poder y el árbitro de su uso. Su poder no depende de un mandato representativo y es más independiente que

[2] Para la definición del clientelismo y una serie de estudios caso, véase S. N. Eisenstadt y René Lemarchand (1982), *Political clientelism, patronage and development*, Londres, SAGE Publications.

cualquiera de ellos. Mientras que la relación republicana está codificada por la ley, las relaciones padrino-cliente son informales y están ocultas al ojo de la opinión pública. La relación cacique-cliente contiene aspectos de voluntariedad y elementos de violencia. En el pasado el patrón recurría frecuentemente a esta última, actualmente éste es un recurso cada vez más difícil, pero no imposible. La fuerza de la relación clientelar radica en que da al cliente un sentido de pertenencia y participación local de la cual la relación ciudadana directa carece a veces. En la actualidad, las relaciones clientelares son —con excepción de algunas zonas rurales— bastante inestables. Las lealtades que puede convocar el padrino dependen de su capacidad de rendir servicios y distribuir recursos. En las ciudades deben ser refrendadas constantemente y los cuestionamientos y rebeliones no son infrecuentes. A menudo el cacique debe pertenecer, real o imaginariamente, a la comunidad de la cual forman parte sus clientes y debe incluso estar preparado a enfrentar la crítica de sus dependientes.[3]

Los objetivos de los grupos clientelares son siempre la expresión de intereses particulares y rara vez se mueven en función de los intereses o las ideologías de los grandes conglomerados. Las relaciones clientelares cruzan siempre las líneas divisorias entre las clases, frenando las alianzas horizontales y constituyéndose por lo tanto, en fuerzas defensoras del *statu quo*. Esto no quiere decir que las sociedades clientelares sean inmunes a las crisis sociales o incluso a las revoluciones y México ha conocido ambas. En todas las revoluciones y grandes movimientos sociales de nuestra historia, el clientelismo ha estado presente tanto en el campo

[3] Sobre las relaciones clientelares, véase Luis Roniger (1990), *Hierarchy and trust in modern Mexico and Brazil*, Wesport, Conn., Greenwood Publications.

revolucionario como en el contrarrevolucionario. Sin embargo, el clientelismo genera relaciones en las cuales la distribución del poder político y económico es altamente inequitativo y nunca ha sido una fuerza democratizadora. Al tratar de mejorar su condición entrando en un grupo dirigido por un hombre poderoso, el cliente fortalece la posición del jefe en la élite local o nacional y ayuda a reproducir la exclusión del poder de todos los clientes en general. Los caciques o caudillos pueden ser reaccionarios o revolucionarios, tradicionalistas o modernizadores, pero nunca demócratas.

El ciudadano sabe que su integración al Estado-Nación obedece a normas diferentes a las que rigen sus relaciones familiares, religiosas o de amistad. La división entre lo público y lo privado existe y es necesaria. En las relaciones tradicionales en cambio, lealtades familiares y de un grupo local se entretejen informalmente con el ejercicio del poder y los derechos políticos, en estructuras marcadas por la desigualdad, el nepotismo y la corrupción. En la república, el ciudadano participa en la distribución de los recursos del Estado a través de los partidos políticos, los movimientos populares y las organizaciones gremiales. El clientelismo, en cambio, es un obstáculo a la participación directa de los ciudadanos en la democracia, la cristalización impersonal de los derechos humanos, el estado de derecho y el desarrollo de los ideales como factores movilizadores de la acción social.

Existen diferentes opiniones sobre el papel del clientelismo en la sociedad moderna, su impacto en el desarrollo de la democracia y la participación independiente de los ciudadanos. Evidentemente el fenómeno no puede ser desligado de las condiciones históricas en las que se produce y su articulación con otras formas de hacer política. La transición de las relaciones clientelares a la ciudadanía es lenta y accidentada y puede producir un sinnúmero de condiciones intermedias.[4]

La historia del clientelismo en México es muy larga y se remonta a la época prehispánica. En la época colonial se modificó y fortaleció con las tradiciones ibéricas de dependencia feudal. En el México independiente, la república nació como una superestructura frágil sobrepuesta a un mar de estructuras políticas locales en las cuales el hombre fuerte (militar o no) imponía su voluntad con la ayuda de los caciques. Durante los primeros cincuenta años, la república se gesta en las ciudades, en los cónclaves de los licenciados, mientras que el poder verdadero se encuentra en las manos de caudillos y caciques que actúan al margen de las efímeras constituciones y las débiles instituciones republicanas. En la medida en que fracasan, uno tras otro, los intentos de crear gobiernos republicanos centrales estables y declina el poder aglutinador de la iglesia, se consolida el poder de los caudillos, los caciques y los grupos clientelares. Pese a los esfuerzos de los liberales, el sistema que emerge de la Reforma, es una República clientelar.

Los años de 1870-1910 son el primer periodo de estabilidad que conoce México, Díaz se establece como la cabeza de un sistema de caudillos y caciques unidos por los beneficios y seguridades que el presidente puede ofrecer. El oaxaqueño permitió que los hacendados conservaran el poder local a cambio de que no lo cuestionaran a nivel nacional. Su condición real es la de un caudillo de caudillos.

El auge económico y la inversión extranjera crearon la oportunidad de repartir la abundancia y Díaz, apoyado por

---

4 Véase, Steffen W Schmidt, et al. (eds.) (1972), *Friends, followers and factions: A reader in political clientelism*. Berkeley, University of California Press.

una nueva burocracia, se encargó de distribuir los beneficios de manera que sirvieran para consolidar el sistema piramidal de poder informal. Las oportunidades y las canonjías fluían desde el gobierno central a los jefes locales, quienes cedían parte de ellas a sus subordinados. De esa manera, estos últimos tenían más que ganar en la colaboración que en la oposición al sistema. El acceso a éste dependía exclusivamente de las relaciones personales y aquellos que no estaban dispuestos a acatar sus reglas o no sabían cómo jugar el juego, eran excluidos. La debilidad del sistema fue su falta de institucionalización. Díaz nunca creó un partido serio o instituciones con una dinámica autónoma. Todo dependía de su habilidad de mantener sus lazos personales con las élites de terratenientes y empresarios locales y sus clientelas.

Estalla la revolución y se derrumba el poder central construido por Díaz. Con ella, la fachada republicana del sistema político se hunde y la realidad clientelar se revela en toda su fuerza. Pese a los esfuerzos iniciales del Partido Liberal, los anarquistas o el Partido Antirreeleccionista, la revolución no es dirigida por partidos políticos con idearios definidos como sucedió en Rusia, China o Viet-Nam. Son los caudillos y los caciques quienes ocupan en forma natural y sin mucho esfuerzo el espacio vacío dejado por la caída del viejo dictador, aun cuando ninguno de ellos pudo establecerse como caudillo supremo. Algunos son jefes locales que se han distinguido ya en la lucha contra el sistema. Otros, surgen desde abajo en la cresta de la insurrección popular. Pero la mayoría son viejos hacendados y rancheros que formaban parte del sistema porfiriano y que se suman a las fuerzas revolucionarias con sus huestes de peones y clientes. Los ejércitos que se disputan el poder tienen todos, con la excepción del zapatista, una estructura caudillista y clientelar. Su estructura horizontal de clase o ideología se ve mediada eficazmente por la lealtad vertical al caudillo.

En los años veinte, el poder de los caudillos y los caciques es tal, que la república posrevolucionaria y el poder central tienen una vigencia limitada amenazada constantemente a nivel local e incluso nacional. Sin embargo, de los diez años de guerra civil ha surgido una nueva cultura y una nueva ideología que funcionan como cemento de la sociedad que va definiendo los rasgos de un nuevo sistema.

La fundación en 1929 del nuevo partido político de la familia revolucionaria, crea las condiciones para cambios fundamentales en la estructura del poder. En ella los caciques locales se mantienen, pero su poder es reducido por la emergencia de un poder intelectual. Éste está basado en el pacto corporativo entre el gobierno central y las masas organizadas en los sectores del PRI. Así, durante setenta años, el sistema mexicano descansó en dos redes clientelares diferentes. La primera va de la presidencia a los caciques locales con poder propio. Esos caciques eran bastante estables, manteniendo incluso su posición en la familia durante generaciones, como es el caso de los Figueroa en Guerrero. La segunda red clientelar, que permeaba la relación directa del Estado central con las masas organizadas, era fluida y cambiante, y abría las puertas a una gran movilidad social. Sobre todo porque, siendo altamente centralizado, el cambio de presidente cada seis años abría posibilidades a nuevas hornadas de dirigentes. Vale la pena examinar este sistema un poco más de cerca. En él, una carrera exitosa exige que las relaciones clientelares sean mediadas e inestables. La lealtad debe ser suficiente para asegurar el avance de la camarilla, mas no excesiva, puesto que el futuro del jefe de grupo no está asegurado. El resultado es una élite móvil, que sin dejar de normarse por las leyes de la política de camarillas o las lealtades clientelares, está compuesta por individuos que juegan en varias bandas a la vez. La fluidez de las élites descansa en la solidez y permanencia de las organizaciones populares que les servían de base, y que reducían los riesgos implícitos en la circulación de las élites, ya que estaban disponibles para ser usadas por quien llegara a la cabeza de la pirámide.

Durante medio siglo, el PRI gobernó al país como una inmensa república clientelar. Para acceder a los beneficios sociales que proporcionaba el Estado, la mayoría del pueblo debía renunciar a sus derechos políticos, sobre todo al derecho de organización independiente. A cambio de beneficios materiales y sociales, sectores importantes de la sociedad aceptaron la subordinación política. Los beneficios sociales eran presentados como dádivas que obligaban a un acto de reciprocidad, sobre todo en el nivel local o regional. Los beneficios fueron la tierra, la educación rural, el seguro social, los derechos sindicales, la vivienda popular, por mencionar algunos. La retribución se manifestaba en el voto por el PRI, la movilización para sus actos, la aceptación de la autoridad de sus agencias o las del gobierno a nivel local y en general con la tolerancia de las corruptelas e intransigencias del régimen corporativo. Con el control casi totalitario que ejercía el gobierno a través del fraude electoral, la manipulación política de los créditos y precios agrícolas, y la gestoría monopólica de las demandas populares a nivel local, el PRI-Gobierno o el Gobierno-PRI, tenía los medios para asegurarse que el pueblo cumpliera con su parte del pacto clientelar. La omisión o la resistencia, eran castigadas con la exclusión o la represión. La amenaza de la coerción flotaba siempre en el aire. Basada en valores ancestrales y voluntaria, la relación clientelar recurría inevitablemente al uso de la violencia. Promovida por la competencia de las comunidades por el acceso a medios escasos, la relación adquirió una estabilidad y una pesadez insuperable. Aun cuando la rebelión contra ese estado de cosas no era infrecuente, casi siempre se dirigía contra un cacique, un gobernador o un agente de los bancos agrarios particularmente corrupto y arbitrario y rara vez contra el sistema clientelar en cuanto tal.[5]

En los últimos veinte o treinta años, el sistema entra en crisis. México ha estado transitando de una república clientelar a una república de ciudadanos. Obligado a reducir la omnipresencia del Estado y los beneficios sociales y a renunciar a algunos de los viejos mecanismos de control, el grupo gobernante ha tenido que buscar formas de dominio más sofisticadas indirectas y abrir paso a la expresión de impulsos ciudadanos cada vez más poderosos. En la actualidad, el país es un mosaico en el cual conviven desde el más brutal clientelismo tradicional hasta las expresiones de pluralismo ciudadano bastante avanzado; desde las regiones totalmente dominadas por el caciquismo rural o urbano, hasta ciudades y villas en las cuales las libertades ciudadanas, el pluralismo y los derechos de asociación se abren paso. Para la mayoría de los ciudadanos de ingresos bajos y de las zonas desfavorecidas, las reformas democráticas en las alturas tendrán poco significado hasta que no se materialicen en las aldeas, los barrios, los municipios y las delegaciones. Y para llegar a ello, queda un largo camino por recorrer.[6]

Confrontados con una creciente ola de luchas populares independientes desde los años sesenta, los gobiernos, promovieron diferentes programas de desarrollo rural al margen del aparato burocrático tradicional. Su propósito era reducir la corrupción y la ineficiencia existentes y establecer relaciones más flexibles con las nuevas organizaciones populares,

---

[5] Algunas fuentes sobre el tema son: Susan Kauffman Purcell, "México: Clientelism, corporatism and political stability", en Eisenstadt y Lemarchand, *op. cit.*, y Grindel, M. S. (1997), "Patrons and clients in the bureaucracy: Carrier networks in Mexico", *Latin American Research Review*, XIII, (1).

[6] Terry Lynn Karl (1990), "Dilemmas of democratization in Latin America", en *Comparative Politics*, vol. 23, núm. 1, octubre.

rejuveneciendo al sistema con las fuerzas emergentes de la sociedad. Se comenzó a tolerar su independencia sin cerrarles el camino a los servicios públicos, a cambio de su renuncia al ataque frontal al gobierno y la movilización antigobiernista de sus huestes. El más ambicioso de esos planes fue el Programa Nacional de Solidaridad.

Pronasol se inició sosteniendo que su objetivo principal era cambiar la relación de poder entre el aparato burocrático y las organizaciones independientes, reduciendo las tensiones existentes, pero en la mayoría de los casos su resultado fue la sustitución de viejas formas de clientelismo por otras nuevas, más sofisticadas. En muchos lugares, las relaciones clientelares se combinaron con la apertura de espacios a la vida autónoma de organizaciones populares críticas del régimen, pero de una orientación moderada. En sus años de existencia, su impacto sobre la pobreza es materia de acalorada discusión. Su eficacia política en cambio, no deja lugar a dudas. El sistema, que como se sabe impulsa programas de ayuda comunitaria en regiones muy desfavorecidas, ha acabado en constituirse en una nueva política de masas de los gobiernos priístas. Con él se pretende debilitar relaciones caciquiles tradicionales, abriendo paso a nuevas relaciones entre el Estado y los sectores populares organizados locamente.

Durante el gobierno de Salinas, *Solidaridad* creó 100 000 comités locales, 40% de los cuales seguían aún funcionando al iniciarse el gobierno del presidente Zedillo. Esos comités, controlados por los promotores del programa, combinaron cierto grado de autonomía popular con una acrecentada influencia gubernamental.

Desde un principio, gran parte de los recursos se dedicaron a recuperar zonas en las cuales la influencia del PRD crecía. En las elecciones de 1991, el PRI protagonizó un regreso triunfal y las encuestas demostraron que *Pronasol* comenzaba a ser más popular que el partido gobernante. Un año más tarde, en 1992, 12% de todo su presupuesto se invirtió en el estado de Michoacán, uno de los principales reductos del partido de oposición. Para frenar su avance. Y en ese caso también, el gobierno logró sus objetivos. Sin embargo, a partir de 1997, el voto ciudadano y la defección de múltiples grupos clientelares de los marcos así creados se ha traducido en grandes derrotas electorales para el PRI.[7]

Una forma todavía más inestable del clientelismo en un sistema en el cual el fraude electoral pierde eficacia, es la compra del voto a cambio de regalos o canonjías. Y sin embargo, todo indica que se practica profusamente y se seguirá practicando. Según noticias divulgadas en la prensa, antes de las elecciones de marzo del presente año, el PRI estaba regalando bolsas de arroz en Baja California y de jabón y detergente en Guerrero, para inducir a los electores a votar por sus candidatos en las próximas elecciones. También se reveló que los cheques de *Progresa* y *Procampo* para avíos a la producción, aprobados hace meses, están llegando en vísperas de la elección. Según la prensa, poco antes de las elecciones se podía ver en algunos bancos de Iguala, Chilpancingo o Acapulco largas colas de campesinos miserables con su cheque en la mano. La compra-venta del voto entraña una relación que niega la relación representativa. El súbdito entrega al político su voto para que ejerza el poder como si éste fuera una propiedad, un negocio o una concesión a cambio de un bien o un favor. A ninguno de los dos se le ocurriría la idea de que el depositario del poder es el cliente. El pobre, el analfabeta, el oprimido, sabe perfectamente que si el poder estuviera en sus manos, él no viviría como vive. El poder está en manos del político y él puede utilizarlo para perjudicarlo

[7] Denise Dresser (1991), "Neopopulist solutions to neoliberal problems; Mexico's National Solidarity Program", *Current Issues Brief*, núm. 3, La Jolla UCSD.

o beneficiarlo. Ergo, si el político quiere algo, debe dar algo a cambio. De ahí el famoso dicho campesino: "Sólo el pendejo le cree al político, si quiere tu voto, que pague", o bien, desde el otro extremo del pacto clientelar, la frase que se atribuye a Plutarco Elías Calles: "Los campesinos deben entender que si quieren tierra deben entregarnos el poder". La relación queda así legitimada en sus dos extremos.

La compra del voto sólo es posible en un medio en el cual predomina la pobreza extrema, el desconocimiento de los derechos ciudadanos o la existencia de caciques cuyo poder recurre frecuentemente a la violencia. En casos extremos, las tres condiciones coexisten. Para los partidos políticos, la lucha contra el clientelismo electoral y la compra del voto —en la medida que deseen darla— presenta muchos problemas. En determinadas condiciones, puede entrañar la pérdida de votos en los sectores más oprimidos y atrasados. Puede también significar, la salida de sus filas o la hostilidad de poderosos jefes clientelares. Por otro lado, en sectores cada vez más amplios de la población, crece la conciencia ciudadana y la oposición a prácticas como la compra de votos y los partidos que las toleran. Desde el punto de vista exclusivamente pragmático, se impone la decisión casuística que a veces tolera y otras combate las prácticas clientelares. ¿Pero qué sucede si el partido no se concibe solamente como un medio para ganar elecciones, sino como una fuerza que promueve la democratización? Entonces tendría que idear métodos para frenar el clientelismo electoral o de cualquier otro tipo y fortalecer el ejercicio de los derechos ciudadanos.

A nadie sorprende que el PRI haya recurrido a prácticas clientelares en Baja California y Guerrero. Es un partido clientelar por excelencia que sólo combatió a determinados caciques o grupos clientelares cuando éstos se oponían a la instrumentación de las políticas impulsadas en el centro. Pero localmente la mayor parte de las veces sirvió de espacio para articular formas tradicionales de ejercer el poder con instituciones modernas. En eso estaba la fuerza que ahora lo abandona a ojos vista.

La fuerza y la persistencia del fenómeno se manifiesta también en la trayectoria del PRD. Partido fundado hace sólo diez años, es definido por muchos de sus militantes como un partido de izquierda. Sin embargo, en sus relaciones con la sociedad y en su vida interna, se han manifestado numerosos síntomas de clientelismo. Muchos de sus dirigentes son cabeza de grupos clientelares y no hesitan en movilizar sus huestes para influir en las elecciones internas de ese partido. Como miembros del PRD están sometidos a los estatutos que les impiden permanecer en puestos de dirección por largo tiempo, pero en su grupo clientelar pueden alargar indefinidamente un poder que si bien informal, es muy real. También se han hecho públicos casos en los cuales han tratado de inducir el voto en elecciones locales por las vías tradicionales. Es indudable que en el PRD el poder de los jefes clientelares no es un fenómeno marginal. Y aun cuando casi todos esos grupos son inestables, es indudable que representan un contendiente serio a la autoridad de los órganos de dirección electos y contribuyen a veces a su desestabilización, como sucedió en las elecciones internas de marzo de 1999. Por todo ello, el problema del combate el clientelismo y las camarillas se transforma en un tema central en el desarrollo de ese partido en la medida en que mantiene su objetivo de transformarse en fuerza democrática de izquierda.[8]

[8] Véase, Enrique Semo, "El PRD, la democracia y el clientelismo", en *Proceso*, 31 de enero de 1999; "1999 y las paradojas del PRD", *Ibid.*, 14 de febrero de 1999; así como del mismo autor, "Nuevos aires en las delegaciones del D. F.", *El Universal*, 22 de enero de 1999, y "Votos comprados", *Ibid.*, 5 de febrero de 1999.

DATOS CURRICULARES DE LOS AUTORES

ALEJANDRO ÁLVAREZ BÉJAR, economista, doctor en sociología, profesor de tiempo completo de la Facultad de Economía, miembro del Sistema Nacional de Investigadores, profesor e investigador visitante en las Universidades de California-Berkeley y California San Diego, en la Universidad de Sonora y en la Universidad Internacional de Andalucía, España. Autor de un libro, coautor de 12, coordinador de tres, con más de 40 artículos publicados en revistas especializadas, en español, inglés, francés, alemán, portugués y coreano. Ha trabajado y sigue investigando problemas laborales, la economía mexicana y los procesos de integración en América del Norte y en el Pacífico asiático.

JOSÉ AYALA ESPINO es licenciado en Economía por la Universidad Nacional Autónoma de México, donde también obtuvo la maestría en Estudios Latinoamericanos y el doctorado en Economía. Se desempeña como profesor de tiempo completo de la Facultad de Economía de la misma institución. Su obra ha merecido importantes reconocimientos, como son el Premio Nacional de Administración Pública, 1991 y el Premio de Investigación Económica "Jesús Silva Herzog", 1990. Asimismo es titular de la Cátedra Extraordinaria Ignacio Ramírez, desde 1994. Ha sido *Visiting Scholar* en la Universidad de Texas en Austin

(1992-1993) y profesor visitante del CIDE (1990-1991). Sus más recientes libros son: *Límites del Estado. Límites del mercado*, INAP, 1992; *Mercado, elección pública e instituciones*, Miguel Angel Porrúa, 1996; *Economía pública. Una guía para entender al Estado*, Facultad de Economía, 1997; *Instituciones y economía. Una introducción al neoinstitucionalismo económico*, FCE, 1999 y *Economía del sector público mexicano*, Facultad de Economía, UNAM, 1999. El doctor Ayala es miembro del Sistema Nacional de Investigadores, desde 1990.

JORGE BASAVE KUNHARDT, investigador titular en el Instituto de Investigaciones Económicas de la UNAM en donde es miembro del Comité Editorial de la revista *Problemas del desarrollo*. Ahí mismo es coordinador del proyecto de investigación interinstitucional: *Reestructuración de los grupos empresariales en México, encadenamientos productivos con la pequeña y mediana empresa y sistemas para su financiamiento*. En esa casa de estudios forma parte de diversas comisiones como la Dictaminadora del Posgrado de Contaduría y Administración y el Jurado al Premio en Investigación Universidad Nacional. Es licenciado en Administración de Empresas y doctor en Economía por la UNAM, y es miembro del Sistema Nacional de Investigadores.

Autor de varios artículos y capítulos de libros sobre economía mexicana y sobre los grupos empresariales en México. Destacan recientemente los libros *Los grupos de capital financiero en México, 1974-1995*, de autoría individual, y como coordinador: *Empresas mexicanas frente a la globalización*, actualmente en prensa.

Otros capítulos en libros de reciente publicación son "El crecimiento de los grupos empresariales en México: patrones recientes de financiamiento", en el libro *La economía mexicana después de la crisis del peso*, y "Alcances y limitaciones del proyecto exportador mexicano" en el libro *Crisis financiera: mercado sin fronteras*.

MARCO ANTONIO BERRELLEZA FONSECA nació en Guasave, Sinaloa. Licenciado en Economía por la Universidad Autónoma de Sinaloa, ha sido profesor de la Universidad Autónoma de Sinaloa desde 1972; director de Radio Universidad Autónoma de Sinaloa en dos ocasiones; coordinador y productor de programas de radio, e investigador del Archivo Histórico de la UAS. Ha obtenido en diversas ocasiones los Premios al Periodismo Sinaloa (otorgado por el Gobierno del Estado de Sinaloa) y El Payo del Rosario (UAS). También se desempeñó como Secretario General del Sindicato de Trabajadores Administrativos de la UAS. Es autor del libro *De Liceo a Universidad. La institución rosalina: 1872-1922* (UAS, 1998) y coautor de *Escuela Normal de Sinaloa, una visión histórica* (CEPyC, 1998) y *A las puertas de la gloria. Las elecciones de 1909 en Sinaloa* (Difocur-UAS, 1998). Desde 1983 ha sido colaborador diario de *El Sol de Sinaloa* y de *El Debate de Culiacán*.

FRANCISCO CARRADA BRAVO obtuvo el doctorado en Econometría, Finanzas y Comercio Internacional en la Universidad de Colorado (premiado con mención honorífica, exámenes doctorales); la maestría en Economía Internacional, en la misma institución y la licenciatura en Economía (mención honorífica) en la Universidad Nacional Autónoma de México (UNAM). Realizó estudios posdoctorales en el Centro de Estudios Internacionales (CFIA), Universidad de Harvard y en el Departamento de Economía, Universidad de California, Los Angeles (UCLA).

Ha sido profesor en numerosas instituciones de prestigio internacional, como son: Thunderbird-American Graduate School of International Management (AGSIM), Glendale, Arizona; Graduate School of International Economics and Finance, Brandeis University, Graduate Business School, Universidad de Houston. En México se ha desempeñado como profesor en la UNAM, así como en el Departamento de Economía de la Escuela de Graduados en Administración de Empresas. Fue director de la carrera de Economía de la División de Administración y Ciencias Sociales (DACS), del Instituto Tecnológico de Estudios Superiores de Monterrey (ITESM, Campus Monterrey). Como profesor visitante ha colaborado en el Centro de Estudios Internacionales (CFIA), Universidad de Harvard, Cambridge, Massachusetts. Como profesor asociado se ha desempeñado en el Departamento de Economía, Universidad de California, Los Angeles (UCLA), Los Angeles, California; en la Escuela de Graduados en Administración de Empresas, Texas A&M International University.

El doctor Carrada-Bravo es autor de cuatro libros: *Global Finance, Cases and Notes* (Ashgate, London, 1999); *Los problemas económicos de México, realidad y perspectivas* (Editorial Trillas, México, cuatro ediciones, 1988 -1992); *Oil, Money, and the Mexican Economy* (Westview Press, 1982); *Oil Money and Prices in a Short Econometric Model, The Mexican Case* (University of Michigan Press, 1980). Miembro del Consejo de Administración de la revista de investigación *North American Journal of Economics and Finance* y el *Journal of International Finance*; evaluador y juez de las revistas de investigación, *Columbia Journal of World Business* y *The International Executive*, entre otros. Investigador asociado del Centro de Estudios Internacionales Carl McGuire de la Universidad de Colorado; investigador del Centro de Investigación Estadística (CIESE) de la Secretaría de Comunicaciones y Transportes de México, y autor de numerosos artículos de investigación, casos y notas técnicas.

Ha recibido numerosos reconocimientos y premios de investigación por parte de instituciones como la Thunderbird-American Graduate School of International Management, la Fundación Rómulo Garza y el Instituto Tecnológico de Estudios Superiores de Monterrey. Fue presidente de la North American Finance and Economics Association (NAEFA); y de la Academy of International Business, USA-Western Region. Ha sido becario del programa Lincoln-Juárez otorgado por los gobiernos de México y los

Estados Unidos, y del Consejo Nacional de Ciencia y Tecnología (Conacyt).

El doctor Carrada-Bravo ha fungido como consultor de numerosos programas de entrenamiento para ejecutivos, en diversos países: Japón, Estados Unidos, España, Indonesia, Argentina y México.

Ha impartido conferencias sobre su especialidad en Indonesia, Argentina, México, Canadá, España, Singapur, Italia; así como en las Universidades de Berkeley, Harvard, Massachusetts Institute of Technology (MIT), California Los Angeles (UCLA), Instituto Panamericano de Alta Dirección de Empresa, y la Universidad del Sur de California, entre otros. Asimismo ha sido conferencista de los World Affairs Councils of Boston y San Francisco.

JUAN CASTAINGTS TEILLERY, originario de Aguascalientes, Ags., obtuvo la licenciatura en Economía en la Escuela Nacional de Economía de la UNAM, tiene doctorado de Estado en Ciencias Económicas por la Universidad de París X y doctorado de tercer ciclo en Antropología por la Escuela Práctica de Altos Estudios de París. Es profesor e investigador en el Departamento de Economía de la Universidad Autónoma Metropolitana y profesor del doctorado de Antropología de la misma casa de estudios.

Cuenta con diversos artículos publicados en revistas académicas, de entre los cuales se pueden destacar: *1)* "La ideología del dinero en la época actual. Hacia una integración metodológica del análisis de Claude Lèvi-Strauss y Umberto Eco". Revista *Alteridades*, año 7, núm. 13, 1997. UAM Iztapalapa, México, *2)* "Crisis del mito: crisis social", capítulo del libro *El debate nacional 4; Los actores sociales*, coordinadores: Juan Manuel Ramírez y Jorge Regalado, Diana y Universidad de Guadalajara, México, nov. de 1997, *3)* "Crecimiento y distribución del ingreso en una economía pequeña y abierta", revista *Comercio Exterior*, junio de 1998, México, *4)* "Un análisis simbólico de la confianza". Revista *Management International*, Montreal, Canadá, 1999, *5)* "El hombre sin dimensiones", capítulo del libro

Ética y economía. Desafíos del mundo contemporáneo, coordinadores: José Luis Estrada, Ángel Escobar H., Óscar Perea G., editado por UAM y Plaza y Valdés, México, 1999.

Tiene cuatro libros publicados; se pueden mencionar los dos siguientes: *1) La articulación de modos de producción. El caso de México*, El Caballito, México, D.F., 1980, *2) México: Economía, mito y poder*, UAM Iztapalapa, México, D.F., 1994. Su último libro que aparecerá a principios del año 2000 es: *Los sistemas comerciales y monetarios en la triada excluyente. Un punto de vista latinoamericano*; UAM y Plaza y Valdés.

En materia de difusión escribe semanalmente la columna "Así Vamos..." que se publicó durante 16 años en la sección financiera del periódico *Excélsior* y que se publica actualmente en la sección de opinión del periódico *El Financiero*.

Ha recibido varias distinciones académicas, de entre ellas destacan las siguientes: *1)* Nombramiento de Profesor Distinguido de la Universidad Autónoma Metropolitana 1989, *2)* Premio Aguascalientes 1989 en la especialidad Ciencia y Tecnología.

RAÚL CONDE HERNÁNDEZ es doctor en ciencias económicas por la Universidad de París X, con la especialidad en Sistema de Economía Mundial. Es profesor investigador en el Departamento de Economía de la Universidad Autónoma Metropolitana, unidad Iztapalapa. Dentro de esta institución, pertenece al Programa Universitario de Investigación "Estudios de la Integración de las Américas". Tiene también bajo su responsabilidad la línea de investigación "La economía mexicana frente a la reestructuración económica mundial". Ha sido coautor de dos libros y coordinador de otros dos y autor de más de veinte artículos de investigación en temas de desarrollo económico, economía internacional y política económica.

ANA ESTHER CECEÑA MARTORELLA, economista, doctora en Relaciones Económicas Internacionales por la Universidad de París I-Sorbona, miembro del Sistema Nacional de Investigadores. Coordinadora del proyecto *Paraíso maya: competencia internacional y disputa por los recursos estratégicos*, en el Instituto de Investigaciones Económicas de la UNAM. Miembro por invitación del Consejo Consultivo Internacional del Centro de Estudios sobre Trasnacionalización, Economía y Sociedad (CETES), con sede en Santiago de Chile. Profesora e investigadora de la UNAM desde 1976. Directora de la revista-libro *Chiapas* con ocho volúmenes publicados. Entre sus publicaciones figuran los libros: *Industria maquiladora de exportación. Bibliografía comentada*, México, UNAM-IIEc, 1991, 70 pp., *Producción estratégica y hegemonía mundial*, México, Siglo XXI Editores, 1995, 541 pp., con Andrés Barreda. *La internacionalización del capital y sus fronteras tecnológicas*, México, El Caballito, 1995, 221 pp., coordinadora, *La tecnología como instrumento de poder*, México, El Caballito, 1998, 309 pp., coordinadora, *Le soulèvement zapatiste au Chiapas*, coordinadora con Patricio Nolasco, *Cahiers du* CELA-IS núm 7, Universidad Libre de Bruselas, Bruselas, 1996.

Es, asimismo, autora de varios capítulos de libros y artículos publicados en México, Bélgica, Francia, Italia, Gran Bretaña y Alemania. Ha dictado conferencias en el país y en el extranjero y ha presentado diversas ponencias en congresos nacionales e internacionales (en México, Francia, Bélgica, Alemania, Argentina, Brasil y Guatemala). Forma parte del grupo de trabajo de CLACSO sobre Economía Internacional, dirigido por Emir Sader.

PABLO GONZÁLEZ CASANOVA nació en Toluca, Estado de México, en 1922. Realizó sus estudios de maestría en Ciencias Históricas (*Magna Cum Laude*) en la Universidad Nacional Autónoma de México, Escuela Nacional de Antropología y El Colegio de México, y sus estudios de especialización en sociología en la Universidad de París, donde obtuvo el doctorado (Mention trés honorable). En el campo de la docencia y la investigación:

becario de El Colegio de México y del Gobierno Francés para estudios de graduación. Profesor de la Escuela Nacional Preparatoria, Escuela Nacional de Ciencias Políticas y Sociales y Escuela Nacional de Economía, de la UNAM; de la Facultad Latinoamericana de Ciencias Sociales (Flacso); profesor visitante de la Universidad de Oxford (1974) y profesor titular de la Universidad de Cambridge (1981-1982). Investigador del Instituto de Investigaciones Sociales de la UNAM. Entre sus cargos académico-administrativos: Secretario General de la Asociación de Universidades (1953-1954); director de la Escuela Nacional de Ciencias Políticas y Sociales, UNAM (1957-1965); coordinador del Centro de Estudios del Desarrollo, UNAM (1965-1966); director del Instituto de Investigaciones Sociales, UNAM (1966-1970); presidente de la Asociación Latinoamericana de Sociología (1968-1972) y (1983-1985); rector de la UNAM (1970-1972); coordinador del proyecto *Las perspectivas de América Latina* con los auspicios de la UNAM y la Universidad de las Naciones Unidas, a partir de 1982; consejero de la Universidad de las Naciones Unidas (1982-1988); presidente del Consejo Superior de la Flacso (1988-1989); director del Centro de Investigaciones Interdisciplinarias en Humanidades de la UNAM (1986-1995); director del Centro de Investigaciones Interdisciplinarias en Ciencias y Humanidades de la UNAM (1995-2000). Entre sus actividades académicas: Presidente y miembro del Comité Directivo de la Flacso y del Centro Latinoamericano de Investigaciones Sociales, UNESCO (1959-1965); miembro: de la Academia de la Investigación Científica; del Comité Directivo de la Association Internationale de Sociologues de Langue Francaise; del Comité International pour la Documentation de Sciences Sociales; del Comité Consultivo del CRESALC; del Consejo Consultivo de Pacific Viewpont; y miembro de los Consejos Editoriales del Social Indicators Research (Canadá); International Social Journal (París); de Nuestra América (Sao Paulo, Brasil); de Siglo XXI Editores en la Comisión de Economía y Sociología. Entre sus distinciones académicas: Investigador Emérito y Profesor Emérito de la UNAM (1984), Premio Nacional de Ciencias y Arte en Historia, Ciencias Sociales y Filosofía (1984), Doctor Honoris Causa de la Universidad Autónoma de Sinaloa (1985), de la Universidad Autónoma del Estado de México (1988), de la Universidad de Colima (1990), de la Universidad de Guadalajara y de la Universidad de la República de Montevideo, Uruguay (1991), de la Universidad Autónoma de Puebla (1992), de la Universidad de La Habana, Cuba (1995) y de la Universidad Central de Venezuela (1997); Premio Universidad Nacional en el área de Investigación en Ciencias Sociales (1989). Inclusión en el Directorio Five Hundred Leaders of Influence (1995). Miembro de la "The New York Academy of Sciences" (1995); de la "American Association for the Advancement of Sciences" (1995) y del "Board of General Advisors" de la Encyclopaedia of Life Support Systems (1996). Entre sus publicaciones: *El Misoneismo y la modernidad cristiana en el siglo XVIII* (1948); *Sátira anónima del siglo XVIII* (1953); *Una utopía de América* (1953); *La ideología norteamericana sobre inversiones extranjeras* (1955); *La literatura perseguida en la crisis de la Colonia* (1958); *Estudios de la técnica social* (1953); *La democracia en México* (1965), a la fecha en la 20ª edición y traducida a cuatro idiomas; *Las categorías del desarrollo económico y la investigación en ciencias sociales* (1967); *Sociología de la explotación* (1969), a la fecha en la 11ª edición; *América Latina en los años treinta*, coordinador, (1977); *América Latina: Historia de medio siglo* (1925- 1975) en dos volúmenes, coordinador, (1977); *Imperialismo y liberación en América Latina* (1978), traducido al portugués; *México hoy*, coordinador (1979); *La clase obrera en la historia de México*, coordinador, obra en 17 volúmenes; *En el primer gobierno constitucional 1917-1920* (1981); *El Estado y los partidos políticos en México* (1981); *La nueva metafísica y el socialismo* (1982); *No intervención, autodeterminación y democracia en América Latina*, coordinador (1983); *Estados*

Unidos, hoy, coordinador (1984); *Cultura y creación intelectual en América Latina*, coordinador (1984); *La hegemonía del pueblo y la lucha centroamericana* (1984); *Historia del movimiento obrero en América Latina*, coordinador (1984), obra en cuatro volúmenes; *Historia política de los campesinos latinoamericanos*, coordinador (1984), obra en cuatro volúmenes; *El obrero mexicano*, coordinador con Samuel León e Ignacio Marván (1984), obra en cinco volúmenes; *Las elecciones en México*, coordinador (1985); *México ante la crisis*, coordinador con Héctor Aguilar Camín (1985), obra en dos volúmenes; *El poder al pueblo* (1985); *La falacia de la investigación en ciencias sociales* (1987); *Historia y sociedad* (1987); *Los militares y la política en América Latina* (1988); *Primer informe sobre la democracia: México 1988*, coordinador con Jorge Cadena Roa (1988); *Elecciones de 1985 en las entidades federativas*, coordinador con Jorge Cadena Roa (1989); *México hacia el año 2000. Desafíos y opciones*, coordinador (1989); *El Estado en América Latina. Teoría y práctica*, coordinador (1990), *Segundo informe sobre la democracia: México el 6 de julio de 1988*, coordinador (1990), *América Latina, hoy*, coordinador (1990), traducido al inglés; *La democracia en América Latina*, coordinador con Marcos Roitman (1992); *Matemáticas y ciencias sociales*, coordinador con Ignacio Méndez (1993); *Etat et Politique dans le Tiers-Monde*, coordinador (1994); *La república mexicana. Modernización y democracia de Aguascalientes a Zacatecas*, coordinador con Jorge Cadena Roa, obra en tres volúmenes (1994); *La democracia en América Latina. Actualidad y perspectivas*, coordinador con Marcos Roitman R. (1995); *O Colonialismo Global e a Democracia* (1995); *La nueva organización capitalista mundial vista desde el Sur. I. Mundialización y acumulación*, coordinador con Samir Amin (1995); *La nueva organización capitalista mundial vista desde el Sur. II. El Estado y la política en el sur del mundo*, coordinador con Samir Amín (1996); *Democracia y Estado multiétnico en América Latina*, coordinador con Marcos

Roitman (1996); *The World Today*, coordinador con John Saxe-Fernández (1996) y *El mundo actual: Situación y alternativas*; coordinador con John Saxe-Fernández (1996). Ha publicado numerosos artículos en diferentes libros, revistas especializadas y en publicaciones periódicas nacionales e internacionales.

CARLOS MACIEL SÁNCHEZ realizó estudios de doctorado en Historia en el Instituto de América Latina de la extinta Unión Soviética. Ha sido profesor investigador en la Universidad Nacional Autónoma de México, en la Universidad Juárez del estado de Durango y en la Universidad Autónoma de Sinaloa.

Ha impartido múltiples disciplinas tanto a nivel de licenciatura como de posgrado, entre otras: Historia de México, Historia Universal, Historia del Arte y la Literatura, Historia de América Latina y del Caribe, Metodología de la Investigación, etc.

Ha sido conferencista en distintos foros nacionales y extranjeros. Ha asesorado diversas tesis de licenciatura y posgrado. Autor y coautor de libros y artículos sobre historia regional y nacional, ha publicado también en diversas revistas nacionales y extranjeras.

Entre otras de sus actividades académicas destaca la fundación del Instituto de Investigaciones Históricas de la Universidad Juárez del Estado de Durango, así como de la Escuela de Historia de la Universidad Autónoma de Sinaloa.

CARLOS JAVIER MAYA AMBÍA cursó la licenciatura en Economía en la UNAM, la maestría en Ciencias Políticas y el doctorado en Economía en la Universidad Libre de Berlín (Alemania Federal). Se ha desempeñado como docente en la Facultad de Ciencias Políticas y Sociales y en el Colegio de Ciencias y Humanidades de la UNAM, en el Instituto de América Latina y en la Facultad de Ciencias Políticas de la Universidad Libre de Berlín, en la maestría en Administración Pública del Instituto Tecnológico y de Estudios Superiores de Monterrey, en la Escuela de Economía de la Universidad Autónoma de Sinaloa y, de la misma Universidad, en la maestría en Historia Regional; en la maestría en Administración, en la maestría en Ciencias de la Educación y en la maestría en Ciencias Económicas. Ha sido asimismo profesor invitado de El Colegio de Sonora y de las Escuelas de Economía y Administración de la Universidad Michoacana de San Nicolás de Hidalgo.

Ha realizado labores de investigación en el Instituto Nacional de Antropología e Historia, en la División de Estudios Superiores de la Facultad de Economía de la UNAM, en la Facultad de Ciencias Políticas de la Universidad Libre de Berlín, en el Instituto de América Latina de dicha Universidad y en el Instituto de Investigaciones Económicas y Sociales de la Universidad Autónoma de Sinaloa. Ha participado en numerosos congresos nacionales e internacionales de Economía. Entre sus publicaciones se cuentan tres libros; el primero publicado en Colonia, Alemania, el segundo apareció bajo los auspicios de la UNAM y de la UAS y el tercero salió a la luz por Siglo XXI editores. Asimismo es compilador de cuatro libros, tres de los cuales han sido publicados por Plaza y Valdés. Autor de dos folletos de divulgación científica y de 50 artículos publicados en revistas científicas nacionales y extranjeras.

Desde 1995 el doctor Maya dirige el doctorado en Ciencias Sociales de la Universidad Autónoma de Sinaloa.

HUMBERTO MUÑOZ GARCÍA es sociólogo con licenciatura de la Facultad de Ciencias Políticas y Sociales de la UNAM, maestro por la Facultad Latinoamericana de Ciencias Sociales y doctor en la misma disciplina por la Universidad de Texas en Austin. Investigador Titular "C" T.C., en el Instituto de Investigaciones Sociales de la UNAM. Su obra académica desarrollada en más de 30 años incluye libros, compilaciones, contribuciones en libros y artículos especializados. Los temas presentes en su obra son: fuerza de trabajo, población y desarrollo, marginalidad, procesos urbanos, educación y desigualdad social. Ha asistido a un sinnúmero de congresos y reuniones nacionales y en el extranjero. Ha organizado y coordinado proyectos de investigación interinstitucionales, así como una multiplicidad de eventos y publicaciones en su campo de conocimiento. Su labor le valió el reconocimiento de la Academia de la Investigación Científica de la cual es miembro, al otorgársele el Premio de Investigación en Ciencias Sociales en 1984; también miembro del Sistema Nacional de Investigadores en el Nivel III. Su trabajo académico ha estado vinculado a su quehacer institucional como director del Centro de Estudios sobre la Universidad (CESU), coordinador de Humanidades y director general de Asuntos del Personal Académico en la UNAM.

MA. CRISTINA RAMOS REYES es egresada de la Escuela Nacional de Economía de la Universidad Nacional Autónoma de México. Se tituló con la tesis "Marco Histórico de la deuda exterior de México", obteniendo mención honorífica. Obtuvo el doctorado en Economía Financiera de la Sorbona de París, Francia, con la tesis "La política de ingresos en México". Realizó de manera destacada, el diplomado en "Administración por calidad total", en el ITAM. En el área académica impartió cátedra en la maestría de Administración Pública Laboral en el Instituto Nacional de Estudios del Trabajo. Participó en seminarios internacionales sobre empleo, productividad, capacitación y calidad total.

Una gran parte de su trabajo y formación, los ha canalizado a los estudios de género y a los movimientos de las mujeres en defensa de la equidad. Ha presentado ponencias sobre temas económicos, de bienestar social y de calidad aplicada en diversos foros académicos y políticos. Su vasta experiencia profesional ha sido desarrollada en el sector público central y paraestatal, ocupando altos cargos. Inicia su trabajo en la Secretaría de Hacienda y Crédito Público como analista en la Dirección General de Crédito Público. Más tarde, ocupa la jefatura de departamento en la Dirección de Asuntos Económicos de la Secretaría del Trabajo y Previsión Social. En la Secretaría de Programación y Presupuesto desempeñó diversos cargos: subdirectora del Sector Laboral en la Dirección de Programación; coordinadora de asesores de la C. Subsecretaría de Infraestructura Básica y Desarrollo Social y Regional y directora general de Descentralización de la Vida Nacional.

En 1989 fue designada directora general y delegada fiduciaria del Fideicomiso Fondo Nacional para el Desarrollo Pesquero. Posteriormente laboró en el Banco Nacional de Obras Públicas como asesora de la Dirección de Administración y como gerente de personal. Después como asesora del C. director general del ISSSTE y actualmente se desempeña como asesora del Oficial Mayor de SAGAR.

Ha realizado una destacada participación y ocupado diversas responsabilidades en las organizaciones de economistas, en la Asociación de Economistas Pesqueros y en la Liga de Economistas Revolucionarios. Actualmente es la presidenta de la Asociación de Economistas Mexicanas y vicepresidenta para el Distrito Federal del Colegio Nacional de Economistas.

ARTURO SANTAMARÍA GÓMEZ adquirió el grado de doctor en Ciencia Política impartido por la Facultad de Ciencias Políticas y Sociales de la UNAM, en el año de 1992. Doce años antes se tituló de licenciado en Sociología y siete años después de maestro en Estudios Latinoamericanos; estudios que realizó en la misma facultad. En los tres grados obtenidos sus tesis versaron sobre temas relacionados con los chicanos y las comunidades de inmigrantes mexicanos en Estados Unidos. Le fueron concedidas menciones honoríficas en los exámenes de titulación para la licenciatura y la maestría, además de la Medalla Gabino Barreda en ésta última. Las tesis de maestría y doctorado fueron publicadas por la Universidad Autónoma de Sinaloa en coedición con la Universidad del Estado de California en Los Angeles.

Una tercera obra, producto de su investigación profesional fue publicada por las mismas universidades. El campo de investigación profesional del doctor Santamaría Gómez ha sido fundamentalmente la población inmigrante mexicana en Estados Unidos, pero más recientemente y de manera paralela ha realizado trabajos sobre la historia social y cultural de Sinaloa, así como el ensayo político sobre la realidad mexicana. En este último terreno, colabora semanalmente con el diario sinaloense *Noroeste*, desde hace seis años. Como parte de su desempeño profesional, el doctor Santamaría Gómez, fue director de la Escuela de Ciencias Sociales de la UAS de 1987 a 1989, donde imparte clases y es investigador desde 1982. En 1986 le fue concedida una beca de la Fundación Fulbright para realizar una estancia de investigación en la Universidad de California en Los Angeles (UCLA), y en dos ocasiones (1992 y 1995) fue profesor invitado por la Universidad del Estado de California en Los Angeles (CSULA) para impartir el curso de Historia Política de México. Es autor de cuatro libros y también ha participado en numerosas obras colectivas. También ha publicado una amplia serie de artículos académicos en diferentes revistas de México y Estados Unidos. Es miembro del Consejo Editorial de la revista *Latin American Perspectives*, con sede en la Universidad de Riverside, California. Desde 1987 es integrante del Seminario Permanente de Estudios Chicanos y de Fronteras, con sede en el INAH. En 1996 ingresó al Nivel I del Sistema Nacional de Investigadores.

ENRIQUE SEMO realizó estudios de licenciado en Historia, en la Facultad de Filosofía y Letras de la UNAM. Licenciado en Economía, Escuela Superior de Economía y Derecho, Tel Aviv, y de doctor en Historia Económica, Universidad Humboldt, Berlín, en 1971.

Se ha desempeñado como profesor de la UNAM durante 32 años (Facultad de Ciencias Políticas y Sociales y Facultad de Economía). Profesor visitante durante más de un semestre en la

Universidad Humboldt de Berlín; la Universidad Libre de Berlín; la Universidad de California, Berkeley; la Universidad de Texas, Austin; la Universidad de Chicago (tres semestres) y la Universidad de Florencia. Durante los años de 1990 a 1996, profesor (con *tenure*) de la Universidad de Nuevo México. Investigador de El Colegio de México (dos años). Profesor visitante durante un semestre o más en la Universidad Autónoma de Puebla, la Universidad Autónoma de Ciudad Juárez y la Universidad Autónoma de Sinaloa.

Ha recibido distinciones como: Medalla Hegel de la Universidad Humboldt de Berlín, Maestro Emérito de la Universidad de Nuevo México, Maestro Emérito de la Universidad de Ciudad Juárez, Doctor Honoris Causa de la Universidad Autónoma de Puebla, Investigador Nacional desde 1984, Becario de la Social Science Research Council, John D., and Catherine T. Mac Arthur Fundation, John Simon Guggenheim Memorial Foundation.

Ha ocupado varios puestos administrativos: Jefe del Departamento de Estadísticas del Seguro Agrícola Integral durante tres años, jefe fundador de la División de Estudios Superiores de la Facultad de Economía de la UNAM y del doctorado de la misma institución, durante cinco años, coordinador del Centro de Estudios Contemporáneos de la BUAP, durante tres años.

Entre sus publicaciones hay siete libros: *Historia del capitalismo en México. Los inicios 1521-1776* que tiene ediciones en inglés, en japonés y ha sido también publicado en Cuba. *Historia mexicana, economía y lucha de clases. Crónica de un derrumbe. Las revoluciones conservadoras del Este*, *Entre crisis te veas* y *Viaje alrededor de la izquierda mexicana*. Ha coordinado seis libros entre los cuales se cuentan: *México, un pueblo en la historia* en ocho volúmenes, *Historia de la cuestión agraria mexicana* (dos vols.), y está por terminar *La historia económica general de México* en cuatro volúmenes.

Ha participado con artículos o capítulos en nueve libros, 61 artículos científicos en revistas mexicanas y extranjeras, 49 críticas o reseñas de libros y más de 700 artículos periodísticos en diarios y revistas mexicanas y extranjeras, 91 participaciones en programas de radio y 11 programas de televisión.

Ha colaborado en la dirección o en la redacción en 11 revistas entre las cuales están *Historia y Sociedad*, *Investigación Económica*, *Dialéctica*, *Historias*, *Memoria*, *El Buscón* y *Fractal*. Actualmente es colaborador de planta de la revista *Proceso*, y de los periódicos *El Universal* y *La Jornada*.

ALEJANDRO VALLE BAEZA, profesor de la Facultad de Economía, División de Posgrado, de la Universidad Nacional Autónoma de México, desde 1974. Investigador Nacional nivel 1 del Sistema Nacional de Investigadores desde 1990. Es miembro de los comités editoriales de las revistas: *Economía: teoría y práctica* y *Revista da Sociedad Brasileira de Economia Política*.

Maestro en Economía por la UNAM (1982) y doctor en Economía por la misma institución (1987).

Sus publicaciones más recientes han aparecido en prestigiadas revistas internacionales, como son: *International Journal of Political Economy*, *Revista da Sociedad Brasileira de Economia Política*, *Research in Poltical Economy*, *Review of Radical Political Economics*, *Science & Society*. Asimismo es coautor de importantes obras, como la *Enciclopedia of Political Economy*, publicada en Gran Bretaña, así como de muchas otras aparecidas en México.

Su actividad docente y de investigación la ha desarrollado en diversas instituciones, como son la UNAM, el CIDE, el Colmex y la UAM-Azcapotzalco.

Actualmente el doctor Valle dirige un proyecto de investigación sobre Crisis y apertura de la economía mexicana financiado por la Dirección General de Asuntos del Personal Académico de la UNAM.

DEL FIN DEL MILAGRO AL FIN DEL MILENIO

Esta obra se termino de imprimir en el mes de marzo del 2000 en los talleres de Programas Educativos S.A. de C.V. Calz. Chabacano No. 65 Local A, Col. Asturias, C.P. 06850, México, D.F.

EMPRESA CERTIFICADA POR EL INSTITUTO MEXICANO DE NORMALIZACIÓN Y CERTIFICACIÓN, A. C. BAJO LA NORMA ISO-9002: 1994/NMX-CC004: 1995 CON EL No. DE REGISTRO RSC-048

Tiraje 1 000 ejemplares